강화

D

D

대한민국 도슨트
**한국의 땅과 사람에
관한 이야기**

15

강화

김시언 지음

21세기북스

계룡돈대 앞. 수로에 물이 들어오고 있다

차례

강화 지도

42 망향대

42 무학리 은행나무

교동면

박두성

40 교동 대룡시장

41

43 교동 옥수수

1 고려궁지
2 용흥궁
3 대한성공회 강화성당
4 강화국수
5 일억조식당
8 소창체험관
9 강화 작은영화관
12 강화미술도서관
17 강화 고인돌군
31 강화역사박물관
32 강화자연사박물관

삼산면

44 보문

39 서도면
볼음도 은행나무

30 평화전망대

양사면

38 화문석문화관

강화천문과학관 송해면

45 연미정와이너리

해태가 사는 집 **33** **17** **31** **32** **13** **10**

석주 권선생 월곶돈대

하점면 유허비

37

고려산 진달래 꽃구경 **19** 강화읍 **1** **2** **3** **4**

18 **19** **5** **8** **9** **12**

청련사 **11**

19 백련사 강화오일장 **6** 갑곶돈대

적석사 **7** 갑곶리 탱자나무

계룡돈대 선원면

내가면

15 계룡돈대에서

망월돈대까지 걷기 **35**

용당돈대

불은면

양도면

25

이규보 선생 묘 **34**

광성보

23

큰나무캠프힐 **36** 바람숲그림책도서관

29 금풍양조장

24

화도면 전등사 길상면

●마니산 **20** 사기리 탱자나무

21 이건창 생가

DRFA 365

28 동검도 예술극장

동검도 채플 **26**

22 **27**

분오리돈대 동검도

대학을 졸업하고 오랫동안 백수 생활을 했다. 그러다가 들어
간 곳이 일간지 계약직 교열기자. 일은 적성에 맞았고 나름 재
미있었지만 넓은 편집국 안에서는 늘 소외됐다. 원하지 않는
계약직으로 주변을 겉돌면서 사는 삶이 무척 지루하고 불편했
다. 잘 맞지 않는 톱니바퀴에 올라타 삐거덕거리면서 살았다.
그때 숨통이 필요했다. 일상에서 돌파구가 절실했다. 그래서
선택한 게 나들이. 쉬는 날이면 어디론가 바람을 쏘여야 일주
일을 살 수 있었다. 그 숨통은 바로 강화 나들이였다.

한없이 지루하게 달리는 시외버스 안에서 곧 도착할 강화
의 바다와 너른 들판을 생각했다. 강화를 찾았을 때 가장 먼저
도착한 곳은 마니산. 끝도 없이 이어지는 돌층층대를 올라 도

착하니 너른 들판과 바다가 한눈에 보였다. 속이 뻥 뚫렸다. 산과 바다가, 시원한 바람이 나를 토닥거리는 것 같았다. 강화를 다녀와서는 며칠 동안 다리가 뻐근했지만 마니산에서 바라본 그 들판과 바다, 바람은 또다시 일상생활을 이어갈 수 있는 힘을 주었다.

30대에 접어들면서 소형 자동차가 생겼고, 날개를 단 듯 툭하면 강화를 찾았다. 때마침 초지대교가 개통돼 오가는 시간이 전보다 훨씬 줄었다. 강화대교 하나만 있을 때보다 시간이 단축됐다. 지금도 그렇지만 그때는 주말에 강화를 오간다는 것 자체가 교통지옥을 경험해야 한다는 말과 같았다. 그래서 길이 막히기 전에 일찌감치 출발했고, 강화로 들어가는 길이 꽉 막힐 때 강화를 벗어났다.

이렇게 강화 나들이의 노하우를 익히면서 강화에 들어오면 찾는 곳을 차차 넓혀나갔다. 처음에는 길상면과 화도면을 찾았는데, 이때 동검도, 분오리돈대, 함허동천, 동막해수욕장 쪽을 주로 갔다. 차차 행동반경을 넓혔다. 불은면으로, 선원면으로, 내가면으로, 하점면으로, 읍으로. 처음에는 그 길이 그 길 같았고, 여러 번 다녀도 새롭더니 점점 알고 가는 길이 많아졌다.

섬도 좋았다. 예전에는 석모도나 교동도를 가려면 배를 타고 가야 했다. 석모도를 가는 배는 커서 차 앞부분으로 승선할 수 있었지만, 교동도를 갈 때는 후진해서 배에 타야 했다. 넘실대는 파도 옆으로 배에 오르다니. 그때의 아슬아슬함이란. 그렇게 덜덜 떨면서도 교동도에 갔던 건 섬이 좋아서였다. 지금은 교동대교와 석모대교가 생겨서 눈 깜짝할 새에 섬에 다다를 수 있다. 교동대교는 2014년에, 석모대교는 2017년에 개통했다.

강화 나들이를 할 때는 혼자일 때도 많았지만 주변 사람들과 함께하기도 했다. 내 어머니와 조카들, 친구들이 번갈아 강화 나들이에 동행했다. 그때 동행한 친구들을 가끔 만나면 그때 다녔던 강화를 소환하면서 웃고 떠들었다. 그중 한 친구는 뒤늦게 운전을 시작하고 예전의 나처럼 시간만 나면 강화 나들이를 다닌다. 종으로 횡으로, 종횡무진이다. 어쨌거나 혼자든 사람들과의 동행이든 나에게 강화 나들이는 '삶의 돌파구'이자 '숨통'이었다.

이러구러 세월이 흘러 모 신문사에 들어가 취재기자 생활을 하게 됐다. 출입처는 교육청이었으나 주로 내가 찾아 쓴 기사는 문화 기획기사였다. 그때 나서서 강화에 대한 기사를 쓰겠다고 했다. 거창한 건 아니었지만, 내딴에는 그동안 바람 쐬러 다닌 경험을 최대한 살려서 기사를 쓸 수 있었고, 취재를 핑계 삼아 공적으로 강화를 다닐 수 있었다.

인천녹색연합과 공동으로 섬마을 기획기사를 쓸 때는 석모도 하리선착장에서 배를 타고 서검도와 미법도를 갔다. 섬마을 골목골목을 누비면서 마을 사람들을 만났는데, 그 분들은 거의 다 정겹고 친절했다. 특히 서검도와 미법도 주민들은 얼마나 따뜻하고 다정하던지, 지금 생각해도 참 푸근하다. 다시 가고 싶은 섬이다.

10여 년 전에 갑자기 이사할 일이 생겼다. 어디로 가야 하나. 막막할 때, 자연스럽게 떠오른 곳이 강화도였다. 가랑비에 옷 젖듯 어느새 흠뻑 빠진 강화, 오래전에 예감이라도 한 듯 강화는 자연스럽게 다가왔다. 비약하자면 이리 오라고 손짓하는 것 같았다. 도시를 떠나야 했을 때, 막연히 살 곳을 찾고 있을 때 강화는 큰 손짓으로 불렀다. 내가 터를 잡는 걸 허락한다는 생각이 들었다. 땅은 사람이 고르는 게 아니라 땅이 고른다고, 그 말을 실감했다.

강화에 사니 편했다. 풍요로웠다. 일부러 마음먹고 강화 곳곳을 가지 않아도 됐다. 생각나면 점퍼를 입고 나서면 됐다. 분오리돈대가 보고 싶으면 분오리돈대를 갔고, 동검포구가 보고 싶으면 동검포구를 찾았고, 계룡돈대가 보고 싶으면 계룡돈대를 갔고, 교동섬이 궁금하면 당장 출발하면 됐다. 그

동안 마음먹어야 움직일 수 있는 곳을, 이번 주말에는 갈 수 있으려나 초조하게 가늠하던 곳을. 강화읍에 나왔다가 고려궁지, 용흥궁, 성공회 성당을 걸어다닐 수 있었다. 가는 곳마다 강화의 역사가 따라붙었다. 어쨌거나 도시에 살 때는 오매불망 가고 싶어 안달하던 곳을 눈만 뜨면 갈 수 있으니 참으로 복 받았다. 이제 웬만한 길은 다 아는 길이고, 그 길에는 다정하고 편한 사람들이 산다.

3년 전에 〈대한민국 도슨트〉 '강화편'을 제안받았다. 날아갈 듯이 기뻤다. 설렜고 열심히 쓰겠다고 결심했다. 그랬는데, 개인적으로 돌발상황이 발생했다. 12년을 함께한 둘리가 떠난 것. 신포동 도시 한복판을 떠돌던 보더콜리 둘리는 참으로 다정하고 친절한 아이였다. 그 둘리가 떠나고서 나는 글 쓰는 동력을 잃었다. 모든 일이 시들해졌고, 시간을 그냥 보냈다. 야물딱지지 못한 나는 한 해 두 해 해찰하면서 절망과 낙담이 깊어만 갔다.

북이십일에서 그런 나를 일으켜 세워 마무리할 수 있었다. 진심으로 고마운 일이다. 아울러 이 글을 쓰는 동안 한결같이 힘내라고 용기를 준 옆지기 김찬욱 씨에게도 고맙다는 말을 전한다.

강화에는 '강화 전문가'가 무척 많다. 강화에서 태어난 분은 물론이고, 뒤늦게 강화땅과 인연을 맺은 분도 강화에 대해 깊은 애정을 갖고 연구하는 분이 수두룩하다. 그분들이 들인 시간과 공력을 생각하면 내가 아는 강화는 턱없이 부족할 것이다. 그래도 나름 오랫동안 강화에 대한 애정을 품었고, 앞으로도 강화에 대해 더욱더 열심히 공부해야겠다고 다짐한다.

〈대한민국 도슨트-강화〉가 독자에게 서서히 스며들면 좋겠다.

강화에서

김시언

분오리돈대 모습

어서 오시겨, 반갑시다

"어서 오시겨!" 강화에서 종종 들을 수 있는 인사말이다. '~겨'를 말끝에 붙이는데 처음 들을 때는 투박하고 낯설다. 하지만 들으면 들을수록 정감 있고 따뜻하다. 존칭도 아니고 반말도 아닌 말투.

강화도는 지리적으로 황해도와 가깝다. 한국전쟁 때 황해도에서 실향민이 많이 이주해 와서 황해도 사투리와 많이 비슷하다. 어미가 전형적인 황해도 사투리인 '-시다', '-시꺄' 등으로 변하며 일부 자음 발음이 탈락되거나, 중모음의 발음이 세분되는 정도의 차이가 있다. 장날에 가면 여전히 강화도 사투리가 많이 오가는 걸 알 수 있다.

'모든 강화 역사가 강화나들길에 있다.'

강화에는 나들길이 있다. 코스 이름만 봐도 걷고 싶은 길이
다. 강화나들길은 친환경적일 뿐만 아니라 풍광과 문화 유적,
역사를 담은 스토리텔링이 뛰어나다. 2011년 당시 강화군과
활발한 활동을 펼치면서 20개 코스를 완성했다. 통행이 제한
된 본섬 북쪽 지역을 뺀 나머지 지역의 옛길을 찾아 이었다.
강화를 사랑하는 사람들이 사단법인 강화나들길을 비영리단
체로 출범시키고, 강화군과 함께 활발하게 활동을 펼쳤다. '잇
고 이은' 길이 강화나들길이 됐다.

강화나들길은 1906년 화남 고재형 선생이 강화도의 유구
한 역사와 아름다운 자연을 노래하며 걸었던 길을 이은 길이
다. 강화의 자연과 역사를 고스란히 품었다. 나들길은 '나들이
하듯 걷는 길'이라는 뜻. 나들길을 따라 걸으면 강화의 자연이
얼마나 멋진지 얼마나 많은 역사를 품고 있는지 단박에 알 수
있다.

나들길에는 세계문화유산으로 등재된 고인돌군도 있고,
고려시대의 왕릉과 조선시대의 진과 보, 돈대가 있다. 게다가
세계 5대 갯벌에 들어가는 너른 갯벌을 볼 수 있고, 해안가에

서는 철새들이 서식하는 걸 쉽게 볼 수 있다. 이처럼 나들길은 역사와 자연 현장이다. 나들길에 선다는 것은 과거와 현재, 미래를 걷는 일이다.

나들길은 모두 아름답다. 어떤 사람은 1년 동안 20코스를 모두 걸었다고 했다. 직장이 쉬는 주말에 구간별로 걸었다고. 그러면서 계절을 달리해 다시 걸어봐야겠다고 했는데, 그 까닭은 강화에 대한 애정이 깊어졌고 무엇보다 건강해졌다고 했다. 강화의 역사와 자연 이야기를 알고 싶다면 강화나들길을 발밤발밤 걸어보면 어떨까.

평화의 상징, 강화

강화에 들르면 가장 먼저 둘러볼 곳이 있다. 강화 평화전망대와 교동 망향대. 북한 땅이 손에 잡힐 듯 가까운 곳이다. 바로 눈앞에 북한 땅이 파노라마처럼 펼쳐진 것을 보면 마치 참으로 비현실적이지만, 북한 땅이 바로 눈앞에 있는 것은 현실이다.

강화 양사면에 있는 평화전망대는 '평화통화를 기원하는 곳'이다. 2008년에 개관한 평화전망대는 그곳에서 북한 땅까지는 2.3km 떨어져 있고, 해안가에서 북한 땅과 가장 가까운 거리는 1.8km다.

북한 땅 조망실에 들어가면 해설사가 마이크를 잡고 북한 땅을 설명한다. 오백 원짜리 동전을 넣고 망원경으로 북한 땅을 살펴볼 수 있다. 눈 좋은 사람이라면 망원경 없이도 북한의 건물과 사람을 볼 수 있다.

또 한 곳은 교동 망향대. 망향단이라고도 한다. 교동도에 가면 대룡시장이나 화개정원만 갈 것이 아니라 망향대도 꼭 들러봐야 한다. 교동면 지석리 산 129번지. 이곳은 평화전망대와 달리 자연스럽게 북한 땅을 볼 수 있다. 바다 건너에 건물들, 주택들, 논밭이 가까이 보인다. 불과 3km 바다 건너에 북한 땅이 있다. 밭에서 아이들이 뛰노는 모습을 보노라면 참으로 만감이 교차한다. 우리네 모습과 너무 똑같다. 북한이 이토록 가깝다니, 이 얼마나 비현실적인가.

교동에는 황해도 연백군 연안읍에서 피난 온 주민들이 많다. 망향대 한쪽 펜스에는 방문객의 희망 메시지가 걸려 있다. '빨리 남북이 자유롭게 왕래할 수 있으면 좋겠습니다'를 비롯한 마음을 담은 메모들이 바람을 타고 흔들리고 있었다. 하나하나 읽으면 가슴 한편이 따스하고 묵직하다. 고향을 바라보고, 그리워하고, 마음을 쓸어내리고. 고향을 지척에 둔 사람들의 마음과 발길이 고스란히 와 닿는다.

비무장지대 없이 철조망 해안선 너머에 북한이 바로 있다는 사실이 놀랍다. 철조망이 둘러쳐져 있어 바다로 나가 어업 활동을 할 수 없어 바다는 조용하다. 밀물과 썰물이 오갈 뿐. 새가 자유롭게 날아다닐 뿐. 바닷물이 천천히 흐르고 있었다.

고려궁지에 가면 여러모로 상상력이 필요하다

고려궁지는 고려 무신정권 집권자 최우가 주도해 지었고, 몽골과 전쟁 당시 본궐과 별궁 일대로 쓰였다. 고려 왕조 후기인 고종 시기에 강화도에 건축된 궁궐터로 추정대는 유적 일대를 말한다. 고려궁지에서 고려의 흔적을 찾겠다고 생각하면 실망할 수도 있다. 기대하던 건물이 없고 그저 썰렁하고 휑하기 때문이다.

지금 고려궁지에는 고려시대 건축물이 없다. 당시 고려 정부는 몽골과 화친을 맺고 환도하면서 그들의 강압에 못 이겨 궁궐과 성곽을 모조리 철거할 수밖에 없었다. 개경으로 환도한 뒤 궁성 다수는 철거됐고, 그 뒤로 잊혀졌다. 조선시대에는 왕이 행차할 때 머물던 행궁으로 쓰였지만, 병자호란과 병인양요 때 불탔고, 현재 모습은 1977년에 복원됐다.

조선시대에도 전쟁이 일어나 강화도로 피난을 했다. 인조 9년에 옛 고려궁터에 행궁을 지었으나 병자호란 때 청군에게 함락되고 건물이 모두 불탔다. 이곳은 외규장각이 있는 점으로 미루어 아주 중요한 곳이다. 병인양요 때 이곳은 행궁, 객사, 외규장각, 숙종 어진을 모신 장녕전, 영조 어진을 모신 만녕전이 있었다.

외규장각은 나라의 귀한 책 수천 권을 한양에서 김포 뱃터까지, 뱃터에서 강화 외규장각까지 옮겼다. 하지만 귀한 책은 대부분 병인양요 때 프랑스군이 불을 질러 태웠고, 지금 궁지 안에 있는 외규장각 건물은 근래에 복원했다. 병인양요 때 프랑스군이 의궤 300여 권을 강화읍내를 점령한 뒤 곧바로 빼냈다가 자기 나라로 가져갔다. 1975년 역사학자 박병선 선생의 노력으로 의궤의 존재가 알려졌고, 2011년에 프랑스 국립도서관에 있던 297권이 '영구대여'라는 명분으로 우리나라에 들어왔다. 우리나라 의궤를 그들이 훔쳐갔는데 도로 우리가 대여하다니! 힘없이 당한 나라의 울분을 다시금 되새기는 대목이다.

고려궁지에 가면 '터'라는 말에 주목하게 된다. 한글이라 그런지 친근하기도 하지만 '터'에 스며든 장소성과 시간성이 한층 더 실감나게 와 닿는다. 고려시대와 조선시대를 동시에 아우르는 고려궁지를 들르면 '터'를 밟은 느낌이 더 생생하다. 두 시대를 소환할 수 있는 곳에서, 현재의 '터'를 생각해 본다.

신미양요 때 치열했던 격전지

강화군 불은면 해안동로에 광성보가 있다. 광성보는 강화 해안에 설치된 12진보 가운데 하나다. 해안 가운데서도 강화해협을 낀 바닷가이며, 강화해협은 염하수로라고도 불리는데 강화와 김포 사이의 좁은 바닷길을 말한다. 광성보 성문인 '안해루'를 들어서면 염하수로가 흐르는 모습을 볼 수 있다.

광성보에서는 광성돈대, 손돌목돈대, 용두돈대를 만날 수 있다. 돈대를 돌아보면서면 150여 년 전에 치열한 전투 현장이었다는 걸 알 수 있다. 그때나 지금이나 변함없이 흐르는 물소리에 그때의 함성이 스며든 듯하다.

광성보는 1871년 신미양요 때 치열했던 격전지다. 이 전투에서 조선군은 어재연 장군과 그의 아우, 수많은 조선군이 용감하게 싸우다가 무기의 열세로 전사했다. 어재연 장군은 진천이 고향이지만, 멀리 강화에서 조국을 위해 목숨을 바쳤다.

광성돈대는 해안선을 그대로 살려 반달 모양이다. 광성보 주차장 왼쪽에 있다. 손돌목돈대는 광성보에서도 가장 높은 지대에 있고 전투가 가장 치열했다. 1871년 4월에 미국 로저스가 통상을 요구하면서 아세아 함대를 이끌고 조선을 침략했다. 그들 상륙부대가 초지진, 덕진진을 차례대로 점령한 뒤 광성보에 이르렀고, 당시 조선군은 용감하게 싸웠다.

용두돈대는 강화 해안에 용머리처럼 삐죽 나온 자연 암반 위에 설치했으며, 병인양요, 신미양요 때 치열한 포격전이 벌어졌다. 용두돈대에 서서 바다를 바라보면 아래쪽에 손돌목이 있다. 과연 물의 흐름이 다른 곳보다 빠르다. 손돌이라 하는 지명은 뱃사공 이름에서 나왔다.

고려 때 몽골의 침입을 피해 이곳에 도착한 왕이 바다를 건널 때 뱃사공 손돌이 노를 저었다. 손돌이 배를 급류 쪽으로 몰자 왕은 손돌의 행동을 의심해서 죽이려고 했다. 그때 손돌은 자기가 죽은 뒤 바다에 바가지를 띄어서 그 바가지가 가는 대로 배를 몰면 안전할 거라고 일러주었다. 손돌을 죽이고 나서 그의 말대로 했더니 배가 무사히 건넜다고 한다. 왕은 손돌을 의심한 걸 뉘우치고 손돌의 무덤을 만들어 주고 제사를 지냈다.

손돌의 무덤은 강화해협 건너편에 있는 김포 덕포진에 있다. 손돌이 죽은 때가 음력 시월 하순쯤이고 그때부터 북서풍이 강하게 불어 겨울이 시작된다. 이 시기에 부는 바람을 손돌바람이라고 한다. 용두돈대에 서서 손돌목을 바라보자면 뱃사공 손돌에 얽힌 이야기가 바닷물과 함께 유유히 흐른다.

광성보를 시작으로 강화 역사의 현장을 차례대로 둘러보

는 것도 좋을 것 같다. 강화도 곳곳에 포진된 돈대를 살펴보면서 강화를 알아가는 데 한 걸음 내딛는 시작이 될 것이다.

국방유적의 꽃, 강화 돈대

강화는 국방유적이 빼어난 지역이다. 역사적으로 몽골침략, 병자호란, 병인양요, 신미양요 등 외세의 침략에 저항하기 위해 강화에는 국방을 강화할 수밖에 없는 지리적 여건이 강화의 운명을 만들었다. 진, 보, 돈대가 집중적으로 지어졌다.

돈대는 적의 침입이 예상되는 길목에 흙이나 돌로 쌓은 작은 규모의 방어시설이다. 진, 보와 함께 대표적인 군사유적이다. 돈대는 형태가 다 다른데, 각각 원형, 방형, 타원형이다. 돈대 둘레는 지형에 따라 100m에서 300m가량 되고, 내부 면적은 992m^{2}에서 1983m^2(300평에서 600평) 정도 된다.

서쪽바다에서 해 저무는 광경을 보고 싶다면 돈대에 오르면 된다. 여기서 '오른다'는 뜻은 돈대가 아주 야트막한 언덕배기에 있다는 뜻이다. 강화 돈대가 거의 그렇듯이 계룡돈대에 올라서면 사방이 탁 트였다. 시원하게 흐르는 바닷물 너머로 왼쪽과 눈앞으로는 석모도가, 오른쪽 끝으로는 교동도가 보인다. 몸을 90도가량 틀면 그곳에 별립산이 있고 그 사이로 너른 망월평야가 펼쳐져 있다. 날이 좋으면 교동대교 너머로 이북도 가까이 보인다. 여기에 운이 더 좋으면 생각잖게 길게 드러난 풀등도 만날 수 있다.

계룡돈대는 바닷물이 들어왔을 때도 멋지지만, 갯벌이 드러날 때도 볼 게 많다. 물이 빠지면 바닷가를 크게 휘돌아 넓은 해안선을 따라 다른 색깔로 옷을 갈아입는 염생식물을 맘껏 볼 수 있다. 초록은 초록대로, 붉은색은 붉은색대로 갯벌에 터를 잡고 자란다. 또 인기척에 놀라 순식간에 숨어드는 게들을 보면 저 갯벌에 얼마나 많은 생명이 사는지, 인간이 자연의 일부분이라는 사실을 깨닫는다.

계룡돈대처럼 멋진 돈대가 강화에는 54개 있다. 해안선 100km를 따라 약 2km에 하나씩 있다. 예전 단위로 보면, 5리에 하나씩 있는 셈이다. 돈대는 간단히 해안초소라고 볼 수 있다. 적이 들어오는지 살피거나 공격에 대비하기 위해 해안가 언덕에 설치했다. 이 돈대들은 대부분 조선 숙종 때 지어졌다. 숙종 5년에 윤이제가 김석주의 명령을 받아 경상도 군위의 어영군 8천여 명을 동원해 쌓았다. 돈대 54개 가운데에는 군부대 안에 있어서 살펴보기 힘든 곳도 있고, 흔적을 겨우 찾거나 아예 없어진 곳도 있다. 하지만 대개는 살펴볼 수 있으니 목표를 세우고 하루에 두어 개씩 가 보는 것도 좋다.

화도면 동막해수욕장 옆에 분오리돈대가 있다. 마니산 동남쪽 아래, 산자락에서 길게 이어지는 끝자락에 삐죽이 나와 있다. 선두리포구에서 바라보면 곶이라는 걸 대번에 알 수 있다. 분오리돈대는 바다를 향해 돌출해서 곶을 이룬 지형이라 시야가 꽤 넓다. 초승달 모양인데, 이는 땅 모양을 그대로 이용해서 지은 까닭이다. 돈대 동쪽 벽은 절벽을 그대로 이용해서 돌을 쌓아 올렸고, 그곳을 기준으로 나머지 성벽들은 돌로 5m가량 높이로 쌓아 높이를 맞췄다. 분오리돈대는 분오리포구와 동막해수욕장을 끼고 있어 사람들이 많이 찾는다.

용당돈대는 한번 가 본 사람은 또 갈 수밖에 없는 곳이다. 돈대에 들어서자마자 탄식이 나온다. 아, 이렇게 멋진 곳이었구나! 용당돈대는 염하수로 해안가를 따라 있다. 초지대교에서 강화읍으로 향하는 해안도로에 있는데, 용진진 못 미처 작은 고개를 돌 즈음에 있다. 해상에서 보면 돈대는 절벽에 지어졌는데, 이는 강화 돈대가 자연과 지리적 환경을 살려서 지었기 때문이다. 용당돈대 둘레는 약 119m 정도다. 2000년에 보수공사를 했다. 돈대를 둘러싼 담장을 돌아보면 옛돌과 새로 쌓은 돌을 확연하게 구별할 수 있다.

세계문화유산, 강화 고인돌군

강화에는 청동기시대의 흔적을 보여주는 고인돌이 많다.

2000년에 강화 고인돌군은 고창 화순지역의 고인돌과 함께 유네스코 세계문화유산으로 등재됐다. 부근리 지석묘를 비롯해 오상리고인돌군, 고천리고인돌군, 교산리고인돌군 등 많은 고인돌이 모두 번호표를 달고 바닥에 비스듬히 누워 있다. 길을 가다가 곳곳에서 고인돌을 만나면 그때야말로 여기가 강화, 지붕 없는 박물관이라는 사실이 실감난다. 고인돌 가운데 '부근리 지석묘'는 단연코 인기가 많다. 주차하기 좋은 점도 한몫하지만 생김새가 웅장하고 멋지기 때문이다.

고인돌은 고려산, 별립산 등 산자락의 자연 지세에 따라 분포 양상이 다르다. 이곳 고인돌 유적은 산에 있으면서 물줄기와 관련이 있다. 유적이 있는 곳은 작은 하천이 매우 발달한 지역으로, 능선 사이의 간격이 비교적 넓은 곡간(谷間) 지대가 형성돼 있어 선상지가 발달해 선사시대의 유적이 형성되기에 아주 좋은 조건을 가지고 있다.

하점면 부근리 지석묘는 커다란 바윗돌 밑을 판돌이나 자연석이 고이고 있기 때문에 붙여졌고, 한자로는 '지석묘(支石墓)'다. 고인돌을 보면 순식간에 시간을 거슬러 올라가 판타지 세계로 들어간 듯하다. 부근리 지석묘는 청동기시대의 대표적인 무덤으로 고인돌이라고도 부르며, 주로 경제력이 있거나 정치 권력을 가진 지배층의 무덤으로 알려져 있다. 규모가 엄청나서 굉장한 세력을 가진 부족장의 무덤이었을 것이라고, 다른 한편으로는 제사의식을 지낸 제단이라고 추측한다. 부근리 지석묘는 우리나라의 대표적인 탁자식 고인돌로, 덮개돌의 무게가 약 53톤에 이른다.

오상리 고인돌군은 고려산 서쪽 낮은 산기슭에 있어 사시사철 언제 가도 한적하다. 덮개돌은 부분적으로 손질한 흔적이 있고 평면 형태는 모두 판돌형이다. 덮개돌 크기는 기념물로 지정된 내가 고인돌이 335cm로 가장 크다. 돌방[石室]은 돌널 형태의 모습이고, 고임돌이나 막음돌을 세울 때 튼튼하게 하기 위해 주변에 쐐기돌을 사용했다. 돌방 바닥은 대부분이 맨바닥을 그대로 사용했고, 몇 개는 판돌이나 깬돌이 깔려 있다. 오상리 고인돌에서 돌칼, 돌화살촉, 민무늬토기 등이 출토됐다.

강화 고인돌은 고려산, 별립산, 봉천산 등에 집중적으로 분포돼 있다. 특히 고려산을 중심으로 90기 이상이 있다. 고인돌은 산 경사면에 집중적으로 분포돼 있는데, 이는 지금의 지형과 밀접한 관계가 있다. 지금 논밭으로 된 평지가 청동기시대에는 바닷가와 갯벌로 된 지역이었기 때문이다. 당시에는 크고 작은 섬으로 이루어져 있다가, 그 뒤로 섬과 섬을 연결하는 간척사업이 진행됐기 때문이다.

고인돌을 탐방하려면 시간을 넉넉히 잡아야 한다. 여기저기 흩어진 고인돌을 보노라면 어느새 청동기시대의 어느 마을을 어슬렁거리는 듯하다.

강화도의 절

전등사는 길상면 온수리 삼랑성 안에 있다. 마니산의 한 줄기가 서쪽으로 뻗어나가다가 온수리에서 다시 만나 세 봉우리를 이루는데, 이것이 정족산이고 이 안에 있는 산성이 정족산성이다. 정족산은 세 봉우리 생김새가 다리가 셋 달린 솥처럼 생겼다고 해서 붙여졌다. 전등(傳燈)은 '등을 전한다'는 뜻으로, 밤의 어둠을 밝히는 옥등과 세속의 무명을 밝히는 대장경의 법등을 말한다.

강화 삼랑성은 단군이 세 아들에게 성을 쌓게 하고 이름을 지었다고 한다. 삼랑성은 강화산성과 더불어 고려시대, 조선시대에 수도 개경과 한양의 외곽을 방어하는 중요한 장소였다. 삼랑성은 유구한 역사를 가진 곳으로, 예부터 신성한 곳이라는 인식이 있었다.

전란 속에서도 강화도는 평탄하지 못했고, 전등사도 마찬가지였다. 1627년(인조 5년)에 청나라가 대군을 이끌고 쳐들어왔다. 조선은 놀라서 정부를 강화로 옮겼고, 다행히 청군은 일시적으로 돌아갔다. 이때 정부는 강화도를 개발하고 전등사를 중수했다. 1636년에 청나라가 다시 쳐들어왔고, 조정은 강화도로 피할 새도 없이 남한산성에서 항복했다.

이처럼 조선시대에 전란을 겪으면서 강화도의 중요성이 부각됐다. 임진왜란과 병자호란 등을 거치면서 전등사는 『조선왕조실록』을 보관하는 정족산사고를 관리하는 사찰이 돼 위상이 높아졌다. 삼랑성에 사고가 세워지자 전등사가 사고를 관리하는 사찰로 지정돼 나라로부터 일정한 지원을 받게됐다. 그 뒤로 전등사는 건물이 많고 큰 나무가 많아 사람들이 많이 찾는 장소가 됐다.

보문사는 석모도에 있다. 우리나라 3대 해수관음 성지로 '관세음보살님이 상주하는 성스러운 곳'인 이곳에서 기도를 빌면 기도가 잘 이뤄진다고 한다. 보문사 일주문에는 '낙가산보문사'라고 쓰여 있다. 보문사가 있는 산을 낙가산이라 부르고, 이는 관음보살이 머문다는 보타락가산의 줄임말이다. 보문사는 가람이 바다가 보이는 산중턱에 자리 잡고 있어 마애관음보살상이 바다를 바라본다. 보문(普門)은 '넓은 문'이라는 뜻이다.

보문사 마애관음좌상으로 오르는 길을 '소원이 이루어지는 길'이라고 한다. 계단을 오르는 길이 가파르고 힘들어 쉬엄쉬엄 천천히 올라야 한다. 418개의 계단을 오르면 마애관음좌상이 있다. 관음좌상은 네모진 얼굴에 커다란 보관을 쓰고 두 손 모아 정병을 받든 채 앉아 있다. 이곳에서 정성스럽게 기도를 올리면 다 이루어진다고 해 불자들이 많이 찾는다.

현재 고려산이 품은 절집은 백련사, 청련사, 적석사다. 고려산 산줄기는 길고 폭이 넓다. 옛 문서에 따르면, 천축국에서 온 스님이 고려산 정상의 우물에 핀 연꽃을 공중에 던져서 오방색으로 피어난 자리에 절을 세웠다고 한다. 그래서 백련사, 청련사, 적련사, 흑련사, 황련사가 지어졌다. 적련사는 붉을 적(赤)을 쓰는 바람에 불이 자주 났다고 여겨 쌓을 적(積)으로 바뀌어 지금의 적석사가 되었다.

정수사는 말 그대로 정수(淨水), 말 그대로 물이 맑은 곳이다. 한때는 정수사 물이 맑아 사람이 많이 찾곤 했다. 정수사는 639년(선덕왕 8) 회정대사가 마니산의 참성단을 참배한 다음 이곳의 지세가 불제자의 삼매정수에 적당하다고 판단되어 정수사를 창건했다. 조선 세종(1426년) 때 함허가 중창한 다음, 법당 서쪽에서 맑은 샘이 솟아나는 것을 보고 절 이름을 정수사로 바꾸었다.

강화도만큼 할 이야기가 많은 곳이 있을까. 강화도는 알면 알수록, 보면 볼수록 깊이가 더해진다. 발품을 팔면서 더 애정이 생기고, 더 가고 싶은 곳이다.

01

고려궁지
고려시대와 조선시대를 아우르기

"고려궁지는 졸업사진 찍으러 갔죠. 강화고는 고려궁지, 강화여고는 성공회 성당에서 졸업사진 많이 찍어요."

고려궁지에 간다고 했더니 강화고등학교를 졸업한 이십대 청년이 말했다. 그는 지금은 다른 지역으로 이사 갔지만 아직 할아버지, 할머니가 강화에 살고 있어 한 달에 한 번은 온다고 했다. 도시 한복판에서 살다 보니 자꾸 강화에서 살던 때가 떠오른다고. 공기 좋고 사람 적고 늘 다니던 곳이라 익숙해서 좋다고.

고려궁지는 고려 무신정권 집권자 최우가 주도해 지었고, 몽골과 전쟁 당시 본 궐과 별궁 일대로 쓰였다. 고려 왕조 후기인 고종시기에 강화도에 건축된 궁궐터로 추정되는 유적 일대를 말한다.

고려궁지는 기대를 잔뜩 품고 가면 실망할 수도 있다. 고려의 흔적을 찾을 수 없는 데다, 기대하던 건물이 없고 그저 썰렁하고 휑하기 때문이다. 『고려사절요』 고종 편에는 "(당시 최고 실력자였던) 최우가 이령군을 보내 강화에 궁궐을 창궐하였다."라고 기록돼 있다. 당시에 고려는 강화도로 수도를 옮기기 전에 군사 2천 명을 보내 궁궐을 짓기 시작했고, 몇 년에 걸쳐 완성했다.

지금 고려궁지에는 고려시대 건축물이 없다. 당시 고려 정부는 몽골과 화친을 맺고 환도하면서 그들의 강압에 못 이겨 궁궐과 성곽을 모조리 철거할 수밖에 없었다. 개경으로 환도한 뒤 궁성 다수는 철거됐고, 잊혔다. 조선시대에는 왕이 행차 시 머물던 행궁으로 쓰였지만, 병자호란과 병인양요 때 불탔고, 1977년에 복원된 게 현재 모습이다.

그래서 고려궁지에 가면 여러모로 상상력이 필요하다. 이곳이 어떤 곳이었는지, 강화도가 외세의 침략과 공격을 어떻게 막아낸 곳인지 먼저 생각해야 한다. 끊임없이 침략해 오는 외세에 저항한 우리 민족의 자주정신과 국난 극복 등 외세의 침략을 최전방에서 막아낸 강화의 역사를 알아야 한다. 역사를 생각하면서 과거로 스며들어야 한다.

고려궁지는 강화읍 북문길 42에 있다. 예전에는 건물이 많았으나 거의 불타 없어졌고, 지금은 동헌과 이방청 건물 정도만 남았다. 25년 전쯤, 필자가 이곳을 처음 찾았을 때는 외규장각 건물에 특히 관심이 갔다. 조선시대 왕립도서관인 규장각의 부속 도서관이라고 부르는 외규장각은, 왕실 관련 서적을 보관하기 위해 설치된 도서관으로 왕이 열람하는 의궤를 둔 곳이다. 조선 정조 임금은 만약의 사태로 한양에 있는 규장각이 훼손될까 염려해 강화에 외규장각을 세워 귀한 책을 이곳으로 옮겨와 보관했다. 고려궁지는 고려시대 때는 도읍지로, 조선시대에는 각종 관아를 비롯해 여러 건물이 있었다.

동헌 앞 느티나무

고려궁지에 들어서면 고려시대와 조선시대를 동시에 만난 기분이다. 한 장소를 들어가면서 두 시대를 함께 볼 수 있다니. 반쯤 열린 정문을 들어서면 가장 먼저 보이는 건물이 외규장각이다. 들어가서 오른쪽으로 걸으면 유수부 동헌이 나온다. 지금으로 말하면 군청. 몇 해 전만 해도 이곳에 이르는 길에는 이정표와 안내문이 길게 붙어 있어 고려궁지가 고려시대와 조선시대에 어떤 역할을 했는지 자세히 설명돼 있었다. 그런데 언젠가 안내문이 사라졌다. 너무 썰렁해서인지 전처럼 관람객을 위한 설명이 필요해 보였다.

동헌 앞에는 400살 된 느티나무가 서 있다. 담담하게. 이 느티는 조선 인조 9년(1631)에 여러 전각과 행궁을 세울 때 심었던 나무로 추측된다. 건물과 사람은 흔적 없이 사라졌지만, 이 느티나무는 오랜 세월을 거치면서 자리를 지킨다. 한자리에서 묵묵히 이곳을 지나갔을 수많은 사람을 지켜본 나무. 나무뿌리가 땅 위로 드러나 세월의 흔적을 고스란히 보여주고 있었다.

동헌 앞 느티나무 동헌 앞에는 400살 된 느티나무가 서 있다. 자태가 담담하다. 이 느티는 조선 인조 때 여러 전각과 행궁을 세울 때 심었던 나무로 추측된다. 건물과 사람은 흔적 없이 사라졌지만 나무는 뿌리를 드러낸 채 이곳을 지나갔을 수많은 사람을 지켜보고 있었다.

강화도는 39년 동안 고려의 도읍지

강화도는 고려 고종 19년에 강화도로 수도를 옮기고 39년 (1232~1270) 동안 개경을 대신한 수도였다. 고려 정부는 강화도에 궁궐과 성곽을 지어 몽골에 대항해 싸웠다. 1232년 6월에 강화로 수도를 옮기기로 한 다음, 두 해 동안 공사를 하고 고종 21년(1234) 한겨울에 궁궐을 완성했다. 궁궐과 관아 건물이 생기고 사람들이 북적거리기 시작했다.

고려가 강화를 도읍지로 정한 까닭은 강화 읍내의 진산 송악산의 지세가 개경과 닮았다는 점이었는데, 이는 적을 막을 수 있고 성곽을 쌓을 수 있다는 조건 때문이었다. 후세에 이르러 어떤 사람들은 이곳이 고려궁지가 아닐지도 모른다며 의문을 제기하기도 한다. 그 까닭은 한 나라의 궁궐터로서 아주 비좁고 또 궁궐터였다는 자료가 확실히 나와 있지 않다는 점을 든다.

무엇보다 외규장각이 있다는 점으로 미루어 이곳은 역사적으로 아주 중요하다. 병인양요 때까지 이곳은 행궁, 객사, 외규장각, 숙종 어진을 모신 장녕전, 영조 어진을 모신 만녕전이 있었다. 병인양요 때 강화도를 침략한 프랑스 군인 가운데 쥐베르는 "땅의 경사가 매우 가파른 성내의 북쪽에 지방 관아와 정부 건물들이 자리 잡고 있었는데, 우뚝 솟은 지방

관아는 가히 압도적이었다. 관아는 여러 채의 건물로 구성돼 있는데 건물들의 건축 양식은 매우 우아하고 아름답다."라고 했다.

고려궁지에서 시대를 소환하다

특히 이곳에는 외규장각이 있다. 나라의 귀한 책 수천 권을 한양에서 김포 뱃터까지, 뱃터에서 강화 외규장각까지 옮긴 것이다. 하지만 이렇게 귀한 책 대부분은 병인양요 때 프랑스군이 불을 질러 거의 태웠다. 지금 고려궁지 안에 있는 외규장각 건물은 근래에 복원했다.

병인양요 때 어이없는 일이 일어나고 말았다. 프랑스군이 의궤 300여 권을 강화 읍내를 점령한 뒤 곧바로 빼냈다가 자기 나라로 가져간 것이다. 1975년 역사학자 박병선의 노력으로 의궤의 존재가 알려졌고, 2011년에 프랑스 국립도서관에 있던 297권이 '영구대여'라는 명분으로 우리나라에 돌아왔다. 우리나라 의궤를 그들이 훔쳐갔는데 도로 우리가 대여하다니! 힘없이 당한 나라의 울분을 다시금 되새기는 대목이다.

고려궁지에 가면 '터'라는 말이 떠오른다. '터'라는 말은 참으로 여러 생각을 하게 한다. 한글이라 더 친근해서인지 '터'에 스며든 장소성과 시간성이 한층 더 실감나게 와 닿기 때

회화나무 앞에서 고려궁지에 가면 '터'에 스며든 장소성과 시간성이 한층 더 실감난다. 고려시대와 조선시대를 동시에 아우르는 고려궁지에 들르면 두 시대를 동시에 소환할 수 있다.

문이다. 고려시대와 조선시대를 동시에 아우르는 고려궁지에 들르면 '터'를 밟는 느낌이 생생하다. 두 시대를 소환할 수 있다.

02

용흥궁

철종의 잠저, 용흥궁에서 철종의 일생을 생각하다

용흥궁은 조선 제25대 왕인 철종(1849~1863)이 임금이 되기 전에 살던 집이다. 이른바 잠저(潛邸). 잠저는 처음으로 나라를 세운 임금이나 종실에서 들어온 임금이 왕위에 오르기 전에 사는 집을 말한다.

강화읍 동문안길21번길 16-1. 인천 유형문화재 제20호. 용흥궁은 강화유수 정기세가 철종 4년에 지금과 같은 건물을 짓고 '용흥궁'이라고 했다. 용흥궁은 창덕궁 연경당, 낙선재와 같은 살림집 형식으로 지어져 아주 소박하고 단출하다.

필자가 초등학교 다닐 때 철종에 관한 드라마를 본 적이 있다. 나중에 살펴보니 〈이조여인 500년사-임금님의 첫사랑〉이었다. 철종의 일생을 다룬 드라마였는데, 거기서 임금인 철종은 사람과 음식을 몹시 그리워했다. 여자친구 '봉이'를 그리워하고, 순무와 막걸리를 몹시 먹고 싶어 했다. 철종의 어렸을 때 이름은 원범. 원범은 봉이와 막걸리가 있는 '강화섬'을 무척 가고 싶어 했다.

드라마 덕분인지, 어릴 때 필자는 철종을 참으로 인간적인 사람이라고 여겼다. 어른이 돼서도 철종 임금은 마냥 애틋하고 뭔가 의지할 데가 없는 외로운 사람이라는 생각이 깊숙이

용흥궁 용흥궁은 조선 제25대 왕인 철종(1849~1863)이 임금이 되기 전에 살던 집이다. 이른바 잠저(潛邸). 잠저는 처음으로 나라를 세운 임금이나 종실에서 들어온 임금이 왕위에 오르기 전에 사는 집을 말한다.

뿌리박혀 있다. 그도 그럴 것이 어느 날 갑자기 임금이 되었으니 사이좋게 지내던 봉이가 얼마나 보고 싶었을 것이며, 음식은 얼마나 생각났겠나. 힘겹고 외로울 때 따뜻한 사람과 익숙한 음식은 힘과 위안을 주지 않는가 말이다. 용흥궁은 강화 읍내 한복판에 있다.

어느 날 갑자기 왕이 되다

철종은 사도세자의 서자 은언군, 정조 임금의 이복형제인 은언군의 손자다. 철종은 14살까지 한양에 살다가 강화로 왔으니 웬만큼 커서 강화살이를 시작했다. 농사를 짓고 나무를 하면서 살다가 갑자기 왕이 돼 한양으로 다시 간 것이다. 사실 철종은 강화에서 산 시기는 5년 정도. 14살에 강화에 와서 19살에 한양으로 돌아간 것이다.

1849년 봄에서 여름 사이에 밤만 되면 잠저에 광기가 뻗쳐 있는 것이 강화읍 남산의 봉수대 위에서 보였는데, 원범을 모시러 오기 전날에야 광기가 비로소 사라졌다고 한다. 사람들은 모두 용흥(龍興), 그러니까 '용이 흥하게 됐다', 즉 '왕이 일어난다'라는 조짐을 알았다고 한다.

용흥궁은 지붕 옆면이 팔자 모양인 팔작지붕이고, 지붕을 받치면서 장식을 겸하는 공포가 기둥 위에만 있는 주심포 양식이다. 용흥궁은 창덕궁 연경당과 낙선재와 같이 살림집의 유형에 따라 지어져 소박하고 수수하다.

용흥궁 대문 왼쪽에는 비석이 두 개 있다. 강화도의 원범을 한양으로 모셔갈 때 봉영단의 팀장 정원용의 것과 원범이 왕이 된 뒤 이 집을 새로 지은 강화 유수 정기세의 것이다. 두 사람은 아버지와 아들이며, 이 둘의 공을 영원히 잊지 않겠다는 마음을 돌에 새겼다고 한다.

원범은 자신을 왕으로 옹립하기 위해 행렬이 왔을 때, 할아버지와 큰형이 역모에 몰려 죽은 사실을 익히 알고 있던지라 산으로 도망쳤다. 작은형은 도망가다가 다리가 부러지기도 할 정도로 상황은 다급하고 긴박했다.

강화행렬도, 강화박물관에 복사본 있어

임금이 되어 한양으로 가던 날의 기록은 '강화행렬도'로 남아 있다. 이 기록화는 현재 북한 평양 조선미술박물관에 소장돼 있고, 소폭 병풍으로 북한 국보 제73호로 지정돼 있다. 강화도를 둘러싼 산과 바다, 주변의 행궁이나 성곽을 매우 사실적으로 묘사돼 있다. 게다가 문무백관에서 일반 백성에 이르기까지 수백 명의 인물이 제각각 개성을 지닌 모습으로 표현돼 있다. 기록화의 규모를 봐서 아마 왕실 도화서에서 그린 것으로 짐작할 수 있다. 현재 강화역사박물관에는 복사본이 있다. 이 그림 앞에 서서 사람들의 행렬을 따라가다 보면 원범이 강화로 가던 날을 상상할 수 있다. 마치 그날 행렬에 참가한 것 같은 착각이 들기도 한다.

원범은 사도세자의 몇 안 되는 서출 직계 후손이다. 사도세자는 적자 정조 말고도 서자가 몇 명 있었는데, 그중 은언군이 있었다. 은언군이 바로 이원범의 할아버지다. 은언군은 홍국영과 역모를 꾸몄다는 혐의로 자식들을 데리고 교동도로 유배를 갔고, 은언군은 순조 때 사사당했다. 그 뒤로 그의 가족은 40년 동안 교통섬에 살다가 1830년에 귀양에서 풀려나 한양으로 돌아가게 됐다. 한양으로 돌아온 다음 해에 이원범이 낙원동에서 태어났다. 원범이 열네 살이 되던 1844년에 민진용이 큰형 이명을 왕으로 추대하려는 역모를 꾸미면서 다시 기구한 운명이 되었다. 이때 큰형은 처형당했고, 원범은 작은형과 함께 교동 섬을 거쳐 강화도로 유배를 왔다. 고즈넉하고 한가로운 마을에서 원범은 열아홉 살 때까지 농사를 지으며 살았다. 우리가 흔히 철종을 일자무식이라고 하지만, 철종은 한양에 살 때 왕족으로서 기본적인 교육은 받았다. 다만 그 교육 정도와 수준이 한 나라의 왕으로서 정치를 하기에는 무리였다.

날마다 쌓이는 스트레스, 시름은 깊어만 가고

안동김씨는 나라의 임금을 만들기 위해 자신들의 꼭두각시로 농사를 짓고 나무를 베던 원범을 임금으로 내세웠다. 권력을 유지하고 지위를 다지기 위해 헌종의 7촌 아저씨뻘 되는 강화도령 원범을 왕으로 내세운 것이다. 순조비인 순원왕후 김 씨가 수렴청정을 거둔 뒤에는 장인인 김문근이 국정을 장악했고, 고위직을 조카들이 모두 맡음으로써 천하는 안동김씨 세상이 되었다.

이런 상황에서 철종은 자기 뜻대로 펼칠 수 있는 게 하나도 없었다. 날마다 쌓이는 스트레스와 불만과 시름을 잊기 위해 주색을 일삼고 마침내 병을 얻었다. 세도정치의 소용돌이 속에서 정치를 바로잡지 못한 채 병을 얻어 서른세 살에 세상을 떠났다. 소용없는 말이지만, 원범이 강화도에서 스트레스 없이 살았다면 건강하게 농부로 생을 마쳤을지도 모르겠다. 권세와 권력이 뭐라고, 청년 원범의 일생이 참으로 안타깝다.

용흥궁 내부 용흥궁은 창덕궁 연경당, 낙선재와 같은 살림집 형식으로 지어져 아주 소박하고 단출하다. 철종이 강화에 산 시기는 5년 정도. 14살에 강화에 와서 19살에 한양으로 돌아갔다. 강화도령이라고도 불리는 원범(철종)은 고즈넉하고 한가로운 마을에서 농사를 지으며 살았다. 우리가 흔히 철종을 일자무식이라고 하지만, 사실 철종은 한양에 살 때 왕족으로서 기본적인 교육을 받았다. 다만 그 교육 정도와 수준이 한 나라의 왕으로서 정치를 하기에는 무리였다. 안동김씨 세상에서 자기 뜻대로 펼칠 수 있는 게 거의 없었다.

03

대한성공회 강화성당
종교의 토착화를 이룬 성공회 성당

어느새 봄이다. 사월을 코앞에 둔 어제, 강화읍에도 슬슬 목
련꽃이 피어나기 시작하고 개나리꽃도 꽃망울을 터뜨리기 시
작했다. 바람도 없고 볕도 따스한 날, 어디론가 나가 콧바람
이라도 쏘여야 할 것 같았다. 하여 점심께 강화읍으로 슬슬 나
가봤다.

강화 읍내 한복판에 있는 대한성공회 강화성당은 평일인
데도 관람객이 꽤 있었다. 봄을 맞이하려는 사람들은 어디서
나 부지런하고 활기차다. 강화읍은 한번 발걸음에 들를 곳이
제법 많다. 대한성공회 강화성당을 비롯해 천주교 강화성당,
고려궁지, 용흥궁 등등. 그래서인지 용흥궁공원 주변에는 대

형버스가 몇 대씩은 세워져 있다. 외지에서 강화로 여행하는 사람이 늘어났다. 곧 진달래꽃도 만발할 터이니 그때는 봄을 만끽하는 사람이 더 많겠다.

외국인 사제가 한옥 구조로 성당을 짓다

대한성공회 강화성당에 들어가는 입구는 몇 군데 있지만, 필자는 대개 용흥궁 옆쪽에 난 사잇길로 들어간다. 천천히 계단을 올라갈 때면 향교나 사원을 올라가는 듯하다. 그래서인지 낯설지 않다.

계단을 오르자마자 문 안에 들어서면 본당이 보인다. 문을 들어서자마자 또 다른 문이 바짝 앞에 있는데, 이는 우리 건축물의 대문과 중문에 해당하는 것으로 볼 수 있다. 외국인 사제가 성당을 지을 때 우리나라 한옥 구조를 따라서 그대로 지었기 때문에 이와 같은 구조가 나왔다.

두 번째 문을 열면 시야가 탁 트이고, 바로 앞에 한옥으로 지은 2층 건물이 나온다. 성당 본당이다. 왼쪽으로는 강화읍 전경이 들어온다. 넓은 주차장에서 잔디밭으로 바뀐 용흥궁 공원이 나오고 크고 작은 건물과 주택이 보인다. 열 시 방향으로 천주교 강화성당과 강화문학관, 강화초등학교가 보인다. 열두 시 방향으로는 고려궁지가 있다.

이렇게 강화읍이 다 보이는 걸로 봐서 성공회 강화성당이 높은 지대에 있다는 걸 단박에 알 수 있다. 반대로, 주변 도로를 지나면서 성공회 강화성당을 보면 높은 지대에 지어졌다는 걸 실감한다. 그래서인지 용흥궁공원에서 행사가 열리면 많은 사람이 성공회 강화성당에 올라가 행사를 관람하곤 한다. 강화문학관 앞에서 성당을 바라보면 마치 커다란 배 모양으로 보인다.

본당 앞에는 보리수와 회화나무를 심어

본당 건물 앞에는 종각이 있다. 이는 사찰의 범종각을 연상시키는데, 성공회 사제들이 종교의 토착화에 공을 들였다는 사실을 알 수 있다. 교회 종은 1914년 영국에서 강화성당에 기증했는데 이 종은 1944년에 일제에 징발당했다. 지금 범종각 안에 있는 종은 범종 형태로 1989년 교우들의 봉헌으로 제작됐다고 한다.

강화성당에는 특이한 점이 있다. 본당 앞에 보리수나무가 서 있다. 보리수라니. 불교를 상징하는 나무라니. 필자는 오래전에 강화성당에서 보리수나무를 봤을 때는 참 낯설었다. 이 나무는 2016년에 '큰 나무'로 지정됐고 약 126년 됐다. 나무 높이는 18m, 나무 둘레는 3m다. 나무 옆에 쓰인 안내문은 이렇다. '1900년 영국 선교사 트롤로프 신부가 인도에서 10년 생 보리수나무 묘목을 가져와 심었다고 한다. 불교를 상징하는 나무지만 성공회는 각 나라와 지역의 문화와 전통을 존중하는 토착화 신학의 선교 정신을 가지고 성당 건물을 한식으로 짓고, 토착불교와 조화를 이루기 위한 노력의 일환으로 식재되었다. 2012년 태풍 볼라벤으로 반대쪽에 심어졌던 유교를 상징하는 회화나무가 쓰러져 성당 건물 보호와 재난에 대비하기 위해 굵은 가지 일부를 잘라내 수세는 약해졌으나 여전히 성당을 방문하는 사람들의 관심과 사랑을 받고 있다.' 이 글귀대로라면 반대편에 회화나무가 있었다. 회화나무는 태풍에 넘어져 손 십자가로 만들어 공급하고 있다고 한다.

본당이 지어질 때 보리수와 회화나무를 심었다는 점은 상당히 의미가 있다. 불교를 상징하는 보리수, 유교의 선비를 상징하는 학자나무인 회화나무가 성당을 바라보고 있었다. 성공회가 들어오면서 이 땅에 먼저 뿌리를 내린 종교들과 잘 섞여보려는 뜻이었다. 보리수나무는 본당 앞으로 그림자를 길게 드리우고 있었다.

백두산에서 뗏목으로 엮어온 나무를 기둥으로

1900년 11월에 준공한 성공회 강화성당은 사적 제424호로,

본당 앞 보리수나무 본당 앞에 보리수나무가 있다. 불교를 상징하는 나무라니. 이 나무는 1900년에 영국선교사가 묘목을 심었다고 한다. 이를 보아 당시 성공회는 각 나라와 직역의 문화와 전통을 존중하는 토착화 신학의 선교 정신으로 건물을 한식으로 짓고 토착 종교인 불교와 조화를 이루기 위한 노력으로 볼 수 있다. 반대쪽에 심었던 유교를 상징하는 회화나무는 2012년 태풍 볼라벤으로 수세가 약해졌다.

강화읍 관청로22에 있다. 1900년 성공회 영국 교회의 지원으로 한국성공회 제3대 주교 트롤럽이 직접 설계하고 감독했다. 건축 양식은 우리 절집이나 향교 건물, 양반집과 비슷하게 지었고, 궁궐의 목수까지 동원돼 지어졌다.

성당 내부는 바실리카식 성당을 잘 소화해 지어서 어디에서도 찾아볼 수 없이 아름다운데, 이는 한국 전통 건축 양식과 바실리카 양식을 섞어서 지었기 때문이다. 여기에 쓰인 기둥은 백두산에서 뗏목으로 엮어온 나무로 지었다.

성당의 정면부 위쪽 팔작지붕에는 '천주성전(天主聖殿)'이라는 현판이 있었다. 제대 뒤 기둥에는 하느님은 '만유진원(萬有眞原)'이라고 쓰여 있었다. 기둥에는 주련까지 있어 마치 절집에 와 있는 듯한 착각도 불러일으킨다. 이를 보아 종교의 토착화에 얼마나 신경 썼는지 알 수 있다.

본당을 살펴보다가 작은 나무 의자에 살며시 앉아 보았다. 필자는 딱히 종교가 없지만 이곳에 앉아 성전을 바라보니 왠지 마음이 편했다. 그 옛날 120여 년 전에 지어진 성당에 앉아 이 자리에 앉았을 수많은 사람이 떠올랐다. 그들은 어떤 마음으로 이 자리에 앉아 있었을까.

성공회 강화성당 내부 성당 내부는 바실리카식 성당을 잘 소화해 지어서 더없이 아름답다. 이는 한국 전통 건축양식과 바실리카 양식을 섞어서 지었기 때문이다. 여기에 쓰인 기둥은 백두산에서 뗏목으로 엮어온 나무로 지었다. 본당 기둥에는 주련까지 있어 마치 절집에 와 있는 착각을 일으키는데, 이를 봐도 종교의 토착화에 얼마나 신경 썼는지 알 수 있다.

04

강화국수
60년을 이어온 강화국수

간단하게 뭘 먹을까 할 때 무조건 생각나는 국숫집이 있다. 강화읍 강화경찰서 근처에 있는 '강화국수'다. 강화읍 동문안길 12-1. '강화국수'는 문 연 지 60년 된 국숫집으로, 잔치국수, 비빔국수를 비롯해 국수 종류를 전문적으로 한다. 국수를 좋아하는 사람은 입소문을 타고 꼭 찾아가는 집이다. 가게 안도 소박해 일가친척 집을 찾아간 것처럼 편안하다.

필자가 잘 알고 지내는 사람은 강화에 올 때면 무조건 이집에서 한끼를 해결한다. 그래야 비로소 강화에 온 것 같다나. 한번은 잔치국수, 다음에는 비빔국수, 다시 찾을 때는 열무국수 등을 돌아가면서 먹는다. 언젠가는 뜨끈한 잔치국수

강화국수 강화국수는 60년 된 노포로, 강화에서 가장 오래된 국숫집이다. '차부 국수', '수정 국수'라고도 불렸다. 강화버스터미널이 강화군청 앞에 있을 때 테이블과 의자 몇 개를 두고 국수를 팔았는데, 이때부터 '차부국수'라고 불렸다. 대기 시간이 촉박한 버스기사들한테 국수는 알맞춤한 음식이었다.

를 먹고 갔는데 자꾸 그 맛이 생각나 일부러 찾아와 곱빼기를 먹었다고 했다. 그러고 나서야 눈에 삼삼한 국수 맛에서 벗어날 수 있었다고 했다. 아무래도 중독성이 있나 보다.

국수 가격도 착하고 맛도 좋고

강화국수 비빔국수 먹는 법이 재미있다. 비빔국수를 반쯤 먹다가 함께 나온 뜨끈한 멸칫국물을 부어서 물국수로 먹으면 맛이 특별나고 감칠맛이 돈다. 이 방법은 음식점 한쪽 벽에 '비빔국수 맛있게 먹는 법'이 따로 써 붙어 있을 정도로 알 만

비빔국수 먹는 법 비빔국수를 먹는 방법이 재미있다. 비빔국수를 반쯤 먹다가 함께 나온 뜨끈한 멸칫국물을 부어서 물국수로 먹으면 감칠맛 나고 자꾸 생각나는 맛이다.

한 사람은 다 안다. 필자는 아예 처음부터 뜨끈한 국물을 부어 물국수 양을 늘려서 먹곤 하는데 그 맛이 기막히다. 어려서 한겨울에 먹던 국수 맛이 꼭 이랬다. 온 식구가 뜨거운 아랫목에 둘러앉아 김칫국물에 국수를 말아 먹던 때가 떠오른다. 손맛 좋던 할머니, 어머니가 생각나고 아울러 백석 시인이 쓴 '국수'도 떠오른다.

강화국수를 처음 간 때는 강화에 와 살면서 몇 년 뒤였다. 사람들이 강화국숫집 이야기를 많이 했지만 딱히 먹어볼 기회가 없었다. 그러다가 어느 날 너덧 명이 일 때문에 모였고, 일을 끝나는 시간이 마침 점심때라 '간단히 국수 한 그릇 먹자'고 해서 가게 됐다. 동문안길 공영주차장 앞에 있는 가게에는 대여섯 명이 줄 서 있었다. 얼마나 맛있길래, 우리는 차례가 오길 기다리면서 줄 뒤에 섰다. 순식간에 우리 뒤로 줄이 더 이어졌다.

국수라서인지 자리가 금방 났다. 잔치국수, 비빔국수를 주문하고 사람들 표정을 살펴봤다. 어라, 저 표정은 뭐지? 뭇사람들의 표정은 그야말로 국수를 아껴먹는 표정이었다. 그들 젓가락에 잡힌 면발이 맛있어 보였고, 후루룩 그들 입으로 들어가는 국수가 아주 탄력적이고 싱그러워 보였다. 드디어 우리 자리에도 국수가 나왔다. 반찬은 잘 익은 김치 한 가지. 잔치국수 국물부터 쭉 들이켰는데, 그 맛이 아주 속 시원했다. 적당히 간을 한 멸칫국물로 육수를 내고, 잘 삶은 면발, 달걀 지단을 얇게 썬 데다 몇 가지 고명은 식욕을 돋웠다. 물론 우리 일행도 좀 전에 본 '아껴먹는 사람들' 표정이 됐다. 몇 년이 지났어도 필자는 국수가 줄어드는 만큼 아쉬움도 커진다.

'차부 국수' '수정 국수'로도 불린다

강화국수는 60년 된 노포다. 1950년대에 문을 연 강화에서 가장 오래된 국숫집이다. 초대 사장님은 최선희 사장님, 지금은 최선희 사장님의 며느리인 차윤희 씨가 사장님이다. 강화국수는 예전에 '차부 국수' '수정 국수'라고도 불렸다. 강화 버스터미널이 강화군청 앞에 있을 때는 테이블과 의자 몇 개를 두고 국수를 팔았는데, 이때부터 '차부 국수'라고 불렸다. 인천으로 오가는 버스터미널에는 사람이 늘 붐볐고, 대기 시간이 촉박한 버스 기사들한테 국수는 알맞춤한 음식이었다. 후루룩 맛있는 국수를 한 그릇 말아먹고 지금보다 좁고 구불구

불한 길을 돌아 돌아 강화에서 인천으로, 인천에서 강화로 운전대를 잡았을 것이다. 물론 강화 인구가 지금보다 훨씬 많았을 때였다.

그 뒤로 강화 버스터미널이 지금 자리인 풍물시장 앞쪽으로 옮겨갔고, 강화국수도 경찰서 쪽으로 가게를 옮겼다. 자리를 옮겨간 곳 2층에는 수정다방이 있었던지라 '수정 국수'라고 불렸다. 지금도 '수정 국수'라고 부르는 사람들이 있다. 그래서 강화국수 음식점 한쪽 벽에는 '수정 국수'를 설명한 글이 있다. '1950년대 맑은 동락천이 흐르고 그 옆 실개천 뚝방 위의 국숫집 수정 국수는 옛 인한 여객 차부 어귀였다.' 수정 국수 이후에 다시 자리를 옮긴 강화국수는 지금 자리. 차윤희 사장은 초대 최선희 사장의 손맛을 그대로 이어받아 강화국수를 꾸리고 있다. 시어머니 일을 돕다가 차츰차츰 일을 배우고 지금의 강화국수를 운영하고 있다.

수십 년이 흘러도 생각나는 국숫집

"집에서 식구들한테 해주는 것처럼 하죠. 아직 손목도 괜찮구요." 차윤희 사장님은 국수를 삶고 찬물에 여러 번 씻지만 아직 할 만하단다. 무엇보다 강화국수를 잊지 않고 찾아주는 손님이 있어 힘이 난다. "어떤 손님은 30년 만에 찾아왔어요. 식구들한테 꼭 먹이고 싶었답니다." "어떤 손님은 40년 만에 왔는데, 이쪽 지역에서 군 복무를 했대요."

3, 40년 만에 찾아와 먹는 국수 맛은 어땠을까. 음식은 맛도 중요하지만 추억이라고, 그들은 아마 잔치국수를 먹을 때마다 오래전에 강화국수에서 먹은 국수 맛을 잊지 않았을 것이다. 그리하여 세월이 흘러 식구들을 데리고 발걸음했을 것이다. 물리적인 시간으로 따져서 3, 40년 만이겠으나 그들의 기억에는 늘 국수 맛이 자리했을 것이다. 후루루 말아먹는 국수 한 그릇, 국수 면발 한 가닥 한 가닥마다 추억과 기억이 줄줄이 이어져 있었을 것이다.

05

일억조 식당
칼칼한 젓국갈비에 순무라

강화에서만 먹을 수 있는 음식은 무엇일까? 대표적으로 '젓국갈비'랑 '순무'다. 그중 젓국갈비는 강화를 찾는 외지인에게 호기심을 불러일으키고 발품을 팔아서 꼭 먹게끔 한다. 이름부터 재밌다. '젓국갈비'.

젓국갈비는 언제 생겨났을까. 세월을 거슬러, 고려 무신정권 시절로 올라간다. 당시 전 세계를 공포로 몰아넣고 공격하던 몽골에 대항하기 위해 고려 왕실은 수도를 강화도로 옮겼다. 개성에서 강화도는 개성과 가까웠고, 몽골군이 수전에 약하기 때문이었다.

강화 특산물로 만들어 진상한 젓국갈비

왕실이 옮겨왔을 때 강화도에서는 왕에게 진상할 음식이 마땅찮았다. 사람들은 고심하다가, 강화 특산물을 모아 왕에게 상을 올렸다. 바로 이때 젓국갈비가 탄생했다. 필자는 처음에 젓국갈비라는 이름을 들었을 때 꽤 낯설었다. '젓국'과 '생선'의 조합은 몇 번 먹어봤다. 우럭 젓국, 농어 젓국, 대구 젓국. 꾸덕하게 말린 생선을 새우젓이나 그 밖의 젓갈로 간을 해서 젓국을 끓인 건 부산이나 태안 신두리, 당진 쪽에서 먹어봤다. 성인이 돼서 접한 젓국은 참으로 낯선 음식이었지만 생선과 젓국이 묘하게 잘 어울려 맛이 좋았다.

하지만 '젓국갈비'는 낯설었다. 필자 머릿속에는 '갈비' 하면 소갈비나 돼지갈비가 박혀 있었기 때문이다. 강화로 이사와 살기 전인 20여 년 전쯤 답사왔다가 '젓국갈비'를 처음 먹어봤다. 처음 본 젓국갈비는 고춧가루와 고추장 등 붉은색을 넣지 않아 맑은 국이었다. 커다란 냄비 안에는 깍둑썰기한 돼지갈비가 한편에 가지런히 놓여 있었고, 큼직하게 썬 채소와 두부가 나란히 들어 있었다. 낯설어 잠시 머뭇거리다 숟가락을 넣었다.

무엇보다 맛이 시원하고 깔끔했다. 소금 대신 새우젓으로 간을 했고, 청양고추가 들어가 칼칼했다. 젓국갈비는 이렇게 돼지갈비와 강화의 채소, 새우젓으로 간을 하는 음식이다. 이때 새우젓은 꼭 강화도에서 난 걸로 쓴다. 맑은 육수, 늙은 호박, 감자, 배춧속, 미나리 등등 강화에서 난 채소를 넣고 강화 콩으로 만든 영양가 높은 두부 맛이 특이했다. 이 모든 재료를 넣소 팔팔 끓이니 국물이 진했다. 강화 새우젓은 두말할 필요도 없이 좋다. 강화 새우젓은 감칠맛 나고 영양가 높기로 이미 이름나 있다. 끓일수록 간이 더 진해진다.

진달래 축제를 시작하면서 재탄생한 젓국갈비

요즘은 강화 웬만한 음식점에서는 젓국갈비를 먹을 수 있다. 젓국갈비에 대해 이야기를 들으러 읍내에 자리 잡은 '일억조' 식당을 찾아가 봤다. 33년간 한자리에서 음식점을 하는 임경자 대표는 짬짬이 생활 시를 쓰는 시인이기도 하다.

강화 삼산면 석모도가 고향인 임 대표 친정어머니는 강화 읍에서 50년 정도 음식점을 했다. 냉면, 돼지갈비, 소 곱창 딱 세 가지를 고집했고, 손님들 입맛에 착착 감기는 음식을 만들었다. 임 대표는 어머니 일을 돕다가 지금의 건물 주인에게서 음식점을 해보지 않겠느냐는 제안을 받았다. 임 대표가 결혼하고 얼마 안 된 스물아홉 살 때였다. 장사가 잘돼 나중에는 친정엄마가 가게를 접고 도와주었다.

젓국갈비는 오랫동안 명맥이 끊겼다가 새로 개발됐다. 2008년 강화군은 고려산 진달래 축제를 열면서 강화에도 향토 음식이 필요하다는 생각에서 적극적으로 추진했다. 임 대표는 그때가 생생하다.

그전에 임 대표 시어머니가 아프기 전에 식당 일을 봐줄 때가 있었는데, 그때 시어머니와 함께 젓국갈비를 만들어 팔았다. 시어머니는 '김 여사님'이라고 불리면서 여기저기 동네 잔칫날에 가서 음식을 장만해 줄 정도로 손맛이 좋았다. 그런 시어머니와 강화 음식이라고 해서 젓국갈비를 만들어 팔았는데 반응이 별로 좋지 않았다.

젓국갈비 강화를 찾는 외지인에게 호기심을 불러일으키는 젓국갈비는 고려 무신정권 시절에 생겨났다. 왕실이 강화도로 옮겨왔을 때 사람들은 왕에게 진상할 음식이 마땅찮았다, 고심하다가 강화 특산물을 모아 상을 올렸는데, 이것이 젓국갈비다. 젓국갈비는 오랫동안 명맥이 끊겼다가 2008년 강화군이 고려산 진달래 꽃구경 행사를 열면서 향토음식으로 다시 추진했다.

그 뒤로 강화군이 진달래 축제를 만들면서 강화에 있는 식당 주인을 모두 오라고 해서 교육했다. 임 대표는 거기에서 강의를 들었는데, 강의 내용은 시어머니와 어머니가 가르쳐준 방식과는 조금 달랐다. 임 대표는 시행착오를 거치면서 지금의 젓국갈비를 손님에게 내놓았다. 새우젓국갈비에는 새우젓과 두부가 관건. 새우젓도 질 좋은 강화 새우젓을 쓰고 두부도 꼭 손두부를 주문해서 쓴다. 그래서 일억조 젓국갈비는 칼칼하고 부들부들한 두부 맛을 볼 수 있는 것.

돌파구처럼 찾아온 시

'일억조'라는 이름은 임 대표가 가게를 열면서 남편과 고심해서 지었다. "그때는 젊었으니까, 돈을 벌자 했어요. 일억은 더 벌 거 같으니까 억 조를 붙였죠. 숫자 일억조. 우리 집에 드나드는 손님도 일억조 벌고, 우리도 일억조 벌자 했어요. 식당은 이름을 따라가는지 장사가 참 잘 됐죠."

당시에, 식당에는 피로연장이 있었다. 목·금·토·일은 거의 잔치 예약 손님 많이 받았는데 그때 돈을 많이 벌었다. "그때는 오만 원짜리도 없고 카드도 없고, 그때 돈을 많이 벌었어요. 몸은 힘들었지만, 어렵다는 생각을 하지 않았죠."

물론 처음에는 힘이 들어 장사를 끝까지 잘할 수 있을까

일억조 식당 일억조 식당을 꾸리는 임경자 대표는 수없이 시행착오를 거쳐서 지금의 젓국갈비를 손님에게 내놓았다. 새우젓도 질 좋은 강화새우젓을 쓰고 두부도 꼭 손두부를 주문해서 쓴다. 그래야 더 칼칼하고 부들부들한 두부 맛을 맛볼 수 있다. 일억조라는 말은 손님도 일억조, 가게도 일억조 벌자고 생각해서 지은 이름이다.

싶었다. 그럴 때마다 친정어머니는 딱 10년만 해보라고 다독였다. "모든 건 10년이 지나야 자기 색깔을 찾을 수 있다. 딱 십 년만 해봐라. 그때까지만 해보고 아니면 그때 그만둬라." 임 대표는 친정어머니 말대로 10년을 해냈고, 그 뒤로 십 년이 세 번, 그러고도 삼 년이 지나 33년을 한자리에서 가게를 한다. 가게 위치는 좋다. 용흥궁과 맞닿아 있고 주변에 주차장도 널찍한 게 몇 개나 있다.

　한창 가게가 잘될 때 임 대표는 살아온 세월을 돌아보게 됐다. 잘 살아 온 것도 같았는데, 문득 '네 청춘은 어디다 바쳤니?' 하는 생각이 들었다. 그때 돌파구로 찾은 게 시였다. 가게 하랴, 병석에 계신 시어머니 모시랴, 그때 숨 쉴 데가 필요했다. 강화신협에서 열린 시 강좌에 가서 시 수업을 들었다. 그리고 그때 뜻을 함께하는 사람들과 강화문학회의 필요성을 깨닫고 뜻을 모았다. 강화에 있는 국어 교사, 군청 직원들을 모시고 일억조 식당에서 창립총회를 했다. 그때부터 지금까지 22년 동안 문학회 활동을 하고 있다. 임 대표에게는 문학회 활동이 삶의 원동력이 됐다. 임 대표는 주로 새벽에 시를 쓴다. 17년은 함바집을 운영한 이야기를 시로 풀어냈다. 시집 『함바집 이야기』에는 생생한 함바집 이야기가 녹아 있다.

초심을 잃지 않고 정갈하게

일억조 식당에서 가장 많이 팔리는 음식은 젓국갈비. 함께 내놓는 순무김치도 손님의 입맛을 사로잡는다. 순무김치와 배추김치에 넣는 고춧가루는 교동 친환경 고춧가루를 쓴다. 김장은 따로 하지 않는다. 거의 날마다 김치를 담가 손님한테 내놓는다.

20년 전에 일억조 식당은 강화에서 가장 컸다. 하지만 세월이 지나면서 크고 세련된 음식점이 많이 생겼다. 젊은 친구들이 뷰도 찾고 깨끗한 집을 좋아하는데, 거기에 따라가기는 좀 벅차다. 손때가 묻은 식당을 두고 다른 데 가는 것도 그렇고, 식당을 그만둘 때까지 손님에게 정성껏 내놓을 생각이다. 물가가 다 오르지만, 가격은 올리지 않을 생각이다. 내 집에 찾아오는 것만 해도 감사한 일이다. 오랫동안 함께 일한 직원들과 맛있고 정갈한 음식으로 손님을 맞을 생각이다.

06

갑곶돈대
외적의 침략을 최전방에서 맞닥뜨리다

주말이나 공휴일이면 수도권에 사는 사람들이 강화도를 많이 찾는다. 한 시간 남짓 걸리는 거리니 가족이나 친구 연인끼리 하루 재미있게 지낼 수 있기 때문이다. 한꺼번에 강화도에 들어가는 사람이 몰리다 보니 강화대교는 언제나 붐빈다. 그래서 강화도를 들어가는 시간을 잘 맞춰야 길에서 허송세월하는 시간을 줄일 수 있다. 그나마 2002년 8월에 초지대교가 개통돼 그나마 교통혼잡을 많이 덜었으나, 아직도 강화도를 드나들 때는 여지없이 막힌다. 이럴 땐 오전 열 시 전후로 강화도에 도착하게끔 시간을 짜면 좋다.

흔히들 강화도를 일컬어 '지붕 없는 박물관'이라고 한다.

이는 강화도에 들어서자마자 곧바로 실감할 수 있는데, 이는 어딜 가나 유적지 간판이나 이정표를 쉽게 만날 수 있기 때문이다. 역사가 살아 숨 쉬는 곳이다. 놀러 가더라도 강화도가 어떤 곳이었는지 알면 어떨까.

지금 갑곶돈대는 원래 돈대 위치가 아니다

강화대교를 넘자마자 왼쪽으로 갑곶돈대가 있다. 눈으로는 보이지 않지만, 이곳을 목표로 한다면 해안도로로 접어들면 된다. 돈대는 작은 규모의 보루를 만들고 대포를 배치하여 지키는 곳이다. '돈(墩)'은 '돈대, 평지보다 좀 높직하게 된 곳'이라는 뜻이다. 알 만한 사람은 다 알겠지만, 강화에는 돈대가 많다. 100km에 다다르는 해안선을 따라 돈대가 54개가 있다. 오리마다 돈대가, 그러니까 해안초소가 있다. 사라진 돈대도 있고, 미공개된 지역에 있는 돈대도 있어 다 볼 수는 없으나 해안도로를 가다 보면 돈대 이정표를 쉽게 볼 수 있다. 대개 돈대는 경치가 좋은 곳에 있다. 바다와 섬이 한눈에 보이는 풍광을 담고 있다. 어떤 이는 우스갯소리로 '카페 들어서면 대박 날 장소'라고도 할 만큼 돈대는 해안가의 아름다운 경치를 고스란히 품고 있다.

강화대교를 건너자마자 왼쪽으로 꺾어져 들어가면 강화전

쟁박물관이 나온다. 전쟁박물관 정문을 통과해 들어가야 갑곶돈대에 다다를 수 있다. 하지만 이 갑곶돈대는 돈대가 아니다. 이곳을 돈대라고 부를 수 없는 까닭은, 이 돈대가 강화도 바깥쪽으로 쌓은 성의 방어시설인 치성(雉城)이기 때문이다. 원래 갑곶돈대는 옛 강화대교 강화 방면 입구에 위치한 곶(串)으로, 바다 쪽으로 좁고 길게 뻗어 있는 뭍의 끝부분에 있었다.

여기서 잠깐, 옛 강화교 앞을 꼭 가보면 좋겠다. 원래의 갑곶돈대 위치를 가늠해 보고 내친김에 옛 강화교를 걸어서 김포 쪽까지 다녀오면 어떨까. 타박타박 옛 강화 다리를 천천히 건너면서 차들이 쉴 새 없이 달리는 강화대교를 바라보고 그 아래로 물이 흐르는 방향을 살펴보는 재미도 쏠쏠하다.

'갑곶'이라는 말은 삼국시대 '갑비고차'에서 유래

갑곶은 외적의 침략을 고스란히 겪은 곳이다. 갑곶은 고려가 1232년부터 1270년까지 몽골의 침입을 피해 도읍을 강화로 옮겨서 강화해협을 지키려던 요새다. '갑곶'이라는 말은 삼국시대에 강화를 갑비고차(甲比古次)라고 부른 데서 시작됐다. 고려 때 몽골군은 이곳을 건너려다가 건너지 못하게 되자 "우리 군사들이 갑옷만 벗어서 바다를 메워도 건널 수 있었을

강화대교와 강화교 강화대교와 강화교는 강화군 갑곶리에서 김포시 월곶면 성내리를 잇는
다. 다리가 놓여지기 전에 강화도를 가려면 김포 쪽 나루에서 만조가 되길 기다렸다가 버스를
ㅣ 루,배에 실어 오갔다. 강화교는 현재 차가 다닐 수 없지만 천천히 걸으면서 염하가 흐르는 광
경을 볼 수 있다.
갑곶은 고려가 1232년부터 1270년까지 몽골의 침입을 피해 도읍을 강화로 옮겨서 강화해협
을 지키려던 요새다. '갑곶'이라는 말은 삼국시대에 강화를 갑비고차(甲比古次)라고 부른 데서
시작됐다.

텐데"라고 한탄했다고 한다. 갑옷을 벗어 깔면 얼마든지 건널 수 있을 만큼 좁고 얕다는 뜻이기도 하다. 고려 고종 19년(1232)부터 원종 11년(1270)까지 도읍을 강화도로 옮겼다.

1679년 조선 숙종 5년에 강화의 전략적 중요성을 깨달은 조정에서는 강화 해안선을 따라 48개 돈대를 축조했다. 이 가운데 김포 통진에서 강화로 들어가는 갑곶나루에 돈대를 만들었는데, 이를 '갑구지돈대'라고도 불렀다. 1644년 강화의 요충지마다 군대 주둔지를 설치할 때 제물진에 소속된 돈대로서 1679년에 완성된 것이다.

외적의 침입 제일선에서

1866년 프랑스인 성직자 9명을 처형한 책임을 물어 프랑스 함대가 갑곶돈대에 상륙했다. 프랑스군은 10월에 양헌수 장군이 이끄는 정족산성 전투에서 패한 뒤, 그동안 약탈한 수많은 문화재를 갖고 돌아갔다. 이로 인해 강화 지방에서는 혹독한 박해가 시작됐고 갑곶성지가 보이는 백사장에서 많은 신자가 순교했다.

1871년에는 미국 군함에 다녀왔다는 죄로 우윤집, 최순복, 박상손 등이 갑곶 진두에서 순교했다. 뒤에 천주교 인천교구는 갑곶 진두의 정확한 위치를 찾아서 지금의 갑곶순교

성지를 만들었고, 2004년 2월에 갑곶순교성지에서 첫 미사를 들렸다. 이로써 강화도 성지는 일만 위 순교자 현양동산, 진무영 순교성지, 관청리 형방이 있다.

1876년에는 일본의 전권대신 구로다 기요타가 여섯 척의 함선을 이끌고 갑곶에 상륙한 뒤 운요호 사건의 책임을 물어 강압적으로 강화도 연무당에서 조선의 접견대관 신헌과 강화도조약을 맺었다.

갑곶돈대에 담긴 역사를 되새기다

1977년에 허물어져 일부만 남았던 걸 복원했고, 대포 소포 2문 등 새로 만들어 전시했다. 옛터에 새로이 옛 모습을 살려 보수 복원한 것이다. 지금 돈대 안에 전시된 대포는 조선시대 것으로 바다를 통해 침입하는 왜적의 선박을 포격한 것이라고 한다.

강화에 가시거든, 돈대를 살펴보는 것도 좋겠다. 가끔 돈대 지도가 새겨진 티셔츠를 입고 돈대 답사를 하는 사람들을 볼 수 있는데 참다운 역사 공부를 하는구나 싶다. 지금도 변함없이 유유히 흐르는 강화해협 바닷물을 보면서 갑곶돈대에 담긴 역사를 되새겨 보는 건 어떨까.

07

갑곶리 탱자나무
조선 정부에서 생육 상태를 일일이 관리하던 나무

강화도에는 천연기념물로 지정된 나무가 네 그루다. 갑곶리 탱자나무, 사기리 탱자나무, 마니산 소사나무, 볼음도 은행나무. 탱자나무가 두 그루나 된다. 물론 '보호수'도 많고 '큰 나무'도 많고, 그 밖에 나무가 얼마나 많은가. 필자가 큰 나무를 찾아다니면서도 크고 있는 나무들을 보면 어쩐지 미안하다. 나무 크기와 나이로 나무를 편협하게 가르는 건 아닌지. 세월이 지나면 다 커질 텐데, 물론 품종에 따라 크기나 커 가는 속도가 다를 테지만 어째 편애하는 것 같아서다. 어쨌든 세월이 고스란히 녹아든 노거수는 정말 대단하다. 그중 강화군 강화읍 갑곶리 1016, 탱자나무는 400살이고 천연기념물 제78호로 지정됐다. 높이 4m, 지상부 줄기 둘레 1m.

갑곶리 탱자나무는 강화도 전쟁박물관 마당에 있다. 처음에는 탱자나무가 전쟁박물관 안에 있는 게 낯설었다. 전쟁박물관 정문이 닫혀 있으면 탱자나무도 볼 수 없었고, 왠지 자유롭지 않았다. 더욱이 코로나 시국에는 보고 싶어도 못 볼 때가 많았다.

게다가 처음에는 탱자나무가 어디에 있는지 몰라 몇 번이나 돌아와야 했다. 그때가 전쟁박물관 정문이 굳게 닫혀 있을 때. 문밖을 몇 번이나 헤매다가 전쟁박물관 마당에 들어가야 있다는 사실을 뒤늦게 알았다. 이렇게 가깝게 두고도 헤맬 때가 종종 있다.

시간이 지나면서 갑곶리 탱자나무가 전쟁박물관 마당에 있다는 게 자연스럽게 여겨졌다. 강화도에서 탱자나무는 전쟁과 떼려야 뗄 수 없는 관계에 있다는 사실을 알고부터였다.

강화도는 고려 고종이 몽골의 침략을 피해 천도한 곳이다. 조선시대에는 인조가 정묘호란으로 가족과 함께 피난한 장소이고, 이를 계기로 성을 튼튼히 하기 위해 성 밖에 탱자나무를 심어 울타리로 만들었다.

조선 정부에서는 탱자나무 씨앗을 보내 자라는 상태를 보고받았다. 생육 상태를 일일이 관리했던 것. 갑곶리 탱자나무는 그때 심은 나무 가운데 살아남아 지금을 살아가는 우리 앞에 우뚝 서 있는 것이다. 알다시피, 탱자나무는 따뜻한 지역에서 자란다. 언젠가 남부 지방에 갔다가 놀랐는데, 집집이 탱자나무가 많아서였다. 인천에서 자란 필자는 탱자나무를 보긴 했어도 아주 드물게 봤기 때문이었다. 이처럼 탱자나무는 따뜻한 지역에서 자란다.

강화도가 탱자나무가 자랄 수 있는 북쪽 한계선이다. 그래서 갑곶리 탱자나무는 사기리 탱자나무와 더불어 천연기념물로 지정됐고 400년 동안 같은 자리를 지키고 있다. 사실 강화

갑곶리 탱자나무 강화는 고려 고종이 몽골의 침략을 피해 도읍지를 옮긴 곳이다. 조선시대에는 인조가 정묘호란으로 가족과 함께 피난했고, 이를 계기로 성을 튼튼히 하기 위해 성 밖에 탱자나무를 심어서 울타리를 만들었다. 조선 정부에서는 탱자나무 씨앗을 보내 자라는 상태를 일일이 보고받았다.

도는 겨울에 무척 춥다. 겨울이 일찍 찾아오고, 거기다 길다. 조선시대에 탱자나무를 많이 심었을 텐데, 지금은 그리 많이 남아 있지 않은 것은 날씨와도 상당히 관련이 있을 것이다. 그늘지는 곳은 더할 나위 없이 더 춥다. 다행히 갑곶리 탱자나무와 사기리 탱자나무는 겨울에도 한낮에는 따스한 햇볕을 많이 받을 수 있는 자리에 있다.

오래전에 시월이나 십일월이 되면 탱자 열매를 열심히 모았다. 탱자 열매와 유자 열매를 얇게 썰어 청을 담가 겨울을 보냈다. 향도 좋지만 감기 예방에도 그만이기 때문이다. 이렇게 탱자는 오랫동안 겨울 음료로만 내 머릿속에 있었다. 하지만 강화에 와 살면서는 생각이 많이 달라졌다.

이제는 탱자나무 하면 천연기념물 탱자나무가 먼저 떠오른다. 갑곶리 탱자나무. 적의 침입을 대비해 조선 정부에서 생육 상태까지 관리하면서 심은 나무. 갑곶리를 지날 때면 한적하고 조용한 전쟁박물관 옆 탱자나무를 찾곤 한다. 나무는 늘 다양한 모습으로 반겨준다. 특히 탱자 열매가 탱탱하게 맺힌 가을이면 탱자나무가 더 의젓하고 호기롭다. 바닥에 떨어진 탱자 한 알을 주워 향기를 맡아 보면 강화에서 탱자나무는 나무 이상의 뜻을 품고 있다는 사실을 실감할 수 있다. 역사의 향기가 진하다.

08

소창체험관
'강화 소창'을 아십니까?

어렸을 때 우리 집은 '소창'을 많이 썼다. 할머니와 어머니는 이불깃과 베갯잇도 소창을 썼고, 그 자투리가 남으면 행주를 만들어 썼다. 행주는 김칫국물이 묻으면 묻은 대로 쓰다가, 낡을 대로 낡아 더 이상 쓸 수 없을 때는 아궁이 불 속으로 툭 던졌다. 그러고 나면 찬장 한편에 만들어 둔 새 소창이 부엌에 등장했다. 이렇게 흔히 쓰이던 소창을 한동안 잊고 살았는데, 강화에 와 살면서 다시 짠하고 소창을 만났다.

그래서 요즘은 소창으로 만든 물건을 아주 헤프게(!) 쓴다. 행주, 손수건, 수건, 보자기 등등. 소창으로 만든 물건은 부드러운 데다 물을 잘 빨아들이고, 게다가 가성비도 꽤 좋다. 소창은 우리나라 사람의 한평생 의례와 아주 밀접하다. '살아서 한 필, 죽어서 한 필'이라는 말이 있듯이, 태어나면서는 어린 아이 기저귀를 쓰고, 죽어서는 관을 묶는 끈으로 쓰기 때문이다. 소창은 목화솜을 자아내어 실을 만들고, 이 실을 씨실과 날실로 하여 평직으로 짠 옷감을 말한다. 안타깝게도, 현재 소창을 만드는 실은 거의 수입해서 쓴다고 한다.

강화는 직물 산업의 도시

알 만한 사람은 알겠지만, '강화 소창'이라는 말은 아주 유명하다. 무엇보다 품질이 좋았다. '소창' 하면 강화를 떠올릴 만큼 강화는 직물 산업의 도시였다. 오륙십 년 전에 강화읍에만 직물공장 종업원이 4,000명이었다고 하니 그 규모를 짐작할 만하다. 강화에서 직물 산업이 발달한 데는 여러 요인이 있었다. 그중 대표적인 요인은 풍부한 노동력, 개량 직기의 도입. 이로써 공동작업장을 운영할 수 있었고, 조직적인 판매경로를 개척할 수 있었다. 1960년대부터 1970년대 강화는 직물 산업이 전성기를 이뤘다. 하지만 섬유산업이 인조 직물을 생산하는 대구로 옮겨간 뒤로 쇠퇴하고 말았다.

한때 강화에는 130개나 되는 소창공장이 있었지만, 현재는 일곱 군데만 남아 있다. 그것도 나이 든 분이 운영하는 곳이 많아 언제까지 명맥을 이어갈지 몰라 안타깝다. 강화에 소창공장이 많았던 것은 집집이 손과 발을 사용하는 '족답기'를 사용하고 개량 직기를 적극적으로 도입했기 때문이다. 새로운 기계로 생산성을 높이고 여러 사람이 동시에 작업할 수 있는 공장 형태의 공동작업장을 운영할 수 있었다.

아무리 상품을 잘 만들어도 중요한 것은 판로. 강화 소창공장들은 소창을 판매하는 행상을 체계적으로 조직해 전국적으로 판매망을 넓혔다. 조선 지역을 벗어나 간도에서도 판매됐을 정도다. 그래서 강화는 직물 산업 덕분에 전기는 1934년, 전화는 1932년에 개통됐다.

1960년대 심도 직물은 대지 3,500평에 공장 건물만 32개나 될 정도로 규모가 컸다. 여기서 양단, 커튼, 카페트, 치마 등을 생산했다. 1976년에는 이화견직, 조양방직, 경도직물, 남화견직, 평화견직, 동광직물, 경화방직이 있었다. 하지만 강화 직물공장들은 석유파동으로 어려움을 겪었고, 나일론의 등장과 일회성 기저귀의 출현으로 타격을 받았다. 하지만 최근 몇 년 새 천연소재를 이용한 제품이 인기를 끌면서 강화 소창이 또다시 주목받고 있다. 소창으로 만든 손수건, 행주, 타월 등 일상 생활용품이 인기를 끈다.

소창은 '강화소창' 강화소창'이라는 말은 아주 유명하다. 품질이 좋았다. 오륙십 년 전에 강화읍에는 직물공장 종업원이 4,000명이었다고 한다. 강화에서 직물산업이 발달한 이유는 풍부한 노동력, 개량직기의 도입이었다. 이로써 공동작업장을 운영할 수 있었고, 조직적인 판매 경로를 개척할 수 있었다. 하지만 섬유산업이 인조직물을 생산하는 대구로 옮겨간 뒤로 쇠퇴하고 말았다. 요즘 사람들이 카페로 많이 찾는 조양방직도 직물공장이었다.

인기가 많은 소창체험관

소창공장은 겨우 명맥을 이어갈 뿐이지만, 강화 소창의 옛 명성을 찾아볼 수 있는 곳이 있다. 바로 소창체험관. 강화군 강화읍 남문안길20번길 8에 있는 소창체험관은 오랫동안 방치된 한옥과 평화직물 공장을 군에서 매입·정비해 2018년에 문을 열었다. 1938년에 지어진 이 한옥 건물은 1956년에 평화 직물 공장으로 쓰인 건물이다. 현재는 강화 직물 산업의 역사를 보여주는 전시관으로 쓰이면서 사람들의 발길이 이어진다.

소창체험관은 크게 전시관, 소창 직물 스탬프 체험관, 소창 기념품 전시장, 직조 시연, 다도 체험관으로 나뉜다. 전시관은 강화 소창의 역사에 대해 알 수 있다. 문화관광해설사의 설명을 들을 수 있고, 직물공장의 과거 사진과 직물 제조 과정을 표현한 디오라마, 강화 직물 산업의 역사와 과거 직물을 살펴볼 수 있다.

소창 직물 스탬프 체험관은 인기가 많은 곳으로 소창에 관심 있는 사람은 누구나 체험할 수 있다. 소창 체험을 예약하거나 현장에서 체험할 수 있다. 직원의 설명을 들은 다음 천에 여러 가지 스탬프를 찍어서 손수건을 만들 수 있다. 여기에 사용되는 스탬프는 강화 특산물을 표현한 것으로, 포도, 인삼, 순무, 새우젓, 진달래꽃, 쌀, 고구마 등등이다.

소창체험관에서 사용하는 직물은 전시관 옆에 있는 직조 시연관의 직조기에서 직접 생산한 것이다. 방직기계가 돌아가는 현장을 고스란히 볼 수 있다. 직조 시연관 옆으로는 목화밭이 만들어져 있어 목화솜을 직접 눈으로 관찰할 수 있다. 직조기는 과거 직물공장에서 쓰던 직조기이며 실제로 작동해 소창을 짠다. 참, 시연관 옆에서 한 가지 눈여겨볼 게 있다. 나무 전봇대. 전국적으로 몇 개 남지 않았다는 나무 전봇대 가운데 이곳에 두 개가 있다. 전기를 끌어오던 초창기 때 쓰던 전봇대다.

나무전봇대 소창체험관에서 눈여겨볼 것이 있다. 바로 나무전봇대. 전국적으로 몇 개 남지 않았다는 나무전봇대는 이곳에만 두 개가 있다. 전기를 끌어오던 초창기 때 쓰던 전봇대다. 전기를 끌어와 소창공장을 운영했다.

소창 기념품 전시관에서는 한복을 입어볼 수 있다. 전시관 1층에서는 한복 체험과 소창으로 만든 제품을 볼 수 있으며, 한복은 생활한복과 고려시대 한복이다. 필자가 찾았을 때는 두 가족이 한복을 입고 사진 촬영을 하고 있다. 2층에는 방직과 관련된 전시실로서 관련 사진이 많았다. 또 관광객이 잠시 쉴 수 있는 쉼터가 있고 소창을 여러 모양으로 꾸며 놓아 볼 만했다.

전시관 옆 건물도 들어가면 좋다. 이 건물은 1938년에 지어진 건물이고, 여기서는 다도 체험을 할 수 있다. 강화 특산물인 순무를 덖어 만든 순무 차와 강화 약쑥으로 만든 약쑥 차 등을 맛볼 수 있다. 현재는 코로나19로 차를 맛볼 수는 없지만 건물 내부는 관람할 수 있다.

강화 소창은 주로 23수로, 광목은 10수 이하로 쓴다. '수'란 실의 굵기를 말하고, 용도에 따라 수가 정해지고 지금은 100수까지 나온다. 목화솜 1그램 기준 면실 20m를 뽑으면 20수, 40m를 뽑으면 40수라고 한다. 타월을 살 때 눈여겨보면 30수, 40수라고 쓰여 있는데, 이 숫자로 옷감의 촘촘한 정도를 가늠할 수 있다.

　　소창체험관은 월요일에 쉬고 평일에는 오전 10시부터 오후 6시까지 운영한다. 체험은 현장에서 접수할 수도 있으나 사람이 많을 때는 예약이 필수.

09

강화 작은영화관
이제 강화에서도 개봉영화를 본다

인천 구월동에 살 때는 영화 보기가 무척 쉬웠다. 집에서 10분만 걸어가면 대형영화관이 있어서 꼭 보러 가야겠다고 다짐하지 않아도 영화를 볼 수 있었다. 무려 상영관이 14관이나 되니 마음 내키는 대로 골라서 영화를 볼 수 있었다. 어떤 때는 혼자 '영화 주간'을 만들어 하루에 두세 번 영화관을 들락거리기도 했다. 주머니에 돈이 없지 보고 싶은 영화는 늘 차고 넘쳤다.

그 당시 필자한테 영화관은 문화 공간으로서 역할을 충실히 했다. 게다가 영화관에서 친구도 만날 수 있었다. 영화를 좋아하는 친구들과 이런저런 수다를 떨면서 문화적인 호기심과 갈증을 채우기도 했다. 그 동네에 약속이나 일이 있어 왔다가 시간이 남으면 영화 한 편 보는 건 그리 특별한 일이 아니었다. 그야말로 '영화를 보는' 일이 무척이나 쉬웠다.

그랬건만, 강화로 이사 와서는 상황이 완전 딴판이었다. 영화 한 편을 보는 일이 도무지 간단치가 않았다. 꼭 보고 싶은 영화가 있으면 구월동이나 주안, 동인천까지 나가야 했다. 아니면 김포, 고양, 파주로 가야 했고, 서울에 갈 일이 있으면 그때 몰아서 봐야 했다. 아니, 영화 한 편을 보는 일이 이렇게 어렵나. 마음먹지 않아도 되는 일이 꼭 마음먹어야 가능한 일이었다. 그러는 동안 영화에서 점점 멀어지고 있었다.

그러다가 2015년에 강화읍에 '강화 작은영화관'이 생겼다. 영화관이 생겼을 때, 몹시 기뻤다. 드디어 강화도에서 영화를 볼 수 있구나, 그동안 영화를 보려고 일정을 따로 잡았는데 이젠 그러지 않아도 되는구나 싶으니 기뻤다. 섬 밖으로 나가지 않아도 된다니, 실로 평범한 일인데 참으로 놀라웠다.

드디어 문화생활을 할 수 있게 되었다. 이 영화관이 없었다면 아마 이번에 개봉한 영화 〈아바타2〉도 계속 미뤘을지 모르겠다. 보나 마나 나중에 구월동에 나갈 일이 있으면 봐야지 하다가 놓쳤을지도 모를 일. 나이 든 사람들이 흔히 하던 말. 나중에 텔레비전에서 보여줄 거야, 그때를 기다리자.

강화작은영화관 강화에 영화관이 처음 들어선 때는 1963년이었다. 남산리에 '강화극장' 이 세워져 첫해에 16만 명이 들었을 정도로 호황을 누렸다. 하지만 1992년에 적자로 문을 닫았다. 그다음에 들어선 '중앙극장'은 1983년에 강화중앙시장에 세워졌으나, 적자로 문 연 지 5년 만인 1988년에 문을 닫았다. 그러고서 20년이 훨씬 지나서 '작은영화관'이 탄생했다. 이제 강화사람들은 강화에서도 개봉 영화를 볼 수 있게 됐다.

"강화에 영화관이 있어서 다행이야."

〈아바타 2〉가 개봉됐을 때, 지인들과 함께 〈아바타 2〉를 봤다. 한 줄에 나란히 앉아서 팝콘과 음료수를 먹으면서 단체관람을 했다. 십여 년 전 〈아바타 1〉을 봤을 때 감흥이 커서인지 이 영화를 꼭 보고 싶었다. 때마침 지인들과 이야기를 나누다가 급자스럽게 번개모임으로 함께 보게 되었다. 평일 저녁 일곱 시에 시작한 영화는 열 시가 넘어서 끝났다. 그때 우리가 본 시각에는 빈자리가 거의 없을 정도로 꽉 찼다. 날은 무척 추웠지만 모처럼 한겨울밤 영화 한 편을 보면서 문화생활을 할 수 있었다.

"강화에 영화관이 있어서 다행이야. 앞으로 이렇게 만나서 영화 보자." 영화를 보고 나오면서 일행 중 한 명이 들뜬 목소리로 말했다. 이 말이 예사롭게 들리지 않은 까닭은, 만약에 다른 지역에 가서 영화를 봤다면 돌아오는 길이 무척 부담스러웠을 것이다. 인천이든 김포든 서울이든 오가는 시간이 걸리기 때문이다. 어쨌든 일부러 영화를 보러 다른 도시로 나가기도 하지만, 꼭 봐야지 하면서 하루하루 미루다 보면 점점 그 날짜가 밀려 결국 영화를 놓치고 마는 경우가 흔했다. 작은영화관이 생기기 전까지는 늘 그랬다.

개봉 영화를 챙겨볼 수 있어

강화에 하나밖에 없는 개봉관인 강화 작은영화관은 강화문예회관 2층에 있다. 강화읍 고비고개로19번길 12. 상영관 하나에 87석. 강화 사람에게 소중한 문화 공간을 제공하던 영화관은 코로나19가 확산하던 때 문을 닫았다가, 2년 만인 2022년 6월에 문을 다시 열었다. 이때 영화에 관심이 많은 사람은 늘 언제 여나 학수고대했다.

작은영화관은 상영관이 비록 하나지만 시간대별로 다양한

최신영화를 상영하기 때문에 강화 사람들은 시간이 남을 때나, 꼭 봐야 할 영화가 있으면 챙겨볼 수 있게 됐다. 시간대별로 잘 챙겨본다면 다양한 최신영화를 보는 것은 보장돼 있다.

2015년 작은영화관이 문을 열었을 때, 그때는 강화섬에 23년 만에 영화관이 들어선 거였다. 23년 만이라니, 그때 필자는 그 이야기를 듣고 꽤 놀랐다. 참으로 오랫동안 영화관이 없었구나.

강화에 영화관이 처음 들어선 때는 1963년이었다. 강화읍 남산리에 '강화극장'이 세워져 첫해에 16만 명이 들었을 정도로 호황을 누렸다고 한다. 하지만 점점 사람이 줄어 1992년 한 해에는 1,200명이 들었고, 결국 적자로 문을 닫았다. 이 영화관은 상영이 끝난 영화를 다시 보여주는 재개봉 영화관이었다. 그다음에 들어선 '중앙극장'은 1983년에 강화중앙시장에 세워졌다. 이 극장도 적자가 발생해 문을 연 지 5년 만인 1988년에 문을 닫았다.

이렇게 두 군데 극장 문이 닫히고 20년이 훨씬 지나서 '작은영화관'이 탄생한 것이다. 이 '작은영화관' 사업은 당시 문화체육부 사업으로서, 당시 영화상영관이 없는 전국 109개 기초지자체를 대상으로 '작은영화관' 공모 때 채택이 돼서 생겨났다. 즉 '영화 향유권 격차 해소를 위한' 사업으로 '작은영화관'이 생겼고, 강화 사람들은 그 격차를 해소할 기회를 얻었다. 2014년 당시에 작은영화관에 전국 8개 자치단체가 선정됐는데 강화군이 그중 하나였다. 이로써 작은영화관은 2015년에 문을 열었다.

영화 보는 비용도 아낄 수 있다

강화 인구는 69,394명(2023년 6월 기준)이다. 필자의 지인 가운데 한 사람은 영화를 무척 좋아해서 작은영화관을 자주 찾는다. 그는 무엇보다도 강화섬에서 영화를 볼 수 있어서 좋다고 한다. 영화가 늦게 끝나도 집으로 돌아가는 길이 가까워 다행이라고 하는데, 작은영화관이 없을 때는 서울, 인천, 김포, 파주, 고양으로 영화 보러 가던 사람들이 이제 강화에서 영화를 본다. "영화를 보면서도 마음이 정말 편하다. 강화 밖에서 영화를 보면 언제 집에 가나 하는 생각에 몹시 불편했다. 게다가 비용도 아주 절감해서 좋다"고 했다. 말하자면 자동차 기름값, 밥값을 써야 해서 요즘처럼 불경기에는 영화 한 편 보기가 부담스러웠단다.

월요일 오후, 영화를 보고 나오는 사람들이 한 차례 빠져나가자 곧바로 다음 영화를 볼 사람들이 영화관으로 속속 들어왔다.

10

월곶돈대
강화8경 연미정을 품은 돈대

월곶돈대는 강화에 있는 54개 돈대 가운데 하나다. 월곶돈대 성곽 안에는 연미정이라는 정자가 있어서 사람들이 돈대보다는 연미정으로 많이 알고 있다. 필자도 처음에는 연미정이라는 아름다운 정자가 더 인상 깊었고, 주변 사람들도 "연미정 가자", "연미정 가볼까?", "연미정에서 이북이 잘 보여"라고 말하면서 연미정을 찾곤 했다. 하지만 연미정을 찾아가 보면 월곶돈대 안에 있는 정자라는 사실을 단박에 알 수 있다.

한때 민통선 안에 있던 월곶돈대

월곶돈대를 처음 가본 때는 2000년대 초 한가을이었다. 인천

월곶돈대 월곶돈대는 강화에 있는 54개 돈대 가운데 하나다. 월곶돈대 성곽 안에는 연미정
이 있어 많은 사람이 돈대보다는 연미정으로 많이 알고 있다.

광역시립박물관에서 주최한 답사에 참가했을 때인데, 그때는
감나무 가지마다 감이 주렁주렁 열리고 나무마다 제법 단풍이
한창 든 때였다. 강화와 교동 지역을 둘러보는 답사로 버스 두
대가 함께 움직였다. 당시만 해도 강화로 들어가려면 강화대
교를 건너야만 했다. 초지대교는 2001년 8월에 완공됐다. 답
사 차량은 강화대교를 건너자마자 고려인삼센터에 주차했다.
대교 아래로 흐르는 물의 흐름을 보기 위해서였다. 당시 답사
강사 팀에는 역사 지리를 전공한 선생님이 있었다.

강화대교 아래 물가에서 강사가 사람들에게 물었다. "물이
어떤 방향으로 흐르는지 보세요. 조금 전에 흐르던 방향과 반
대죠!" 사람들은 물의 흐름을 바라봤지만 금세 그 말을 확인

할 수 없었다. 조금 전까지만 해도 물이 흐르지 않고 멈춰 있었고, 또 그전에는 어땠는지 유심히 살펴보지 않았기 때문이었다. 강사는 답답한지 자꾸 물이 거꾸로 흐르지 않느냐고 물었고, 사람들은 강사가 자꾸 물의 흐름을 되풀이해서 말하니까 그냥 웃고 말았다. 필자의 경우에는 솔직히 그 당시에는 강사가 무슨 말을 하는지 제대로 이해하지 못했다.

그 뒤로 강화대교와 초지대교를 건널 때마다 그때 강사가한 말이 떠올랐다. 그때는 바로 밀물과 썰물이 바뀌던 때였고, 그 가운데 정조도 끼어 있었던 것이다. 정조란 만조나 간조 때에 물 높이가 변하지 않는 시간. 다시 말하면 바다에서 밀려온 물이 들어오다가, 잠시 물의 흐름이 멈췄다가, 다시 반대로 바다로 물이 나가는 썰물 때였을 것이다. 이러한 물의 흐름에 따라 배들이 드나들었던 것이다. 지리 강사는 이렇게 훌륭한 광경이 펼쳐지는 순간을 보면서 설명할 수 있다는 사실에 몹시 흥분했는데, 정작 답사객들은 그게 크게 와 닿지 않았던 모양이다. 필자도 시간이 지나고서 그 말이 와닿은 걸 보면, 뭐든 이해하는 때가 다 있구나 싶었다.

월곶돈대에서 북한을 바라보다

당시 답사 일행은 물이 흐르는 방향을 살피고는 잠깐 해안가를 달려서 월곶돈대에 다다랐다. 월곶돈대 안에 있는 연미정에 도착했을 때 학예사가 말을 꺼냈다. "이곳은 민통선 안입니다. 군부대에 답사 신청을 하고 허가를 받고 왔습니다." 민통선 안이라는 말 때문인지 주변 풍경이 갑자기 비장해 보였다. 강 건너에 김포가 있었고 몸을 왼쪽으로 살짝 트니 그곳에는 북한 땅 개풍군이 고스란히 보였다. 북한 땅을 가까이서 바라본 때가 그때가 처음이었다. 이토록 가까이 북한이 있다니, 손을 뻗으면 닿을 듯 가까운 사실에 놀라웠다. 월곶돈대 아래를 바라보면 바닷물이 나뉘어 흐른다. 그 모습이 마치 제비 꼬리 같아서 '연미(燕尾)'라 불렀다고 한다.

연미정을 꽤 여러 번 다녀오면서도 어쩐 일인지 생각이 잘 정리되지 않았다. 왜 그럴까 했더니, 그건 다름 아닌 북한 땅이 무척 가까이 있다는 사실 때문이었다. 눈앞에 길게 펼쳐진 북한 땅이 계속 먹먹하게 만들었다. 개인적인 이야기인데, 북한 땅을 바라보면 어쩔 수 없이 2002년 나라 전체를 들었다 놨다 한 월드컵이 끝난 다음 달에 돌아가신 내 아버지가 떠올라서 더 그랬다. 내 아버지는 돌아가시기 몇 년 전에 당시 살던 남동구청에 가서 이산가족 상봉을 희망하는 신청서를 냈다. 아버지는 한국전쟁 때 북한으로 간 형을 찾고 싶어 했다. 나는 이북 땅을 보면 슬픈 가족사를 떠올려야 하는 사람인 것이다. 그러니까 한동안 연미정에 올라 이북 땅을 보면서 이런 저런 생각에 북받쳐 월곶돈대나 연미정에 관한 생각을 제대로 할 수 없었다. 내게서 늘 한 발자국 떨어져 있었다. 여러 번 찾은 뒤에야 간신히 감정을 추스를 수 있었다.

월곶돈대를 찾을 때면 늘 사람이 많았다. 어떤 때는 웨딩 촬영하는 사람들이 있었고, 어떤 때는 마스크를 한 사람들이 삼삼오오 돈대 안팎을 돌고 있었다. 시월 초, 날이 아주 흐린 날에 연미정을 찾았을 때는 아무도 없었다. 늘 그랬듯이 월곶돈대 정문인 조해루를 바라보고 돈대 안으로 들어갔다. 이곳 저곳을 사진에 담을 때 어디선가 촬영하지 말라는 방송이 나왔다. 아마 북한 땅이 사진에 담겨서였을 것이다. 한때 민통선 안에 있어서 출입이 제한적이었다가, 이제는 민통선 밖으로 나왔어도 여전히 제한이 있었다. 출입이 아무리 자유로워졌어도 평화적으로 통일이 되는 날까지는 어쩔 수 없을 것 같았다.

연미정을 지키듯 서 있던 느티나무

월곶돈대는 둘레가 148m이고, 두 개의 포좌를 갖춰 원형으로 돼 있다. 정자 옆으로는 커다란 느티나무가 두 그루 있었고, 그때가 한가을이라 느티나무 이파리가 예쁘게 물들어 있었다. 정자 옆에 나무가 있는 것은 왠지 당연해 보였지만, 500년 넘은 큰 나무라니, 한가을 햇볕이 느티나무 이파리에 부서지고 바닷물이 반짝거리며 흐르던 광경, 게다가 북한 땅이 가까이 보이던 월곶돈대 풍경은 시간이 지나도 오래도록 생생하게 남아 있다.

안타깝게도, 연미정을 지키듯 서 있던 느티나무 두 그루 중 한 그루는 이제 볼 수 없다. 2019년 태풍 링링이 강화를 강타했을 때 부러졌다. 태풍이 지나간 다음 날 아침에 잘 알고 지내는 선생님이 일찌감치 전화 통화로 이 사실을 알려주었다. "연미정에 있는 느티나무가 부러졌대. 이를 어쩌냐?" 강화의 문화재와 자연에 사랑을 무한정 쏟았던 사람들은 그때 무척 안타까워했다. 그 당시 부러진 나무는 월곶돈대 안으로 들어가는 입구에 사진으로 남겨져 있다. 실제로 부러진 나무로는 강화 반닫이를 만들었다고 한다.

역사의 현장을 고스란히 품은 연미정

1244년 고려 제23대 임금 고종은 정2품 시랑 이종주에게 사립학교인 구재(九齋)의 학생들에게 여름 공부를 시킨 뒤 관리로 55명을 선발했다는 기록도 있다. 구재는 고려 최충 (984~1068)이 설립한 사학기관으로, 최충이 죽은 뒤에 시호를

연미정 옆 느티나무 마치 연미정을 지키듯 서 있던 느티나무 두 그루가 있었다. 안타깝게도 이제 한 그루는 볼 수 없다. 2019년 태풍 링링이 강화를 강타했을 때 쓰러졌다. 이 나무로는 강화 반닫이를 만들었다고 한다.

'문헌'이라 했고, 이후에 과거에 응시하는 사람이라면 모두 구재의 명부에 이름을 올리고 이들을 '문헌공도'라고 불렀다.

월곶돈대 성곽 안을 들어가기 직전에 오른쪽을 보면 '고공신장무공 황형택'이라는 비석이 있어 황형이 살던 터였음을 알볼 수 있다. 황형(1459~1520)은 조선 중기의 무신으로, 1510년에 일어난 삼포(부산포, 내이포, 염포)왜란 때 전라좌도 방어사로 공을 세운 사람이다. 임금이 이 정자를 하사해 현재도 황씨 문중의 소유로 돼 있다고 한다.

연미정은 고려시대에 지어졌고, 정자가 자리 잡은 임진강과 염하강의 모양이 제비꼬리 같다고 해서 붙여진 이름이다. 연미정은 강화8경에 들 정도로 아름다운 곳이다. 임진왜란, 병자호란 한국전쟁을 거치면서 여러 차례 시련을 겪고 파손된 것을 현재와 같이 복원한 것이다. 연미정은 팔작지붕이고 돌 기둥 위에 열 개의 기둥을 얹어 지었다. 연미정에서 바라보는 달맞이는 무척 아름답다고 하는데 한밤중에도 연미정에 오를 수 있는지는 모르겠다.

연미정에서는 머머리섬이라고도 일컫는 유도가 잘 보인다. 한자로는 머무를 유(留)와 섬 도(島)자를 써서 '유도'라고도 부른다. 이 섬 주변의 한강 하구는 한 줄기는 염하로, 다른 한 줄기는 강화도 북쪽과 북한의 개풍군 사이로 빠져 서해로 가는데 바다처럼 넓디넓다. 그래서 강화와 김포 사이의 좁은 물목에서 거칠고 빨랐던 바닷물이 갑자기 잔잔해진다. 이는 강의 폭이 넓어졌기 때문에 바닷물의 흐름이 약해 보이는 것이다. 밀물 때 염하를 거슬러 올라오거나 썰물 때 서울에서 한강을 타고 내려온 바닷배들이 여기에서 잠시 머물렀다. 잠시 머문 이유는, 이곳의 바닷물 흐름이 여섯 시간마다 바뀌기 때문이다.

운이 좋으면 월곶돈대를 찾았을 때 바다에 드러난 모래톱을 볼 수 있다. 강화8경 안에 드는 연미정에 관한 시조가 있어

돈대에서 바라본 풍경 연미정에서는 머머리섬이라고도 일컫는 유도가 잘 보인다. 한자로는 머무를 유(留)와 섬 도(島)자를 써서 '유도'라고도 부른다. 이 섬 주변의 한강 하구는 한 줄기는 염하로, 다른 한 줄기는 강화도 북쪽과 북한의 개풍군 사이로 빠져 서해로 흐른다.

적어본다. '높다란 석주(石柱) 위로 팔작집 고아(古雅)한데/ 헌걸찬 두 거수(巨樹)는 쓰린 역사 지켜봤지/ 날렵타 제비꼬리여 금빛 감돈 모래톱' 월곶돈대에 가서 눈여겨볼 것이 어디 모래톱뿐이랴. 돈대 안을 천천히 한 바퀴 돌면서 돈대 안팎을 번갈아 살펴보면 과거와 현재가 동시에 보인다.

11

강화 오일장
강화 오일장에서 만나요!

22일, 장날이다. 봄나물이 뭐가 나왔을까 궁금해 가 보기로 했다. 강화읍 오일장이 서는 날은 마을 앞 버스정류장부터 분위기가 다르다. 노인들이 단정한 차림으로 군내버스를 기다린다. 그들은 장날에 맞춰 병원 진료도 보고 장도 본다. 필자가 사는 마을의 할머니들은 장날이 되면 마음이 들뜬다고 했다. 한번 나갔다 와야 필요한 먹거리도 사고, 무엇보다 사람들 구경을 하고 오면 힘이 난다고 했다.

마을 입구 버스정류장에서 버스를 기다리던 할머니 세 분을 태웠다. 할머니들은 각각 은행도 가고 미용실도 가고 병원도 간다고 했다. 그들은 각자 일을 마치고 장이 열리는 곳에서 만나기로 약속했다. 이처럼 시골에서 장날은 단조로운 일상을 잠시 벗어나는 탈출구이자 숨통 같은 구실을 톡톡히 한다. 현재 강화는 강화읍장과 온수장이 열린다.

2·7 오일장, 강화읍장

오늘 필자가 살 물건은 봄나물이다. 지난주에 왔을 때도 봄나물이 많이 나왔고, 이번에도 뭔가 새로운 게 나와 있을 것 같았다. 날이 따뜻하고 포근해서인지 상인들도 많이 나왔고, 물건을 사거나 구경하는 사람도 많았다. 주차장도 복잡하고 길도 복잡했다. 여기저기 기웃대다가 할머니들이 뜯어오거나 캐온 나물을 몇 가지 샀다.

참죽나무에서 나오는 가죽나물, 오가피, 질경이, 세잎국화. 담배나물(개망초)은 살까 말까 망설이다 사지 않았다. 담배나물은 어렸을 때 집에서 많이 먹어본 나물이라 무조건 사고 싶었지만, 집 앞에 어린 순이 많이 나오는 걸 봐서 직접 따먹기로 했다. 인간은 채취하는 걸 천성적으로 좋아하는구나, 뭐 이런 시답잖은 생각도 했다.

강화읍장은 날짜의 끝날이 2일과 7일에 오일장이 열린다. 장이 서면 '장꾼'들이 물건을 갖고 나오고, 강화에 사는 할머니들이 곡물을 비롯해 나물류를 갖고 나온다. 장꾼은 전문으

"장날은 무조건 나가야지!" 강화읍장이 서는 날은 마을 앞 버스정류장부터 분위기가 다르다. 노인들이 단정한 차림으로 군내버스를 기다린다. 그들은 장날에 맞춰 병원 진료도 보고 장도 본다. 장에는 할머니들이 계절별로 수확물을 가지고 나와 판다. 가을에는 순무를 비롯한 강화 특산물이 장에 가득하다.

로 장사를 하는 사람들이다. 흔히 장꾼을 '장돌뱅이'라고도 했으나 이는 홀대해 부른 이름이었다. 예전 같으면 장꾼들은 지게에 물건을 가득 싣고, 또 그 위에 물건을 올리고 나왔겠지만 요즘은 자동차로 움직인다. 자리를 잡고 물건을 내리는 광경을 보면 손이 아주 빠르다. 이들 가운데에는 오일장을 순회하는 사람도 많다. 우리나라는 아직 장이 열리는 곳이 여럿 있는데, 2·7, 3·8, 4·9, 1·6, 5·10장 등 날짜의 끝날에 맞춰 열린다.

할머니와 아주머니들은 난전을 펼치고

강화읍장은 전문으로 장사하는 '장꾼'도 많고, 시골에서 곡물이나 채소를 들고 나온 할머니와 아주머니들이 많다. 할머니와 아주머니들은 주로 난전(亂廛)을 펼친다. 난전은 허가 없이 그냥 좌판을 펼쳐 놓은 걸 말하는데, 서로 좋은 자리를 차지하기 위해 신경전을 벌이기도 한다. 자리를 잡기 위해 첫차를 타고 나서기도 한다. 난전은 장사할 자리를 어지럽게 잡았다는 뜻이다.

물건을 팔러 온 사람과 물건을 사러 온 사람이 뒤섞여 강화읍장은 시끌벅적하고 활기차다. 물건을 사러 나온 사람들은 강화에 사는 사람도 많고, 장날에 맞춰 오는 도시 사람도 많다. 장날에 물건을 꼭 사러 오기도 하고 그저 눈요기를 하러 오기도 한다. 장에서 만난 50대 후반인 분은 서울 송정역 근처에 사는데 한 달에 세 번 정도는 온다고 했다. "3000번 광역버스를 타고 와요. 한 시간 정도 오면 이렇게 필요한 것도 사고 구경도 하니 얼마나 좋아요. 날마다 심심하게 지내는데, 장날 오는 게 나한테는 아주 특별한 일이에요." 그는 표고버섯과 나물 몇 가지를 들어 보이며 환하게 웃었다.

"서울 사는 친구들이 꼭 장날에 맞춰 와."

장날에 친구 모임이 있는 사람도 있다. "서울 사는 친구들이 장날에 맞춰 와. 저절로 모임이 됐지." 강화에 사는 어떤 분은 장날에 친구들을 만난다. 처음부터 그런 건 아니고 친구들이 올 때 장 구경도 하고 맛있는 것도 먹고, 강화 경치 좋은 데도 한 번 돌다 보니 저절로 모임이 됐다.

예전에 우리네 장날이 그랬다. 장날에 오랫동안 만나지 못한 친구들을 만나기도 하고, 무슨 물건이 새로 나왔나 가 보기도 했다. 또 중매나 혼사 이야기가 오갔다. 옛이야기에 보면 장날 이야기가 참 많다. 나무땔감을 해서 장에 나가기도 하고, 장날에 나갔다가 사람들과 한잔하기도 하고, 장에서 돌아오는 길에 호랑이를 만나기도 하고, 날이 어두워져 불이 켜진 집에 갔다가 꼬리 아홉 달린 여우도 만나고…. 이처럼 장날은 우리 삶과 오랫동안 함께했기 때문에 그 안에서 구수한 이야기도 함께 살아 있지 않을까 싶다.

내가장, 화도장은 사라지고

1970년대만 해도 강화도에는 네 군데 오일장이 섰다. 내가면 고천리 내가장, 길상면 온수장, 마니산 주차장 입구 화도장, 읍내장이 활발했다. 하지만 교통이 편리해지고 도시에 대형

마트가 생기면서 내가장과 화도장은 사라졌다. 2001년 8월에 완공한 초지대교가 생기기 전까지는 온수장이 활발했다. 김포에 사는 사람들이 배를 타고 강화군 초지나루에 닿으면 온수장이 가깝기 때문이었다. 온수장은 현재 겨우 명맥만 이어가고 있다. 4·9장인데 날짜가 맞는다면 한번 들러보는 것도 좋을 것 같다.

초지대교가 생기던 해에 필자가 강화도 장을 찾은 적이 있다. 내가장과 화도장을 찾았을 때 각각 트럭이 한 대씩 있었다. 내가우체국 앞 공터에 옷을 잔뜩 실은 트럭이 있었고, 할머니 한 분이 손녀한테 줄 아동복을 골랐다. 또 화도 버스정류

강화읍 오일장 1970년대만 해도 강화도에는 네 군데 오일장이 섰다. 내가장, 온수장, 화도장, 읍내장. 하지만 교통이 편리해지고 대형마트가 생기면서 내가장과 화도장은 사라졌다. 현재 온수장은 명맥만 이어가고, 읍내장은 여전히 사람이 많이 찾는다.

장에는 그릇과 빗자루 등을 잔뜩 실은 트럭이 음악을 틀어 놓고 있었다. 20여 년 전 광경이었지만, 그때도 장이 활성화되면 참 좋겠다고 생각했다. 내가장은 살려야 한다고 해서 여러 사람이 노력했는데 결국 없어졌다고 한다.

다음 장날이 기다려진다

장날 빼놓을 수 없는 게 먹거리다. 국화빵, 찐옥수수, 어묵, 꽈배기 등등이 장이 열리는 한복판에 있다. 어물전 옆쪽에는 한잔 걸칠 수 있는 음식점이 열리는데 인기가 꽤 좋다. 게다가 장이 열리는 옆에는 상설시장인 풍물시장이 있어 먹거리가 참으로 다양하다. 풍물시장 2층에는 말 그대로 없는 게 없는 식당가다.

봄이라 장날이 더 활기찼다. 장 구경을 하고 나오면서 구석자리에 앉은 할머니가 파는 '나물종합세트'를 한 바구니 더 샀다. 할머니는 산과 들에서 뜯거나 캐 온 나물을 잘 다듬어 내놓았다. 아직 봄바람이 차지만 주머니에 천 원짜리 몇 장 들어오면 손자 손녀에게 용돈도 쥐어주고 맛있는 음식도 해먹일 수 있단다. 그날 저녁, 할머니들이 다듬어 놓은 나물 몇 가지 덕분에 겨울을 이겨낸 봄나물을 실컷 맛볼 수 있었다. 다음 장날이 기다려진다.

12

강화미술도서관
우리나라 최초의 사립 미술도서관

강화읍 신문길 44번길 9. 합일초등학교 정문 앞쪽에 강화미술도서관이 있다. 길을 오가면서 간판을 볼 때마다 잘 될까 하는 의구심이 들었다. 도서관이라면 모를까. 아니면 미술관이면 그나마 사람들이 찾지 않을까 싶었다. 그런데 도서관도 아니고 미술관도 아닌 미술도서관이라니!

4년 전, 강화미술도서관이 개관한 지 두 달쯤 됐을 때 머뭇거리며 찾았다. 잔잔한 음악이 흐르는 가운데 가지런히 꽂혀 있는 책들이 화려했다. 책등으로 꽂힌 미술책에 눈길이 갔을 때는 당장 읽고 싶은 마음이 일었다. 마음에 드는 미술책을 덥석 꺼내서 예쁜 조명이 켜진 테이블에 앉아 온종일이라도 읽을 수 있을 것 같았다.

조용하고 한적한 강화에 정착하기로

최유진 관장은 20년 동안 굵직한 전시회를 주관한 큐레이터다. 언젠가 문을 열게 될 미술도서관을 꿈꾸면서 책과 작품을 모았다. 그는 책과 작품을 20년 동안 소장하면서 목적을 공유에 두고 큐레이터 일을 하면서도 도서관에서 오랫동안 남을 책과 작품을 모으는 데 집중했다. 열심히 소장하면서 언젠가는 그것들을 공유할 날이 올 거라고 생각했고, 무엇보다 도서관을 운영하면서 작가를 프로모션하는 가장 좋은 방법이라고 생각했다. 사실 작가가 전시회를 통해 한 번 보여주면 끝이지만, 도서관이라는 공간에서 작가를 프로모션하면 작가한테 참 좋겠다고 생각했기 때문이다.

왜 강화였을까. 사실 최 관장은 베를린이나 카셀에서 미술도서관을 열고 싶었다. 이민을 고려해야 하는 상황이었지만, 미술도서관을 열기에는 그만한 장소가 없기 때문이었다. 서울도 생각했지만 아무리 생각해도 매력이 없었다. 만약에 서울에서 미술도서관을 열었다면 지금처럼 차분하게 책을 볼 수 있는 시간이 없었을 거라는 게 최 관장의 생각이다. 사람들의 발길이 분주한 곳이었다면, 그냥 와서 보고 구경하는 그야말로 전시장이 됐을 게 뻔하기 때문이었다.

최 관장 부부는 어느 날 우연히 강화로 여행을 오게 됐는데, 그게 강화에 머물게 된 중요한 계기가 됐다. 서울에서 강화는 45분밖에 걸리지 않았다. 한밤중에 찾은 강화는 무척 조용하고 멋졌다. 그게 계기가 돼서인지, 미술평론을 하는 남편은 서울이 아닌 지역으로 이사를 가도 되겠느냐고 넌지시 물었다. 최 관장도 흔쾌히 동의했다. 필연은 그렇게 시작됐다.

강화미술도서관 강화미술도서관은 우리나라에서 최초로 문을 연 사립미술도서관이다. 최유진 관장은 처음이라는 사실에 부담스러웠지만, 할 수 있는 것만 하자, 욕심내지 말고 천천히 가자는 마음으로 2021년 1월에 미술도서관 문을 열었다.

할 수 있는 것만 하자, 천천히 가자

강화미술도서관은 우리나라에서 최초로 문을 연 사립미술도서관이다. 최 관장은 개인이 시작하는 최초의 미술도서관이라는 사실이 부담스러웠다. 전국에 하나밖에 없는 데다, 처음이라는 사실에 어깨가 무거웠다. 무엇보다 미술도서관을 열만큼 컨텐츠가 되나 싶었다. 하지만 곧바로 마음을 다잡았다. 할 수 있는 것만 하자, 욕심내지 말고 천천히 가자고 마음을 먹고 시작했다. 그래서 2021년 1월 20일에 강화미술도서관 문을 열었다.

그는 문을 열고서도 사람들이 과연 관심을 많이 보일까 궁금했다. 그것도 강화도에 열었으니 당분간은 개인 사무실 정도 되겠구나 싶었다. 하지만 예상을 뛰어넘는 일은 금방 찾아왔다. 전시 기획이나 책을 발간하는 마리앤미카엘로 수강생을 모집했는데 예상치 못한 반응이 나온 것이다. 참고로, '마리앤미카엘'은 최 관장 부부의 영세명으로, 2018년에 이름을 합쳐서 전시기획을 해외에서 하거나 작품집을 발간하거나 강의할 때 프로모션할 때 쓰는 이름이다. 재원을 지원할 수 있는 일을 하는 곳이다. 고대부터 현대까지 12강이나 되는데 금방 수강생이 차서 최 관장도 놀랐다. 자칫 지루할 수도 있는 강의인데 관심을 많이 보여서 감동받았다.

작가를 프로모션하는 데는 라이브러리가 최적

최 관장은 미술도서관을 찾는 분들이 책을 소중히 다루면서 보면 참 좋다. 그가 모은 책 한 권 한 권을 꺼내 들고 테이블에 조용히 내려놓고 책을 보는 손님들, 그 손님들이 책을 보면서 감동하고 물어보면 감격스럽다. 그러한 순간들을 위해 그동안 책을 모았구나 싶고, 이런 게 보람이구나 싶기 때문이다. 그는 오랜 세월 자연스럽게 전시하고 소장한 작품을 설명할 수 있어 좋다. 전시장에서 설명했을 때보다 강도가 더 좋다. 작품을 연대별로 스타일별로 설명할 수도 있고, 설명을 열심히 듣는 분들한테 그저 고맙고 그러면서 책임감이 더 생겼다.

최 관장은 이 시대에 갤러리와 뮤지움에서는 작가가 알리고, 작가를 프로모션하는 곳은 라이브러리라고 생각한다. 전시회 때 작품집을 발간하면 그때뿐이지만, 도서관에 큐레이션한 작품집을 보내고 받으면 함께 홍보할 수 있기 때문이다. 작가를 프로모션하는 일은 무척 중요하고, 아울러 책을 발간하는 일도 중요하다. 외국에는 지역명에 아트라이브러리를 쓴 곳이 많은데 그런 곳에 작품집을 보내면 자연스럽게 작가를 프로모션할 수 있다. 우리나라의 작가 작품집을 그런 데 보여줄 수 있으면, 그쪽에서는 작품집을 보고 전시회를 기획하거나 프로모션할 수 있다. 마찬가지로 외국에서 보내오는 작품집을 보고 작가를 프로모션할 수 있기 때문이다. 외국에 있는 수많은 아트라이브러리와 동등하게 어깨를 견주기 위해서는 더 열심히 해야겠다.

"미술도서관 열길 잘했다!"

외국에서는 아트라이브러리에 지원이 많다. 이른바 도서관은 기본적으로 작은 서점과 출판사에 있는 양서를 소장할 수 있어야 하는데, 좋은 책을 살 수 있는 재원을 지원하는 정책이 많다. 특히 독일이 잘 돼 있다.

강화미술도서관 입장료는 3,000원이다. 최 관장은 3,000원은 '소중하게 잘 봐달라'는 장치임을 강조했다. 65세 이상 노인과 어린이들한테는 입장료가 없다. 최 관장은 책을 소중히 다뤄주는 손님들이 무척 고맙다. 도판이 망가지지 않게 접지 않는 등 소중하게 다루는 마음이 무척 고맙다. 미술책은 도판이 생명이기 때문이다. 자칫 접거나 구기면 돌이킬 수 없다.

미술도서관을 연 지 4년째, 이제 어느 정도 자리가 잡혔다. 미술 강좌도 꾸준히 열고, 독서모임도 하고, 무엇보다도 작품 전시를 꾸준히 기획하고 연다. 최 관장은 강화미술도서관이 미술을 좋아하는 사람들이 언제나 편하게 찾는 곳, 관심을 지속적으로 갖는 곳이 되길 바란다.

13

연미정와이너리
강화도 포도로만 와인을 만드는 연미정와이너리

몇 년 새 대형마트에 가면 와인 코너가 무척 커진 것을 알 수 있다. 그만큼 사람들이 와인을 좋아하고, 와인을 일상생활에서 가깝게 접하기 때문이다. 저렴한 와인에서 제법 비싼 와인까지, 입맛과 음식 종류에 따라서 와인을 고르는 재미도 쏠쏠하다. 흔히 '와이너리' 하면 외국 와이너리를 생각하게 되는데, 국내에도 이름난 와이너리가 있고 사람들이 많이 찾는다. 강화에도 멋진 와이너리가 있다. '연미정와이너리'.

이름에서 알 수 있듯이, '연미정와이너리'는 강화읍 월곶리 연미정 부근에 있다. 강화읍 연미정길 36번길 48-17. 연미정 앞 검문소를 통과하자마자 왼쪽에 하얀색 건물이 보였고 '연미정 WINERY'라고 쓰여진 건물이 보였다. 검문소를 통과하는 와이너리라니. 짧게 달린 해안도로에는 철조망이 보였고, 그 너머에 북한 땅이 가까이 있었다. '연미정와이너리' 간판에는 제비가 힘차게 날갯짓을 하고 있었다.

연미정와이너리는 제비와 떼려야 뗄 수 없는 관계다. 한강과 임진강이 합류하는 지점이 손에 잡힐 듯이 가깝기 때문이다. 한강과 임진강이 합류하는 지점에서 물길 하나는 서해로, 또 다른 물길은 인천 쪽으로 흐르는데 그 모양이 마치 제비꼬리 같다고 해서 정자 이름이 연미정이라 붙여졌다.

고향에 돌아와 농사짓기 시작해

황우석 대표는 방문객이 와이너리에 도착하자마자 옥상으로 데리고 갔다. 옥상에 오른 순간, 아, 하는 감탄사가 나왔다. 세상에나 김포 문수산을 배경으로 연미정이 한눈에 보였고, 그 옆으로 유도가 보였다. 잠섬, 뱀섬이라고도 불리는 유도는 비무장지대 안에 있는 섬이다. 1996년 홍수 때 북한 소가 떠내려온 곳. 그때 남북 모두 비무장지대에 있는 소를 손쓸 수 없어 안타까워하다가 극적으로 합의해 우리 군이 구출한 일화가 있다. 그 유도 옆으로 북한땅이 기다랗게 보였다. 비록 철조망 너머로 보이는 땅이긴 하지만 바로 눈앞에서 분단의 현

연미정와이너리1 연미정와이너리는 강화읍 월곶리 연미정 바로 앞쪽에 있다. 연미정 앞쪽으로는 한강과 임진강이 합류하는 지점인데 물길 하나는 서해로, 또 다른 물길은 인천 쪽으로 흐른다. 그 모양이 제비꼬리 같다고 해서 정자 이름이 연미정이라 붙여졌다. 연미정와이너리 앞으로는 해안도로 철조망이 보이고 그 너머에 북한 땅이 있다. 와인 병에 붙은 상표에 철조망과 제비 그림은 여기에서 따 왔다.

실을 고스란히 실감할 수 있었다.

황우석 대표는 조선시대 황형 장군의 후손이다. 황형 장군은 조선시대 삼포왜란 대 전라좌도방어사로 큰 공을 세워서 조선 조정으로부터 연미정 정자를 하사받았고, 현재 연미정은 황씨 문중의 소유로 돼 있다. 그래서 연미정으로 들어가는 입구에는 황형 장군 묘가 있다. 황 대표는 하점면에서 태어나 읍에서 고등학교 때까지 살았다. 직장생활을 하다가 어깨가 탈골되는 바람에 요양차 강화에 내려오게 됐고, 그때 아버지가 농사 한번 지어보지 않겠느냐고 제안해 고향으로 돌아왔다.

황 대표는 30년 중반에 고향으로 내려왔으니 이제 20년 넘게 강화에 사는 중이다. 처음에는 읍내에서 인삼도매업을 하는 어머니를 도와서 일했다. 그때까지만 해도 인삼농사는 젬병이었고, 땅을 빌려서 인삼 농사를 지었으나 수익에는 별 도움이 되지 못했다. 이왕 시골에 왔으니 친환경으로 사람들 몸에 좋은 농사를 지을 요량으로 농사 공부를 하러 다녔다. 발효퇴비를 만들고 발효식초를 만들어 병든 식물에 뿌려주고. 그때부터 발효에 본격적으로 관심이 생겼다.

지역에서 나온 과일로 과실주부터 만들어

인삼 일에 뛰어든 지 15년이 됐지만, 인삼은 사양산업이었다. 돈은 많이 들어가는데 그만큼 수익이 나지 않았다. 그러다가 운명적으로 '지역특산주'라는 개념을 알게 된 것. 이미 오래전부터 발효에 대해 알고 있었고 식초를 만들었으니까 지역에서 만든 과일로 과실주를 만들어 볼까 싶었다. 그 순간 바로 시작했다.

사실 그전에 땅을 사서 건물을 지어 놓은 게 있었다. 영상을 전공한 터라 영상 관련해서 일하고 싶었기 때문이다. 스튜디오를 지었고, 거기에 영화도 만들고 영화를 좋아하는 사람들과 어우러져 영화 관련 일을 해보자 싶었다. 20대 초에 극단 생활을 했으니 창작활동도 열심히 해보자. 하지만 현실은 그리 녹록지 않았다. 아내와 자식이 있다 보니 하고 싶은 일만 할 수도 없었다. 다행히 농한기인 겨울에는 한두 달 오지여행을 했다. 와이너리를 준비하면서 그때의 경험과 견문이 상당히 도움이 됐다.

'와이너리(winery)'는 '포도주를 만드는 장소'. wine(포도주)+ery(장소)의 합성어로, 와인을 사랑하는 사람에게는 무척 중요한 곳이다. 포도밭, 포도즙 짜는 곳, 발효실, 숙성실, 병입실을 갖추고 있으면서 와인을 만들고 판매하는 것까지 통틀어 말한다. 세계적으로 보면 와이너리는 관광지로도 인기가 많다. 와인을 좋아하는 사람들은 와이너리 투어를 하면서 와인 제조 과정을 견학하고 시음하기도 한다. 연미정와이너리에서도 와이너리 일련의 과정을 체험할 수 있다.

우리나라 최초로 인삼열매와인을 만들기도

와이너리는 그냥 와인을 생산하는 곳이 아니다. 장인정신이 없으면 포도주 한 방울도 만들 수 없다. 좋은 포도를 고르는 데서부터 분쇄, 발효, 숙성, 병입 단계에 이르기까지 좋은 와인을 만드는 데 있어서 열정과 창의성은 중요하다. 마트에서 와인 한 병을 집어들고 와 마시는 것과는 차원이 다른 와인 제조의 세계를 엿볼 수 있다. 더불어 와인 한 방울에는 얼마나 많은 노력과 시간이 들어 있는지 알 수 있다.

연미정와이너리 황우석 대표는 와인에 미친 것 같았다. 돈이 되지 않지만 와인에 대한 사랑과 열정으로 묵묵히 일하고 있기 때문이다. 우리나라에서 최초로 인삼열매로 와인을 만들기도 했다. 인삼 열매에는 껍질에 과육이 아주 조금 있는데 그걸 바구니에 대고 문지르면 한두 방울 나온다. 그걸 모아서 발효해서 식초를 만들고 와인을 만들었다. 사람들은 식초보다 와인에 관심을 보였다. 연미정와이너리에서 나오는 와인은 모두 강화에서 생산된 포도로 만든다. 양도면에서 나오는 포도와 고려산 자락에서 유기농으로 키우는 열매로 만든다. 황 대표는 "술은 대규모 자본을 가진 사람만 하는 줄 알았는데, 나도 할 수 있을 것 같더라. 그동안 만들어 본 와인은 열 가지 정도 되지만 현재 상품으로 판매되는 것은 네 가지다"라고 했다. 그리고 올해 서너 가지를 추가할 계획이다.

연미정와이너리의 역사를 만드는 중

연미정와이너리에서 현재 시판되는 와인은 연미정여름, 연미정가을, 연미정노을, 연미정꼬리별. 연미정여름은 청포도로 만들며, 여름에 수확해 제비의 기상을 라벨에 담았다. 연미정가을은 가을이 되면 제비가 전깃줄에 앉았다 돌아가는데, 추석 즈음에 강화도 양도면에서 수확하는 포도로 만든다. 연미정노을은 철조망에 앉아서 북쪽을 바라보는 모습을 담았다. 제비 시리즈는 인기가 좋고, 앞으로 연미정겨울도 나올 것이다. 그다음에는 별시리즈가 있다. 진생베리는 양이 많지 않아 시판하지 않지만 "저와 좋은 인연이 되는 분께 기분 좋은 선물로 드린다"고. 이 점만 봐도 황 대표가 돈에 연연해하지 않으면서 좋아하는 일을 묵묵히 한다는 걸 알 수 있었다.

"와인은 돈 벌려고 접근하면 안 되더라. 돈 벌 수 있는 시

연미정와이너리2 와이너리는 장인정신이 없으면 포도주 한 방울도 만들 수 없다. 좋은 포도를 고르는 데서부터 분쇄, 발효, 숙성, 병입 단계까지 좋은 와인을 만드는 데 있어서 열정과 창의성은 중요하다. 연미정와이너리에서 나오는 와인은 모두 강화에서 생산된 포도로 만든다. 양도면에서 나오는 포도와 고려산 자락에서 유기농으로 키우는 열매로만 와인이 완성된다.

스템이 아니다. 정말 좋아서 한다. 와인은 이것저것 들어간 재료비 빼면 얼마 남지 않는다. 들인 공력과 시간에 비해서 터무니없이 돈이 안 된다. 하지만 와인을 만드는 일은 정말 재미있고 신기하다. 가까운 장래에 수익이 날 수 있겠지만, 지금으로서는 길게 보고 공부하고 연구해야 한다. 우리 연미정와이너리만의 노하우도 조금씩 쌓이게 되면 우리만의 와인 역사를 써나갈 수 있을 것이다."

다행히 지난해에는 와이너리를 찾는 사람이 많았다. 공무원을 비롯해 회사에서 단체로 교육 차원에서 찾아왔다. "알고 보면 제가 일타강사다.(웃음) 30분만 들으면 와인의 핵심적인 것을 다 알 수 있다. 그다음에는 와인을 편하게 드실 수 있도록 시음도 하고, 시음할 때 먹을 수 있는 음식도 내놓는다. 모두 실비 차원에서 운영하는데, 이는 오로지 연미정와이너리와 와인을 알리기 위해서다."

지난해에는 연미정가을이 품평회에서 대상을 받았다. 해가 갈수록 연미정와이너리는 그 진가를 발휘할 수 있을 것 같았다. 황 대표는 해마다 만든 와인을 연차별로 먹으면 와인이 나이를 먹으면서 맛이 어떻게 달라지는지 변화를 보는 중. 연미정와이너리는 지금 이 순간도 연미정와이너리만의 역사를 만드는 중이다.

연미정와이너리3 2023년에는 연미정가을은 품평회에서 대상을 받았다.

14

강화나들길
모든 강화 역사가 강화나들길에 있다

강화에 터를 잡으면서 꼭 하고 싶은 일이 몇 가지 있었다. 그 가운데 하나가 '강화나들길 걷기'였다. 시간이 날 때마다 잠깐 들렀던 곳, 그 강화로 이사하고서는 방문객으로서는 시간이 부족해 할 수 없던 일을 하나둘 생각했다. 하지만 산골에 작은 책방을 내고서 오지 않는 손님을 기다리면서 시간이 녹록지 않았다. '언제나' 갈 수 있는 곳이 되었기 때문에 미뤘다.

이러구러 몇 년을 살면서 '강화나들길' 말뚝과 리본을 볼 때마다 미룬 숙제가 생각났다. 그래서 본격적으로 걷자고 마음먹었고, 조금씩 구간별로 '강화나들길'을 걷는 중이다. 집 바로 앞으로 강화나들길 5코스가 있고, 마을길을 따라 고려산 낙조대 적석사에 오르면 그곳을 지나는 17코스가 있다. 강화 나들길에는 리본이 유난히 많다. 갈림길에서 헷갈리면 리본을 따라가면 헤매지 않고 걸을 수 있다.

'사단법인 강화나들길'은 2012년에는 대통령상을, 2012년에는 국토부 선정 '전국 아름다운 해안누리길 베스트5'에 들었고, 2015년에는 한국 등산트레킹 지원센터 선정 '전국 아름다운 숲길 베스트 10'에 들었다. 친환경적일 뿐만 아니라 풍광과 문화 유적, 역사를 담은 스토리텔링이 뛰어난 길로, '2코스 호국돈대길'은 바다를 끼고 있는 전국의 도보 여행 길 중에서 풍광은 물론 역사와 문화 유적을 잘 표현한 길로, '3코스 고려왕릉 가는 길'은 전국의 도보 여행 길 중에서 숲과 흙길의 비율, 풍광과 문화 유적은 물론 지도, 안내 표시 등 도보 여행자가 혼자서도 쉽게 찾아다닐 수 있는 아름다운 숲길이라는 이유로 선정됐다.

함민복 시인의 감성 글판도 있어

강화나들길은 2011년 1월에 발기인대회를 마치고 비영리단체로 출범했다. 당시 강화군과 활발한 활동을 펼치면서 20개 코스를 완성했다. 통행이 제한된 본섬 북쪽 지역을 뺀 나머지 지역의 옛길을 찾아서 이었다. '잇고 이은' 길이 현재 강화나들길 코스가 됐고, 전국 각지에서 강화나들길을 걸으려는 사람들이 찾는 명소가 되었다.

함민복 시인의 감성 글판이 2코스에 5개, 3코스에 5개가 있다. 전국에서 유일해서 전국 지자체에서 벤치마킹하러 오기도 한다. 문장은 음미할수록 멋지다. 강화나들길 이사이기도 한 함민복 시인과 '인문학 걷기'를 진행하기도 했다.

강화나들길 나들길지기들은 바쁘다. 올해는 산림청 공모 사업 프로그램을 진행 중이다. 2023 강화나들길 숲 체험 프로그램, 유아프로그램, 초등프로그램, 장애인프로그램이 있

강화나들길1 강화나들길은 화남 고재형 선생이 강화의 유구한 역사와 아름다운 자연을 노래하며 걷던 강화 옛길을 '읽고 이은' 길이다. 화남 선생은 1906년 3월 한 달 동안 당나귀를 타거나 걸으면서 강화도를 노래했다. 자연 풍광과 역사, 마을의 특징을 256수의 실낙질꾸로 시에 담았다. 그로부터 딱 100년이 되던 2006년에 그 후손과 강화도의 학자들이 번역해 『심도기행』이란 시집을 발간했다. 강화나들길은 현재 20개 코스로 총 거리 310.5km다. 이 길은 친환경적일 뿐만 아니라 강화의 문화, 유적, 역사, 아름다운 자연을 담고 있다.

다. 다 함께 프로그램으로는 강화도의 나무와 풀, 강화나들길 클린데이, 우리나라 난대성 식물을 진행했거나 진행할 예정이다. 자세한 일정은 강화나들길 홈페이지(www.nadeulgil.org)를 참고하면 된다.

발밤이. 발밤발밤에서 따온 말이다. 천천히 한 발 한 발 나아간다는 뜻으로 사람이 걸어가는 듯한 형상을 로고로 삼았다.

그동안 사단법인 강화나들길에서 한 일은 무척 많다. 그중 2011년에 시작한 '민통선 평화 걷기'는 성황리에 행사를 마쳤다. 전국에서 1,000명이 왔을 정도로 호응이 좋았다. 민통선을 걸을 때는 조심해야 할 것도 많았지만 참가자가 모두 질서를 지키고 '민통선 편화 걷기'의 뜻을 되새겼다. 이 행사에는 김덕수패가 세 번이나 함께했다.

'우리 길 우리가!' 깨끗한 강화 만들자!

강화나들길은 어느 길이나 물론 다 좋지만 특별히 추천할 곳을 이민자 전 이사장한테 물었다. "모든 강화역사가 강화나들길에 있다. 개인적으로 겨울철을 좋아한다. 3코스 고려왕릉 가는 길을 좋아하는데, 그 길에는 고려왕릉이 세 개가 있다. 곤릉과 가릉은 고려 왕비 능, 석릉은 왕의 능이다. 우리나

강화나들길2 2011년에 시작한 '민통선 평화 걷기' 행사는 호응이 좋다. 전국에서 1,000명이 올 정도로 사람들 관심이 크다. 민통선을 걸을 때는 조심해야 할 것도 많지만 참가자들은 이를 불편해하지 않고 질서를 잘 지키면서 '민통선 평화 걷기'의 뜻을 되새긴다.

라에 고려 능이 있는 곳은 강화밖에 없다. 또 날이 쌀쌀할 때는 15코스 고려궁 성곽길을 걷는다. 오르락내리락하며 걸어야 하는데, 길을 걸을 때마다 조선시대에도 갔다가 고려시대에도 갔다가 숲길도 갔다가 한다. 또 동서남북 네 문을 다 볼 수 있다. 바람이 부는 날에는 2코스도 좋다. 돈대를 많이 볼 수 있는 길이고, 바다를 따라 걸으면서 돈대를 들어갔다 나왔다 한다. 한여름에는 극기훈련하는 셈으로 16코스를 걷는다. 나들길 리본을 새로 묶기도 하는 등 모니터링한다."

이민자 전 이사장은 강화나들길을 설명하는 게 아니라 '읽어준다'고 말했다. "나들길지기들은 설명하는 게 아니라 읽어주는 거다. 강화나들길에는 역사문화가 모두 들어 있기 때문에 끄집어내어 읽어준다. 단순히 보여주는 게 아니라 사람을 통해 알려주는 것이다. 또 '우리 길 우리가!'라는 슬로건으로 깨끗한 강화 만들기를 이어가고 있다."

　강화의 역사와 자연 이야기를 알고 싶다면 강화나들길을 발밤발밤 걸어보면 어떨까.

15

계룡돈대에서 망월돈대까지 걷기

강화나들길 16코스, 서해 황금들녘길

한가을이다. 시적시적 별생각 없이 걷고 싶은 계절이다. 어디를 걸을까. 시간을 많이 낼 수 없다면 도심 한복판도 좋고 동네 공원도 좋다. 그러다가 하루 정도 시간을 낼 수 있다면 강화는 어떨까.

이맘때 강화 벌판은 어디나 멋지다. 드넓은 평야에 벼가 누렇게 익어가고, 또 어느 곳은 콤바인이 들어서서 추수하고, 또 어디는 추수를 끝냈을 것이다. 강화는 '산의 섬'이라고 불릴 만큼 산이 많다. 평야를 둘러싸고 가을 산이 어깨를 겨루고 있는 모습도 장관이다.

한쪽은 바다, 한쪽은 망월평야

필자는 계룡돈대에서 망월돈대를 걷기 좋은 코스로 잡았다. 집에서도 가깝거니와 추수가 다 끝나기 전에 너른 들판을 꼭 보고 싶었다. 특히 이 길은 가을바다, 가을산, 가을섬, 가을들판을 한꺼번에 볼 수 있는 길이기 때문이다. 다음에는 다른 곳을 걷더라도 이맘때는 무조건 평야가 보이는 길을 걸어야 한다. 계룡돈대에서 망월돈대는 거리가 약 2km쯤 되고 천천히 걸으면 50분 정도 걸린다. 도시에서 보기 힘든 흙길이다.

어디에서 시작할까. 계룡돈대에서 시작해도 좋고, 망월돈대에서 시작해도 좋다. 차를 세운 곳에서 출발하면 된다. 이 길은 아주 멋지다. 한쪽은 바다를 끼고 한쪽은 너른 망월평야를 보며 걷는다. 바다는 밀물이거나 썰물일 테고 어쩌면 정조일지도 모르겠다. 바다 건너에는 석모도가 보인다.

돈대 축조에 대한 기록이 남아 있어

해안길을 걷기 전에 계룡돈대에 오르는 것도 잊지 말아야 한다. 주차하고서 소나무 몇 그루가 자라는 작은 언덕길을 오르면 그곳에 계룡돈대가 있다. 전에는 소나무가 더 많았지만 안타깝게도 태풍 링링으로 소나무가 부러져 수가 줄었다.

계룡돈대는 내가면 황청리 282번지에 있고, 인천광역시

계룡돈대에서 망월돈대까지1 어디라도 걷고 싶을 때 계룡돈대에서 망월돈대까지 걸으면 좋다. 계룡돈대에서 시작해도 좋고, 망월돈대에서 시작해도 좋다. 이 길은 멋지다. 한쪽은 바다를 끼고 한쪽은 너른 망월평야를 보며 걷는다. 밀물이거나 썰물일 때도, 바닷물이 움직이지 않는 정조일 때도 좋다. 그늘이 없으니 아침 일찍이거나 저녁 무렵에 걸어야 한다.

기념물 제22호다. 숙종 5년(1679) 강화도에 처음 쌓았던 48개 돈대 중 하나다. 계룡돈대 둘레는 약 108m이고 긴 사각형 모양이다. 돈대는 해안 중간 언덕에 있으며, 구릉의 경사면을 석축으로 쌓아서 기초를 마련하고 그 위에 돈대를 지었다. 계룡돈대에서 눈여겨볼 것은 돈대 동쪽 벽 아래쪽에, 돌에 새겨 놓은 글이다. '康熙十八年軍威禦營築造'. 이는 '강희 18년(1679) 4월 모일에 경상도 군위현 어영군이 축조했다'는 뜻이다. 당시에 승군 8000여 명을 동원하고도 공사가 길어지자 어영군을 동원했는데, 이때 계룡돈대 축성에 군위현 어영군이 투입된 것이다. 이는 당시에 돈대를 축조한 집단에 대해 잘 알수 있는 중요한 기록이다.

가을 한복판을 걷다

계룡돈대에서 망월돈대에 이르는 해안가 길은 그야말로 가을이 지천이었다. 해국이 자잘하니 노오랗게 피어났고 박주가리는 씨앗을 퍼트리기 직전이다. 예전에는 도장밥으로도 쓰였다는 박주가리는 엄청난 씨앗을 품은 채 곧 날아갈 채비를 하고 있었다. 씨앗이 터지면 어디까지 날아갈 것인지, 문득 저만치 앞에 보이는 교동대교 그 너머에 보이는 북한 땅이 보였다. 갈대와 억새는 햇볕에 은빛으로 부서지면서 바람이 부는 대로 몸을 내맡긴 채 흔들렸다. 물들기 시작한 풀들이 길가에 포진해 있었다. 엉겅퀴 씨앗은 터지기 시작했고, 회백로는 물 빠진 바닷가에 발을 담그고 서 있었다. 물 빠진 갯벌에 먹이가 있는 모양이다. 갯벌의 꽃, 함초는 갯벌 가장자리에서 피어나 붉다.

필자가 걷기 시작한 때는 물이 빠진 뒤였다. 바닷물과 갯벌에 저녁놀이 앉아 벌겋게 물들 무렵이었다. 걷는 길은 그야말로 풀잎이 서걱거리는 길, 풀잎이 바람에 흔들리는 길이었다. 길 하나로, 해안가 길을 걸으면서 가을 한복판에 들어선 것이다. 이미 추수한 논에는 마시멜로 모양을 한 짚단이 군데군데 뭉텅이로 세워져 있다. 저만치 교동대교가 보이고, 석모도와 교동도가 보인다. 석모수로와 망월평야를 동시에 보면서 걷는 길은 가을 한복판으로 성큼 걸어가는 듯한 착각을 불러일으킨다.

저무는 햇볕을 받아 더 아름다운 길

이 길은 강화나들길 16코스이다. 어차피 걷기로 한 길이니 되도록 잡생각을 하지 않기로 했다. 계획도 세울 필요가 없다. 심지어 저녁에 무엇을 먹어야 할지도 잊게 되는 길이었다. 뒷짐을 지고 천천히 걷기도 하고, 몸을 틀어 바다를 바다보기도 하고 너른 평야를 바라보기도 하면서 걸었다. 억새와 갈대가 섞인 길에서는 정글을 건너듯 풀숲을 헤쳐나갔다. 추천해도 욕먹지 않을 만한 길이다. 얼마쯤 걸었을까, 갑자기 찬 기운이 훅 끼친다. 물이 들어오고 있었다. 조용히 물결치며 들어오는 바닷물이 나란히 갯벌을 적시고 있었다. 들어오는 물에 몸을 맡긴 오리떼도 보인다.

"안녕하세요?" 반대편에서 걸어오는 일행과 간단히 인사를 나눴다. 이들은 아마 창후포구나 망월돈대에서 걷기 시작한 사람들일 것이다. 서로 모르는 사람들이지만 좁은 길에서 인사를 나누며 길을 비켜주었다. 폭신한 흙길에서 건네는 인사는 훨씬 더 부드럽고 따뜻하다. 걸을 때마다 갈대숲에서는 참새떼들이 포르르 날아올랐다.

계룡돈대에서 망월돈대까지2 이 길은 강화나들길 16코스로, 가을에 걸으면 금상첨화. 경치만 보면 될 터. 당장 저녁에 뭘 먹어야 할지도 잊게 되는 길이다. 뒷짐을 지고 천천히 걷기도 하고, 바다를 보거나 너른 평야를 바라보면서 무념무상으로 걸을 수 있다. 얼마쯤 걸었을 때 찬 기운이 훅 끼쳐오면 그때는 대개 물이 들어오는 시각이다. 조용히 물결치며 들어오는 바닷물이 일제히 줄을 맞춰 갯벌을 적시고, 그 물에 몸을 맡긴 새떼도 볼 수 있을 것이다.

계룡돈대에서 망월돈대까지 걷는 길은 같은 풍경 같아도 도무지 지루할 새가 없다. 풀 한 포기 새 한 마리에 눈이 가기 때문이다. 게다가 망월돈대를 향해 걸을수록 교동대교가 가까이 보이고 창후포구에 정박한 선박이 정겨워 보인다. 별립산도 별명답게 따로 우뚝 서 있다.

망월돈대로 꺾어지는 길에서는 내가천을 만난다. 심하게 꺾인 U자 모양을 돌면 망월돈대가 나온다. 망월돈대 앞으로 펼쳐진 넓고 붉은 함초밭도 장관이다. 갯벌색과 붉은색이 어우러져 환상적이다. 이때 저무는 햇볕을 받으면 더 아름답다.

평평한 땅에 지어진 대표적인 돈대

마침내 망월돈대에 도착했다. 망월돈대는 하점면 망월3리 2107번지에 있으며, 내가천 하구에 있다. 강화 본섬에서 가장 큰 저수지인 내가저수지(고려저수지)에서 흐르는 물이 서쪽으로 흘러 바다와 만나는 곳에 있다. 이 하구가 밀물 때는 바닷물이 뭍으로 들어오는 수로의 입구가 되기도 한다. 조선시대에는 이곳에 말올포라는 포구가 있었고, 돈대는 수로의 방어 임무를 수행했을 것으로 보인다.

망월돈대는 직사각형 모양이고, 둘레는 124m다. 또 낙성돈대와 장자평돈대 등과 함께 하천 하구 평평한 땅에 축조한 대표적인 돈대다. 하천변에 쌓은 돈대는 석재로 바닥을 다진 뒤에 축성을 했기 때문에 공사하는 데 어려움이 따랐다. 특히 돌을 옮길 때는 갯벌을 지나야 해서 물때를 맞춰야 해서 공사가 길어지기도 했다. 갯벌에서는 걷기도 힘든데 무거운 돌까지 나르며 돈대를 쌓아야 했으니 얼마나 힘들었을지 짐작이 간다.

망월평야는 강화에서 가장 넓은 평야다. 이 마을은 망월리이고, '망월'이라는 이름에서 알 수 있듯이 이곳은 '달 보기에 좋은' 곳이다. 땅이 평평해 가로막는 데가 없어 달 보기가 좋다. 망월평야는 여몽항쟁 이후 고려 공민왕 때 생겼다. 갯골을 흙과 돌로 막아 제방을 쌓아 조수의 출입을 막았다. 간척사업을 한 것이다.

망월돈대에서 해 저무는 광경을 바라보면 참으로 황홀하다. 사방이 탁 트인 데다 앞쪽에는 갯벌과 함초, 섬이 있고 그 뒤로 해가 있기 때문이다. 해를 보고 계룡돈대로 돌아갈 때는 논길로 가는 것도 좋다. 곧 추수가 시작될 논과 논 사이에 난 길로 걸으면 사람마저 익을 것 같다. 고개 숙인 벼처럼, 자연과 역사가 스며든 길을 걸으면서 저절로 편안해지고 넉넉해질 것이다.

16

계룡돈대
유일하게 축조연대가 표시된 돈대

누구나 좋아하는 곳, 계룡돈대

"강화도에서 가볼 만한 데가 있을까요?" 누군가 이렇게 물으면 필자는 머뭇거리지 않고 계룡돈대를 알려준다. 더욱이 그때가 저녁 무렵이라면 두말할 것도 없다. "계룡돈대는 꼭 가보세요!"

　사실 강화도에는 가볼 데가 참 많다. 사람마다 각각 꽂히는 데가 다르지만 많은 사람이 계룡돈대를 좋아한다. 어떤 사람은 인생샷을 찍었다고 사진을 보내주기도 하고, 어떤 사람은 강화도가 이북과 얼마나 가까운지 알 수 있었다고도 하고, 어떤 사람은 강화가 역사적으로 얼마나 중요한 곳인지 알 수 있었다고도 한다. 그러다 보니, 필자는 주저하지 않고 '계룡돈대'를 일러준다. 강력하게. 처음에는 나만 좋아하나 싶었지만 가본 사람들이 다 감탄하다 보니, 점점 더 자신만만하게 알려준다. 그 누구도 실망하지 않는 곳, 모두 좋아하는 곳, 그곳이 계룡돈대다.

사방이 탁 트인 서쪽바다, 넓디넓은 망월평야

서쪽바다에서 해 저무는 바다 광경을 보고 싶다면 계룡돈대에 오르면 된다. 참, 여기서 '오른다'는 뜻은 돈대가 아주 야트막한 언덕배기에 있다는 뜻이다. 강화에 있는 돈대가 다 그렇지만, 계룡돈대도 올라서면 사방이 탁 트였다. 시원하게 흐르는 바닷물 너머로 왼쪽과 눈앞으로는 석모도가, 오른쪽 끝으로는 교동도가 보인다. 몸을 90도가량 틀면 별립산이 우뚝 솟아 있고 그 사이로 너른 망월평야가 펼쳐져 있다. 날이 좋으면 오른쪽 끝즈음에 섬과 섬을 연결한 교동대교 너머가 보이고, 대교 너머로 이북도 가까이 보인다. 여기에 운이 더 좋고 물때가 맞으면 뜻하지 않게 길게 드러난 풀등도 만날 수 있다.

　계룡돈대는 바닷물이 들어와 있을 때도 멋지지만, 갯벌이 나타날 때도 볼 만하다. 특히 물이 빠졌을 때는 바닷가를 크게 휘돌아 넓은 해안선을 따라 철마다 다른 색깔로 옷을 입는 염생식물을 맘껏 볼 수 있다. 초록은 초록대로, 붉은색은 붉은 색대로 갯벌에 터를 잡고 자라나 있을 때 갯벌의 강한 생명력을 볼 수 있다. 또 인기척에 놀라 순식간에 숨어드는 게들을 보면 저 갯벌에 얼마나 많은 생명이 사는지, 인간이 자연에 대해 얼마나 겸손해야 하는지, 인간도 자연의 일부분이라는 사실을 깨닫는다.

바닷가에는 염생식물이 흐드러졌다. 염생식물, 그 짠풀을 한 움큼 뜯어다 먹을 때가 있는데 그맛이 별미다. 짠풀은 마디마디마다 바다에서 불어오는 짭쪼름한 바닷바람과 개흙에서 영양분을 맘껏 섭취한 짠맛을 품었다. 그래서인가, 어쩐지 짠풀은 우리네가 살아가면서 시시각각 맛보는 짠맛과 쓴맛이 아닐까 하는 생각이 들 때가 있다.

강화 사람들의 자존심이자 쉼터

계룡돈대를 찾아가는 길은 그리 어렵지 않다. 내가면 면사무소에서 오상리, 구하리, 황청리 방향으로 2차선을 달리다 보면 왼쪽으로 폐교가 보이고, 그곳을 지나자마자 오른쪽에 '계룡돈대 600m'라는 이정표가 나온다. 그곳으로 천천히 들어가 작은마을을 지나자마자 판타지처럼 뜻하지 않은 풍경이 펼쳐진다. 그 마을 안을 가로지르면 저 멀리 평지에 약간 솟은 데

서가명강

서울대 가지 않아도 들을 수 있는 명강의

＊ 서가명강 시리즈는 계속 출간됩니다.

NAVER 네이버와 ▶ 유튜브에서 **서가명강** 🔍 을 검색하세요.

인간다움
김기현 지음 | 값 19,800원

무엇이 우리를 인간답게 하는가!
인간다운 삶을 지탱하는 3가지 기준

문명의 형성에서 지금에 이르기까지, '인간다움'의 연대기를 추적하며 허공에 떠 있는 듯한 '인간다움'의 개념을 재정의한다. 우리를 인간답게 만드는 무수한 재료들 가운데 가장 핵심적이고 특별한 것이 무엇인지, 우리가 인간답고 존엄한 삶을 재정립하는데 어떻게 '인간다움'이 무기이자 축복이 되는지 알 수 있다.

나는 왜 꾸물거릴까?
이동귀, 손하림, 김서영, 이나희, 오현주 지음 | 값 18,000원

미루는 습관을 타파하는 성향별 맞춤 심리학
이동귀 교수가 알려주는 시작의 기술!

미루고 미루다 오늘도 벼락치기 한 사람이라면 주목! 꾸물거린다고 게으른 것이 아니다. 일을 미루는 것은 감정 조절의 문제다. 국내 최초 5가지 성향 분석을 통해 자책과 후회는 멈추고 내 안의 숨은 성장 동기를 끌어내보자.

어른이 되었어도
외로움에 익숙해지진 않아
마리사 프랑코 지음, 이종민 옮김 | 값 19,800원

우리 삶을 지탱하는 건 로맨스가 아닌 우정이다!

어른이 될수록 점점 더 외로워지는 이유는 무엇일까? 과잉 연결의 시대, 우정에 영향을 미치는 3가지 애착유형부터 관계를 단단하게 만드는 6가지 우정의 공식까지, 당신에게 가장 잘 어울리는 인생의 든든한 벗을 찾는 방법을 알려준다.

프레임
굿 라이프
최인철 지음 | 각 값 20,000원

서울대 행복연구센터장
최인철 교수가 전하는
나 그리고 내 삶을 바꾸는
심리학의 지혜

우리 아이 미래를 바꿀 대한민국 교육 키워드7

방종임·이만기 지음 | 값 22,000원

40만 학부모의 길잡이 '교육대기자 TV' 선정!
초중등 학부모가 알아야 할 핵심 트렌드

34년 만에 바뀌는 수능, 내신 5등급제 개편, 의대 정원 확대! 격동하는 교육 정책, 어떻게 따라가야 할까? NO.1 유튜브 채널 '교육대기자'와 대한민국 최고의 입시 전문가 이만기 소장이 알려주는 7가지 교육 키워드!

세상에서 가장 쉬운 본질육아

지나영 지음 | 값 18,800원

존스홉킨스 소아정신과
지나영 교수가 알려주는 궁극의 육아 원칙

육아의 본질에 대한 새로운 시각으로 부모의 삶을 반추해보고, 육아의 핵심인 '잠재력, 사랑과 보호, 가치, 마음자세'를 자녀에게 전달할 수 있는 실천법과 예시를 담았다. 부모는 홀가분한 마음으로 삶의 근본을 보여주고 아이는 더 단단해져 스스로의 삶을 개척하게 될 것이다.

메타인지 학습법 임포스터

리사 손 지음 | 각 값 18,000원

메타인지 심리학의 대가
리사 손 교수가
부모들에게 알려주는
좋은 생각의 길!

이런 수학은 처음이야 1~3

최영기 지음 | 각 값 15,800원

청소년 분야 베스트셀러!
서울대 수학교육과 교수의
10대를 위한 수학 강의

읽다 보면 저절로 개념이 잡히는
놀라운 이야기!

아름다운 세상이여, 그대는 어디에

샐리 루니 지음, 김희용 옮김 | 값 19,800원

"당신은 나에 대해 다 아는데,
나는 당신에 대해 아무것도 몰라."

전 세계 100만 부 판매 『노멀 피플』 샐리 루니의 최신작.
출간 즉시 《뉴욕타임스》·《선데이타임스》 베스트셀러 1위!
망가진 세상에서 어른이 되어 버린 그들이 선택한 사랑

호수 속의 여인

로라 립먼 지음, 박유진 옮김 | 값 19,800원

착실한 여자조차 사랑에 빠지면 실수를 범하기
마련이다. 그렇다고 죽어 마땅한 것은 아니다.

나탈리 포트만 주연 애플TV 오리지널 드라마화! 애드거상, 앤
서니상, 매커비티상 등 세계 유수의 문학상을 석권한 《뉴욕타
임스》 베스트셀러 작가 로라 립먼의 최신 화제작!

반지의 제왕 일러스트 특별판

J.R.R. 톨킨 지음 | 김보원, 김번, 이미애 옮김 | 값 230,000원

'반지의 제왕' 삼부작 전권을 한 권으로 집대성한
최고급 사철 양장 일러스트 특별판 출간!

20세기 판타지 문학의 걸작 『반지의 제왕』, 새롭게 태어나다!
J.R.R. 톨킨이 직접 그린 삽화, 스케치 등 30여 컷 수록, 작품 속
인지명, 용어 등을 색인으로 총망라한 초호화 사양의 특별 소장
용 에디션

실마릴리온, 끝나지 않은 이야기,
가운데땅의 지도들 SET

J.R.R. 톨킨 외 지음 | 김보원 외 옮김 |
각 값 42,000원 | 68,000원 | 55,000원

J.R.R. 톨킨의 가운데땅 신화를 담은
본격 대서사시!

가운데땅의 모든 시대를 관통하는 풍성하고 깊이 있는 신화, 현
대 판타지 문학을 탄생시킨 최고의 고전이자 걸작인 톨킨 세계
관을 이루는 가장 핵심적인 이야기들을 담은 책.

에 성벽과 소나무 몇 그루가 보이는데 그곳이 바로 계룡돈대다. 2019년 태풍 '링링'이 지나가면서 소나무 몇 그루를 부러뜨려서 나무가 많이 줄었다. 그래서인지 비바람이 치면 무엇보다 계룡돈대의 안부가 궁금하다. 허허벌판에 있어서인지 비바람을 고스란히 맞는다. 마치 외적의 침입에 맞서 국방의 의무를 다한 계룡돈대처럼 말이다.

계룡돈대 옆으로는 너른 망월평야가 있다. 사계절 그 어느때고 멋지지 않을 때가 없지만, 특히 가을 들판에 벼가 익을 때는 그야말로 황금들녘이다. 2018년도 추석 다음 날에는 강화에 사는 삼십 명가량이 모였다. 이들은 '강화도 이웃사촌'이라는 모임으로, 온라인 오프라인에서 수시로 만나 정담을 나누거나 친목을 나눈다. 이들은 외지에서 들어온 사람이 주를 이루지만, 토박이도 많이 있어 서로 강화에서 살아가는 이야기를 나눈다. 함께하는 삶을 자연스럽게 실천한다.

몇 해 전인가, 추석 다음 날에 각자 음식을 한 가지씩 싸와 30명 가량이 모였다. 음식을 먹고 이야기를 나누고 또 몇몇은 달빛 아래서 망월평야를 걸었다. 휘영청 달 밝은 들판을 걷는 일, 그것도 추수를 앞둔 논길을 좋아하는 사람들과 시적 시적 걷는 일은 참 낭만적이었다. 모임을 끝내면서는 한밤중에 휴지 한 소삭 남기시 않고 청소를 하고 헤어졌다. 다음날

혹시 어두운 밤에 놓친 휴지나 쓰레기가 남아 있지 않을까 싶어 다시 찾았을 때 적잖이 놀랐다. 휴지 한 조각, 음식 찌꺼기 하나 없었기 때문이다.

적의 침입을 수시로 감시하고 싸우던 곳

이렇듯 돈대는 세월이 흘러 지금은 사람들의 쉼터나 풍광 좋은 데로 알려졌지만 예전에는 적군의 침입을 감시하고 직접 싸우기도 했다. 오늘날의 해안초소라고 볼 수 있다. 강화에는 54개의 돈대가 있다. 돈대는 '주변보다 높고 평평한 곳'을 뜻하는 말로서, 적의 침입이 예상되는 중요한 곳에 흙이나 돌로 축조한 소규모 방어시설이다. 진, 보와 함께 대표적인 근대 유적으로 강화섬을 둘러싸고 있다. 돈대 둘레는 지형에 따라 100~300m, 내부는 992~1983m²(300~600평) 정도 된다.

계룡돈대는 경상도 군위(軍威)의 어영군사(御營軍士)들이 축조한 돈대로, 강화 돈대 중 유일하게 축조연대가 표시되어 있다. 다른 돈대에서는 볼 수 없는 명문(銘文-바위 등에 새긴 글씨)이다. 주차장에서 계룡돈대로 오르자마자 석축 하단에 '강희18년 군위어영 축조(康熙十八年軍威禦營築造)'라는 명문(銘文)이 새겨져 있다. 강희 18년은 1679년이다. 1679년(숙종5년) 4월 군위현에서 온 어영청 소속 군인이 쌓았다는 뜻이다. 어

계룡돈대 돈대는 오늘날의 해안초소다. '주변보다 높고 평평한 곳'이라는 뜻으로, 적의 침입이 예상되는 중요한 곳에 흙이나 돌로 축조한 소규모 방어시설이다. 계룡돈대는 경상도 군위의 어영군사들이 축조한 돈대로 강화 돈대 중 유일하게 축조연대가 표시되어 있다.

영청은 임진왜란 뒤 5위에 대체돼 설치된 3군문의 하나로, 중앙에 설치된 오군영 중 왕을 호위하던 군영으로 1623년(인조가 즉위한 해)에 설치됐다.

강화도는 한반도 중서부 한강과 임진강, 예성강의 하구에 위치한 지리적 요인으로 예부터 해운의 길목과 군사요충지로서 중요시돼 왔다. 고려 1232년(고종 19) 몽골의 내침을 피해 고려왕조가 천도한 이후 꾸준히 행해진 해안저습지 간척사업으로 확보된 넓은 농경지는 식량의 비축을 가능하게 했다. 또 동북해안을 흐르는 한강 하류의 빠른 물살과 넓은 갯벌은 외적의 접근을 쉽지 않게 해 강화도는 유사시 왕실과 조정의 안전을 도모할 수 있는 국가의 보장지로 인식돼 왔다. 보장지(保障地)는 국가가 외침이나 내란 등의 위급한 사태에 처했을 때, 조정과 왕실이 임시로 피난하여 보호받고 위기를 극복할 수 있는 지역을 말한다. 임진왜란과 병자호란이 끝난 뒤 조선은 강화도를 보장지로 삼아 방어시설을 축조하고 국가시설을 이전하는 등 강화도의 방비에 만전을 기했다. 조선 후기 강화에 마련된 이와 같은 방어시설은 국내에서는 그 유례를 찾을 수 없는 매우 독특한 국방유적이다. 특히 몇 차례의 국난이 있던 17세기 이후 이 같은 인식은 더욱 강하게 작용해 성곽을 비롯한 각종 관방(관측과 방어) 시설이 설치되는 등 유사시를 대비한 방비가 본격적으로 갖춰졌다.

강화도 돈대는 1679년(숙종5) 3월 3일부터 5월 23일까지 80일 동안 지어졌다. 15,000여 명이 투입됐고, 백미 12,791섬, 석회 18,000섬, 철물 70,000근이 쓰인 대규모 사업이었다. 돈대가 축조된 다음에는 돈대마다 돈사를 배치해 돈장(墩將) 1명, 돈군(墩軍) 2명을 상주시켰다.

돈대의 역사적 의의는 크게 네 가지로 나눌 수 있다. 첫째, 돈대는 임진왜란 이후 우리나라에서는 처음 나타나는 성제(城制)라는 성곽사적 의의가 있다. 둘째, 돈대 축조를 계기로 강화도에는 유사시를 대비한 방어시설과 방어체계가 구축

돼 비로소 보장지로서의 기능을 발휘할 수 있게 됐다. 셋째, 강화도 돈대가 주로 동북해안에 집중돼 있다는 점에서 병자호란 때 강을 건너 침입하는 청군에 의해 강화도가 함락되었던 수모를 극복하려는 조정의 의지를 살펴볼 수 있다. 넷째, 15,000여 명과 경비, 쌀 12,791섬이 소요된 강화도 돈대의 축조는 당시 사회가 병자호란의 상처를 이미 극복하고 있었다는 것을 뒷받침하는 것이며, 청으로부터 군사적 간섭을 벗어났다는 것을 의미한다.

해 저무는 바닷가에서

계룡돈대에 오르면 돈대를 둘러싼 경치를 보기도 하지만 언제부턴가 습관적으로 돈대 둘레를 재본다. 『강도지(江都志)』에 따르면 계룡돈대 둘레가 79보라 했는데, 79보란 94.8m다. 1보는 어른이 걷는 보폭 중에서 좀 더 큰 걸음이다. 『강도지(江都志)』는 조선 후기 문인인 이형상(1653~1733)이 1694년부터 1696년 사이에 경기도 강화부의 수어방략을 중점적으로 저술한 지방지다. 큰 걸음으로 둘레를 한 바퀴 돌면 얼추 맞아떨어진다. 한 걸음 한 걸음 걸으면서 340여 년 전 돈대를 쌓던 시대를 떠올려본다. 집을 떠나 군대 생활을 하던 군인은 고향에 두고 온 늙은 부모를 생각하진 않았을까, 충(忠)이 강조된 조선시대에 나라를 지키면서 유유히 흐르는 서쪽 바다를 바라보진 않았을까. 해 저무는 바닷가에서 그들의 숨결을 이어온 바닷물이 오늘도 흐르고 있었다.

계룡돈대를 둘러보면서 계룡돈대에 오르면 천천히 걸으면서 습관처럼 돈대 둘레를 재 본다. 『강도지(江都志)』에 따르면 계룡돈대 둘레가 79보라 했는데, 79보란 94.8m다. 1보는 어른이 걷는 보폭 중에서 좀 더 큰 걸음이다. 천천히 걸으면서 340여 전 돈대를 쌓던 시대와 당시 사람들을 떠올려 본다.

저녁 무렵 계룡돈대에 올라서면 사방이 탁 트였다. 시원하게 흐르는 바닷물 너머로 석모도와 교동도가 보인다. 별립산이 보이고 그 사이로 망월평야가 보인다. 운 좋으면 길게 드리난 풀등을 만날 수 있다. 섬 너머로 해지는 모습이 잠으로 장관이다.

17

강화 고인돌군을 찾아서

선사시대 유적이 강화 곳곳에

강화도는 우리나라 역사에서 아주 중요한 의미를 가진 곳이다. 강화 어느 곳이나 잠깐만 다녀봐도 이 말을 실감할 수 있다. '지붕 없는 박물관'이란 말이 딱 맞다. 그중에도 고인돌을 볼 때는 더욱 그러하다. 청동기시대에 이 땅에 사람이 얼마나 많이 살았는지 단박에 알 수 있다. 2000년 12월 2일, 유네스코 세계유산위원회는 화순, 고창, 강화 지역의 고인돌군을 세계문화유산으로 등재했다. 고인돌의 보존 가치를 세계가 인정한 것이다. 강화도 고인돌 유적은 내가면 하점면 송해면 일대에 퍼져 있다. 강화도 고인돌을 탐방하려면 적어도 하루 이상을 잡아야 한다. 띄엄띄엄 떨어져 있기도 하지만, 그 수가 엄청나게 많기 때문이다.

사람의 삶에 스며든 고인돌

필자가 먼저 살던 동네는 아주 한가하고 고즈넉한 마을이었다. 하점면 이강2리. 읍에서 떨어져 있고 다른 마을에 비해 사람이 그다지 많이 살지 않았다. 마을에 있는 집은 모두 정남향이었고, 마을 아래로는 너른 망월평야가 끝도 없이 펼쳐져 있었다. 언제나 조용한 마을 뒤편에 사람이 산 흔적이 오래된 집이 한 채 있었다. 그 집 대문 바로 옆에는 '성경 고인돌'이 있었다.

마을 사람들 말에 따르면, 처음에는 그 고인돌을 그저 평범한 돌로 생각했다고 한다. 마을 사람들은 논밭에서 일하다가 그곳을 탁자 삼아 막걸리를 한 잔씩 걸치기도 하고, 그 위에 나물이나 고추 호박고지 등을 말리기도 했다. 물론 오래전의 일이다. 그 고인돌은 마을 사람들의 삶에 깊숙이 들어와 있었다. 지금은 고인돌이라는 표지판이 세워져 있어 마을 사람들이 함부로 다루지 않는다.

고인돌을 보면 '무게'라는 말이 떠오른다. 무거운 돌을 왜 올렸을까. 얼마나 많은 사람이 힘을 모아야 올릴 수 있었을까, 누구 무덤일까, 언제 만들어졌을까, 몇 명이 동원됐을까 등등. 또 고인돌이 있던 마을에는 사람이 얼마나 살았을까.

청동기시대의 대표 고인돌, 부근리 지석묘

어느덧 11월 하순으로 접어들었다. 온통 초록이던 활엽수가 이파리를 떨구고 초록을 하나하나 지우고 있다. 보이는 풍경이 온통 스산하다. 하늘은 잔뜩 흐리고 기온은 내려가 날은 더없이 새코롬하다. 이런 날엔 어디론가 훌쩍 다녀오고 싶다. 이때 생각나는 곳이 몇 군데 있는데, 그중 0순위가 고인돌이다.

특히 하점면 부근리 지석묘. '고인돌'은 커다란 바윗돌 밑을 판돌이나 자연석이 고이고 있기 때문에 붙여졌고, 한자로는 '지석묘(支石墓)'다. '묘'에서 풍기는 말 때문인지 흐린 날 가면 날씨에 걸맞게 차분해진다. 게다가 청동기시대의 유적을 찾아 시적시적 걸을라치면, 마치 세월을 거슬러 순식간에 판타지 세계로 들어가는 듯한 착각이 든다.

부근리 지석묘는 청동기시대의 유적이다. 지석묘는 청동기시대의 대표적인 무덤으로 고인돌이라고도 부르며, 주로 경제력이 있거나 정치 권력을 가진 지배층의 무덤으로 알려져 있다. 특히 규모가 엄청난 까닭에 굉장한 세력을 가진 부족장의 무덤이었을 것이고, 다른 한편으로는 무덤이 아니라 제사의식을 지낸 제단일 것이라는 추측한다. 선사시대에 권력을 상징하거나 신앙의 대상, 또는 선사시대를 살았던 사람들이 어떤 생각을 했을지 가늠할 수 있다.

우리나라 고인돌은 크게 세 가지로 나뉜다. 탁자식 고인돌, 바닥판식 고인돌, 개석식 고인돌. 탁자식 고인돌은 몇 개의 고임돌 위에 넙적한 덮개돌을 올려놓았고, 바닥판식 고인돌은 땅속에 무덤 방을 만들어 놓고 거기에 작은 받침돌을 놓은 다음 거대한 덮개돌을 올려놓았다. 개석식 고인돌은 땅속 무덤 방에 받침돌을 고이지 않고 덮개돌만 올렸다.

우리나라 선사시대 무덤은 청동기시대에 이르러 틀을 갖췄고, 집단적으로 조성되기 시작했다. 농사를 지으면서 사람들이 떠돌이 생활을 접고 정착됐고, 일정한 지역에 정착하면서 매장 풍습이 일반화됐다. 더불어 고인돌이 조성됐을 것이다.

'고인돌 12기가 더 있는 탐방로'도 함께

잔뜩 흐린 날 평일 오전 열한 시, 고인돌을 찾는 사람이 적었다. 넓디넓은 주차장에서 부근리 지석묘까지 가는 길은 그야말로 고즈넉하다. 어쩌다 사람을 만날 수 있지만 대개는 홀로 고인돌을 찾게 된다.

30여 년 전쯤 필자가 부근리 지석묘를 처음 봤을 때 적잖이 놀랐다. 무엇보다 책에서만 보던 고인돌을 직접 눈으로 보면서 그 크기에 입이 딱 벌어졌다. 상상만 하던 고인돌을 실제로 보러 가던 길은 설렜고, 그 설렘은 기쁨으로 이어졌다.

부근리 지석묘는 우리나라의 대표적인 탁자식 고인돌로, 덮개돌의 무게가 약 53톤이다. 이 고인돌은 동북아시아 고인돌의 흐름과 변화를 연구하는 데 중요한 유적이다. 부근리 지석묘는 1964년 7월에 사적 제137호로 지정됐고, 지금까지 발견된 북방식 고인돌 가운데 대형에 속한다. 화강암으로 높이는 2.6m, 덮개돌 크기는 길이 7.1m 너비 5.5m다.

지석묘를 본 설렘을 안고, 주차장 옆으로 난 '고인돌 12기

부근리 지석묘 '고인돌'은 커다란 바윗돌 밑을 판돌이나 자연석이 고이기 때문에 붙여졌고, 한자로는 '지석묘(支石墓)'다. 고인돌 앞에 서면 세월을 거슬러 올라가 순식간에 청동기시대로 들어간 듯하다.

가 더 있는 탐방로'를 따라 걸으면 설렘과 기쁨은 배가 된다. 그 길에서는 형태와 크기가 다른 고인돌을 다양하게 만날 수 있다.

언제 가도 고즈넉한 오상리 고인돌군

하점면 부근리 지석묘에서 차로 10분 정도 달리면 내가면 오상리 고인돌에 다다른다. 고려산 서쪽 낮은 산기슭에 있어 사시사철 언제 가도 좋다. 부근리보다 더 고즈넉하고 한가롭다. 물론 하점면에서 내가면으로 오는 길에 고인돌을 여럿 만날 수 있다. 시간이 되면 하나하나 둘러보는 것도 괜찮은 일이다.

내가면 오상리 고인돌군은 1999년 4월에 인천광역시 기념물 제47호로 지정됐다. 1972년 1기가 알려져 경기도 기념물로 지정됐고, 1990년대 초에 『강화도 고인돌무덤(지석묘) 조사 연구』를 통해 이 고인돌이 있는 오상리 산 125번지 일대를 자세하게 조사해 나무와 풀이 우거진 사이에서 10기에 가까운 고인돌을 찾아냈다.

오상리 고인돌은 덮개돌은 부분적으로 손질한 흔적이 있고 평면 형태는 모두 판돌형이다. 덮개돌의 크기는 기념물로 지정된 내가 고인돌이 길이 335cm로 가장 크고 나머지는 130~260cm로 다양하다. 돌방[石室]은 돌널 형태의 모습이고, 고임돌이나 막음돌을 세울 때 튼튼하게 하기 위해 주변에 쐐기돌을 사용했다. 돌방 바닥은 거의 대부분이 맨바닥을 그 대로 사용했고, 1호 4호 9호 고인돌은 판돌이나 깬돌이 깔려 있다.

오상리 고인돌군 가운데 내가 고인돌에서는 돌칼, 돌화살 촉, 민무늬토기 등이 출토돼 당시의 생활을 연구하는 데 중요 한 자료가 된다.

청동기시대 어느 마을을 어슬렁거리는 듯

강화도에 있는 고인돌은 고려산 별립산 봉천산 등에 집중적으로 분포돼 있다. 특히 고려산을 중심으로 90기 이상 분포돼 있다. 게다가 여러 기의 고인돌이 한곳에서 떼를 이룬다. 10여 곳이 넘는 지역에 150여 기가 분포돼 있다.

강화도 고인돌은 산 경사면에 집중적으로 분포돼 있는데, 이는 지금의 지형과 밀접한 관계가 있다. 지금 논밭으로 된 평지가 청동기시대에는 바닷가와 갯벌로 된 지역이었기 때문이다. 당시에는 크고 작은 섬으로 이루어져 있다가, 그 뒤로 섬과 섬을 연결하는 간척사업이 진행됐기 때문이다.

부근리 지석묘처럼, 탁자식 고인돌 비중이 가장 높다. 이는 탁자식 고인돌이 많은 것으로 알려진 북한지역보다 비중이

오상리 고인돌군 오상리 고인돌 덮개돌은 부분적으로 손질한 흔적이 있고 평면 형태는 모두 판돌형이다. 덮개돌 크기는 다양하고 고임돌이나 막음돌을 세울 때 튼튼하게 하기 위해 쐐기돌을 사용했다. 돌칼, 돌화살촉, 민무늬토기 등이 출토돼 당시의 생활을 연구하는 데 중요한 자료가 된다.

높다는 점에서 알 수 있다. 강화도 고인돌은 굼[구멍·星穴]이 만들어져 있는 고인돌의 수가 적다. 150여 기의 고인돌 중 굼이 만들어진 고인돌이 세 기밖에 없다. 굼은 대개 뚜껑식에서 발견되는데, 강화 고인돌은 대다수가 탁자식이기 때문에 그 수가 적은 것으로 추정된다.

강화에 있는 고인돌을 탐방하려면 하루를 꼬박 잡아도 부족하다. 부근리 고인돌, 교산리, 삼거리, 고천리, 오상리, 대산리 등등에 널리 분포돼 있기 때문이다. 고려산과 별립산, 봉천산 등지를 돌다 보면 어느새 청동기시대의 어느 마을을 어슬렁거리는 듯하다.

18

고려산 진달래 꽃구경
진달래꽃이 피었습니다

2023년, 3년 만에 고려산 진달래꽃 축제가 열렸다. '어서오시게, 고려산 진달래 꽃구경'이라는 이름으로. 예년보다 일찍 찾아 온 더위로 축제는 빨리 시작됐다. '꽃구경'이 시작된 4월 8일에 고려산 주변은 꽃구경하러 온 인파로 넘쳐났고, 고려산을 중심으로 고려산 자락 아래 길가에는 차들이 줄을 이었다. 덩달아 필자도 꽃구경하러 온 사람들을 실컷 구경했다. 고려산 산줄기 아래, 필자가 살고 있는 고천4리 연꽃마을은 온종일 배낭을 메고 오가는 사람들, 대형버스를 전세 내 꽃구경을 온 사람들이 많았다. 적막하고 한산하던 마을에 이게 웬일이야. 사람들은 꽃을 정말 좋아하는구나, 꽃 구경을 많이 다니는구나 싶었다.

올해는 꼭 진달래꽃을 봐야지 마음먹었다. 고려산 산줄기로 둘러싸인 마을에 터를 잡고 산 지 6년째 접어들었는데 진달래꽃이 피는 계절에는 고려산을 오르지 못했다. 무엇보다 천성이 게을러서였고, 또 하나는 고려산 자락에 살아서였다. 언제든지 갈 수 있으니까, 잠깐 짬을 내면 갈 수 있으니까. 이러면서 여섯 해가 흘렀다.

고려산에 언제부터 진달래꽃이 만발하게 피었을까. 40여년 전으로 거슬러 올라가, 1980년 고려산에 큰불이 나고서였다. 그 사연은 필자가 이사 오던 해에, 이 마을에서 나고 자란 이장님한테 들었다. "내가 고등학교 졸업할 즈음에 고려산에 불이 크게 났어요. 적석사 쪽에서부터 불이 번졌는데 엄청 크게 났죠. 그때 고려산에 소나무가 많았는데 큰불로 다 탔어요. 진달래가 원래 잘 자라니까 몇십 년 동안 자라 지금처럼 군락을 이룬 겁니다." 이장님 말대로 진달래는 척박한 땅에서도 잘 자란다. 나뭇가지가 많이 퍼지고 뿌리를 얕게 내리는 진달래가 무럭무럭 자라 고려산을 아름답게 가꾼 것이다.

고려산은 436m 높이로 산줄기가 길쭉하고 폭이 넓다. 내가면, 송해면, 하점면, 강화읍에 걸쳐 골고루 넓게 퍼져 있다. 그 품 넓은 산자락을 품고 터를 잡은 사람이 참 많다.

고려가 천도하면서 고려산으로 이름지어

고구려 장수왕 4년에 인도에서 온 승려가 절터를 찾으려고 고려산을 찾았다. 그는 고려산 정상에 핀 다섯 가지 색깔 연꽃을 날려 꽃이 떨어진 곳에 절을 세운 것. 하얀 연꽃이 떨어진 자리에 백련사, 청색 꽃이 떨어진 자리에 청련사, 붉은 연꽃이 떨어진 자리에 적련사, 황색 꽃이 떨어진 자리에 황련사, 검정색 꽃이 떨어진 자리에 흑련사를 지었다. 적련사는 붉을 적(赤)자를 써서 불이 자주 나나 싶어 쌓을 적(積)으로 절 이름을 고쳤다고 한다.

지금은 고려산에는 백련사, 청련사, 적석사가 있다. 한때는 이곳에 다섯 개 연못이 있어 이 연못을 오련지, 고려산을

고려산 진달래 꽃구경 고려산은 언제부터 진달래꽃이 만발했을까. 시간을 거슬러 올라가, 1980년에 고려산에 큰불이 나고서였다. 그 많던 소나무가 다 불타고 그 자리에 진달래가 나기 시작한 것. 진달래는 척박한 곳에서도 자라니까 몇십 년 동안 자라 지금의 군락을 이뤘다고 한다. 4월이면 고려산은 진달래를 찾는 상춘객들이 넘쳐난다.

오련산이라 부르기도 했다. 고려가 강화도로 천도하면서 고려산으로 이름을 바꾸었고, 지금도 고려산이라고 부르고 있다. 고려산이 진달래꽃으로 이름나 있지만, 사실 고려산은 사시사철 언제나 좋은 곳이다.

낙조대에 오르면 서쪽바다나 석모도나 교동도 산 너머로 저무는 해를 바라볼 수 있는데, 그 광경이 하도 멋져서 감탄사가 절로 나온다. 고려산 낙조대는 '강화 8경' 중 하나다. 또 고려산은 연개소문에 관한 전설이 있는 장소이기도 하다. 연개소문이 고려산 자락에서 태어나 말을 타고 무예를 닦았다고 전해지며 오련지에서 목말라 하는 말에 물을 먹였다고도 한다.

우리나라 사람들이 좋아하는 꽃, 진달래꽃

우리나라 사람은 오래전부터 진달래꽃을 참 좋아했다. 봄을 알리는 꽃으로 개나리꽃과 진달래꽃을 꼽는다. 봄 햇살이 화사하게 핀 곳에 진달래와 개나리가 피어 있으면 마음이 부드럽고 포근해진다. 강화는 남쪽지방보다 상대적으로 춥기 때문에 꽃 소식도 늦다. 필자가 사는 고려산 자락은 며칠 전부터 본격적으로 개나리와 진달래가 피기 시작했다.

진달래꽃을 보면 어김없이 김소월 시인(1902~1934)이 쓴 '진달래꽃'이 떠오른다. '나 보기가 역겨워/ 가실 때에는/ 말없이 고이 보내 드리우리다// 영변에 약산/ 진달래꽃/ 아름 따다 가실 길에 뿌리우리다// 가시는 걸음걸음/ 놓인 그 꽃을/ 사뿐히 즈려 밟고 가시옵소서// 나 보기가 역겨워/ 가실 때에는/ 죽어도 아니 눈물 흘리우리다'

진달래꽃은 어린 시절을 떠올리게 하고 고향을 생각나게 한다. 특히 사는 곳이 아파트나 건물이 많은 도시에 사는 사람이라면, 진달래꽃을 보는 것만으로도 어릴 때 살던 시골을 상상할 수 있을 것이다. 게다가 진달래는 생명력이 강해 척박한 산에서도 잘 자라고 쉽게 번진다. 개나리가 양지바른 곳에 많다면, 진달래는 약간 그늘지고 습기 있는 곳에서 잘 자란다. 추위에도 잘 견딘다. 꽃샘추위가 닥쳐도 꿋꿋하게 봄을 맞이한다.

앞서 말했듯이, 고려산에 진달래가 많이 자라게 된 건 산불 때문이다. 산불이 난 고려산 정산 부근에 생명력이 강한 진달래를 심어서 오늘날 진달래 물결을 이루게 됐다. 산불이 났던 것도 민둥산이 됐던 것도 다 일어나서는 안 되는 일이었지만, 가지가 많이 달리고 뿌리를 얕게 내리는 진달래가 잘 자라 산을 아름답게 이룬 건 그나마 다행이다.

고려산 정상에 오르니

가파른 길을 올라 잠시 숨을 고르고 다시 정상을 향했다. 거기부터 오분가량을 걸으면 됐는데, 작은 고개가 아주 완만해 걸을 만했다. 그 길의 끝즈음에 섰을 때, 진달래군락지가 한눈에 보였다. 그야말로 오르는 길의 고단함을 잊게 하는 광경이 눈앞에 펼쳐져 있었다. 세상에나. 이래서들 진달래꽃을 찾아나서는구나. 진달래꽃은 모여 있어야 이리도 예쁘구나. 내가 사는 마을 너머 산 능선에 이렇게 아름다운 모습이 있었구나. 감탄이 절로 나왔다. 상춘객들은 제각각 자세를 취하고 사진에 그 모습을 담았다. 고려산 정상에서 필자의 집도 아주 작게 보였다. 산에서 바라보는 집이 왠지 더 정겹게 다가왔다. 산 너머에 이런 멋진 풍광이 늘 있었구나. 모르고 살았구나.

별립산이 왼쪽으로 보였다. 교동섬과 석모도, 망월평야, 강 건너 북한 땅도 보였다. 섬과 육지 사이로 흐르는 너른 강과 바다도 한눈에 들어왔다. 고려산 정상에 오르니 이토록 보이는 게 많다니.

진달래꽃구경을 다녀온 다음 날부터 갑자기 날이 쌀쌀해졌다. 바람이 거세고 빗방울이 떨어지고 고려산은 물안개로 휩싸였다. 꽃이 다 떨어지게 생겼군. 어제 다녀오길 잘했다 싶지만, 날이 맑아지면 또다시 다녀와야겠다. 진달래꽃구경도 좋고, 곧 피어날 철쭉꽃구경도 이어질 것이다. 무엇보다 고려산 능선을 걸으면서 볼 수 있는 풍광이 자꾸 생각나서다.

고려산 정상에 오르니 산 정상에서는 보이는 곳이 많다. 별립산, 교동도, 석모도와 망월평야도 보였다. 섬과 육지 사이로 흐르는 너른 강과 바다도 한눈에 들어왔다. 바다 건너 북한땅도 보였는데, 이는 강화에 있는 산에서만 볼 수 있는 광경이다.

19

고려산 백련사, 청련사, 적석사
고려산이 품은 절집

고려산은 산줄기가 길고 폭이 넓다. 높이는 해발 436.3m이지만, 강화읍, 내가면, 송해면, 하점면을 아우를 만큼 산의 품이 크다. 봄이면 진달래축제로도 유명한데, 이때가 되면 전국 각지에서 진달래를 보러 오는 상춘객들로 인산인해를 이룬다. 지난 몇 년 동안은 코로나19로 인해 축제가 열리지 않았지만 그전에는 산으로 오르는 길 입구와 마을회관 주변마다 차량과 사람이 넘쳐났다. 모든 산이 그러하듯이, 고려산은 가을에도 아름답기 그지없다. 특히 산자락에 터를 잡은 절집의 가을도 멋지다.

어느새 가을도 깊어가고 어디론가 잠깐이라도 떠나고 싶

다면 가까운 절집은 어떨까. 고려산 백련사, 청련사, 적석사
는 하루에 모두 돌 수도 있고, 한 군데를 천천히 살펴봐도 좋
다. 보기 드물게 모두 큰 나무가 많고 아주 고즈넉하다. 걷기
를 좋아한다면 능선을 타고 걸어도 훌륭하다. 동선은 마음 가
는 대로 정하면 된다.

백련사 극락전 앞에는 은행나무 이파리가 가득

시월 마지막 날, 필자는 고려산이 품은 절집 세 군데를 돌았
다. 먼저 백련사부터 찾았다. 하점면 부근리 삼거리에서 백련
사 방향을 튼 다음, '백련사'로 들어가는 시골길로 접어들었
다. 이맘때쯤이면 절 마당에 있는 은행나무가 한창 물들 때인
데 어떨지 궁금했다.

운 좋게도 은행나무 단풍이 한창이었다. 주차장 옆에 있는
'오련'에서는 차향이 그윽하게 풍겼고, 절집 마당에는 가을 풍
광을 감상하는 사람이 몇 있었다. 극락전 앞은 그야말로 가을
한복판이었고, 사람들은 이곳이 절집이라는 사실을 잊은 채
감탄사를 연발했다. 극락전은 정면 7칸 측면 4칸으로 'ㄱ'자
형태로 팔작지붕의 목조건물이다. 1905년에 건립돼 현재 법
당으로 사용하고 있다. 1995년에 극락전 뒤편에 있는 부엌 자
리에 종무소를 지었다.

백련사 옛날에 천축국에서 온 스님이 고려산 정상의 우물에 핀 연꽃을 공중에 던져서 오방색으로 피어난 자리에 절을 세웠다고 한다. 백련사, 청련사, 적련사, 흑련사, 황련사. 오방색 연꽃이 피어난 곳에 절집이 생겨났다. 지금은 백련사, 청련사, 적련사만 남아 있다. 적련사는 붉을 적(赤)을 쓰는 바람에 불이 자주 났다고 여겨 쌓을 적(積)으로 바뀌어 지금의 적석사가 되었다.

조선 중기에는 당대의 뛰어난 시인 석주 권필(1569~1612)은 백련사 아랫마을에 오류내에 살았다. 그곳에 초당을 짓고 제자를 가르치기도 하고 정원과 연못을 가꾸며 시를 짓고 살았다. 서울에서 태어났지만 성인이 된 뒤에는 이곳에 살면서 수시로 백련사를 찾았다. 친구와 함께 백련사를 방문해 밤을 지내기도 했다. 그는 '백련사에서 밤에 앉아 회포를 쓰다'라는 시를 지었다. 절은 고요해 중은 막 선정에 들고/ 산은 맑으니 달빛이 더욱 많아라/ 성근 개똥벌레 어지러운 풀에 붙었고/ 어둑한 새는 깊은 가지에 모였어라/ 씩씩하던 뜻은 외로운 검

만 남았고/ 곤궁한 삶의 시름에 단가를 부르노라/ 서울에는 형제들이 있건만/ 소식이 어떠한지 모르겠구나

청련사 '큰법당'이라고 쓰여진 편액이 돋보여

청련사는 고려산 동쪽 기슭, 강화읍 국화리에 있다. 보호수 네 그루가 절을 지키고 있으며, 일년 열두 달 어느 때 찾아가도 고즈넉하다. 국화2리 마을회관 건너편 2차선 도로에서부터 절까지는 1km 정도 걸린다. 마을안길을 따라 올라가면 된다. 주차장에는 차량이 몇 대가 있었지만 사람은 보이지 않았다. 아마 이들은 이곳에 주차하고 절집 뒤로 올라가 적석사나 백련사 방향으로 산을 오르는 사람들일 것이다. 봄에 진달래가 한창 필 때는 백련사처럼 이곳에도 차를 대고 진달래가 만발한 지역으로 오르는 사람이 많다.

청련사에 막 도착했을 때, 때마침 부는 바람에 은행나무와 느티나무 이파리가 흩날렸다. 주차장 입구에 떡하니 서 있는 은행나무와 느티나무가 절을 찾는 사람을 반기는 듯하다. 언덕을 올라 절집 마당에 다다르면 그곳에도 커다란 느티나무가 있다. 큰 나무 옆에 서면 '큰법당'이라고 쓰여진 편액이 눈에 들어온다. 큰법당은 1979년에 새로 지어졌고, 정면 3칸 측면 3칸의 팔작지붕 건물이다. 큰법당에는 보물 제 1787호인 목

조아미타불상을 주존으로 하는 삼존불상이 봉안돼 있고, 후불화로는 근래 제작한 후불탱이 있다. 구법당은 사찰의 종무소로 사용하고 있는데, 정면 7칸 측면 4칸으로 청련사에서 제일 먼저 지어졌고 규모도 가장 크다. 이 건물은 1821년 절이 중창되었을 때 건립됐다.

주련도 한글로 써서 일반인이 쉽게 이해할 수 있다. 주련에 쓰여진 글씨는 이렇다. '온 누리 티끌 세어서 알고/ 큰바다 물 모두 마시고/ 허공을 재고 바람 읽어도/ 부처님 공덕 못하네.'

절집 마당에는 커다란 나무만 보일 뿐 사람은 보이지 않았다. 나무나 마당 한편에는 벤치가 놓여 있어 마냥 앉아 있어도 좋겠다.

일몰이 멋진 낙조대, 적석사 보타전

해 질 무렵 적석사에 올랐다. 적석사에서 십분가량 남짓 걸어 올라가면 낙조대가 있어 해 저무는 광경도 함께 볼 요량이었다. 적석사에 오르는 길은 무척 가파르다. 처음 가는 사람은 당황할 수도 있으니 천천히 올라야 한다. 자동차를 저단 기어로 놓고 오르면 더 좋다. 적석사 주차장에 차를 대고선 적석사 경내를 조용히 살펴보는 것도 괜찮다. 너무 이른 시간이나 저

'큰법당' 편액 청련사에 가면 큰나무가 유난히 많다. 느티나무 옆에 서면 '큰법당'이라는 편액
이 눈에 들어온다. 한자가 아니라 한글인 게 특이하고 반갑다. 주련도 한글로 쓰여 있다.

녁예불 시간에는 입장 불가. 적석사 대웅전은 정면 5칸 측면
3칸으로 된 팔작지붕 건물이다. 인공으로 쌓은 높은 석조의
기단 위에 놓여 있는데, 기단 아래에는 굴을 파서 관음굴을 만
들었다.

적석사는 고려가 몽골 침입에 대항하면서 강화도로 도읍
을 옮겼을 때 임금이 머문 곳이기도 하다. 또 삼별초의 항쟁
때 다른 절은 피해를 많이 봤지만 적석사는 온전했다. 조선시
대에는 임진왜란과 병조호란 때에도 큰 화를 입지 않았는데,
이는 아마 지리적 위치 때문이었을 것 같다. 대웅전 내부에는
석가삼존불상을 중심으로 후불탱으로 〈영산회상도〉가 있다.

적석사의 우물 이야기는 유명하다. 조선시대 여러 기록에는 적석사에는 매우 영험한 우물이 있다고 했다. 1783년에 간행된 김노진의『강화부지』등에 의하면 평상시에는 맑고 좋은 물이지만 재난이 닥쳐올 것 같으면 물이 마르거나 혼탁해져서 마실 수 없다고 했다. 지금도 적석사 법당 오른쪽에 우물이 있고, 근래에는 선암 주지스님이 수각을 짓고 그 이름을 불유각이라고 했다.

범종각 옆으로 돌계단을 오르면 낙조대가 나온다. 낙조대는 강화8경에 들어가고, 낙조가 아름다운 곳으로 손꼽힌다. 고려저수지(내가저수지) 전체가 보이고, 서쪽으로 작은 섬들과

적석사 저녁 무렵, 적석사에서 타종 소리를 듣고 있으면 마음이 편안해진다. 사방으로 퍼져 나가는 종소리를 들으면 세상만사 시름이 절로 가시는 듯하다.

낙조대 적석사 범종각 옆으로 난 돌계단을 오르면 낙조대가 나온다. 강화8경에 들어가는 낙
조대는 해 지는 광경이 아름다운 곳으로 꼽힌다. 고려저수지 전체가 보이고, 서쪽바다에 있는
크고 작은 섬이 보인다. 이곳은 적석사 보타전인데, 이는 관음보살의 성지를 상징하는 유명한
기도처이기도 하다.

바다가 시원하게 펼쳐져 있다. 멋지다. 또한 이곳은 적석사
보타전이기도 하다. 석조로 된 수월관음상이 안치됐고, 그 앞
에는 절을 할 수 있는 공간이 널찍하다. 보타전은 관음보살이
거주하는 보타락가산에서 유래됐다고 한다. 적석사 보타전은
관음보살의 성지를 상징하는 유명한 기도처이기도 하다.

저녁 여섯 시, 적석사에서 저녁 타종 소리가 들린다. 사방
으로 퍼져나가는 종소리를 듣고 있으면 세상만사 시름이 절로
가시는 듯하다.

20

사기리 탱자나무
천연기념물 제79호, 400살 된 탱자나무

해마다 늦가을이 되면 탱자 열매를 탐한다. 탱자 향과 쌉싸름한 맛을 기억하면서 겨울을 따뜻하게 나고 싶어서다. 2·7일에 열리는 강화읍 장날에 가서 한 바구니 사다가 현관에 두었다. 늦가을이면 어김없이 강화 오일장에는 탱자가 많이 나온다. 할머니들이 자신의 마당이나 울타리에서 자라는 탱자나무에서 열매를 따서 장에 나오는 것이다.

탱자를 집에 들이면 집 안 전체가 향기롭다. 필자는 지금은 집 안팎의 경계인 현관에 두고 향을 실컷 맡는다. 또 탱자 향을 좋아하는 손님에게 한두 개 집어준다. "차 안에 두면 한동안 탱자 향이 납니다." 어떤 손님은 차에 두고 타고내릴 때마다 탱자 향을 맡으면서 유년의 기억을 떠올린다고 했다. 탱자를 보고 '고향 생각이 난다'는 사람은 대개 남쪽이 고향이다. 탱자 한 알을 손에 쥐고 어릴 때 살던 마을을 기억하고, 발길을 멈추고 어릴 때 살던 집 울타리에 있던 탱자나무 이야기를 들려준다. 탱자 한 알에서 옛이야기가 줄줄이 흘러나온다.

지난해 필자는 겨울에는 탱자유자청을 잔뜩 담갔다. 탱자에는 씨가 많고 끈끈한 진액이 많아 자르고 담그는 데 힘이 들지만, 한번 담근 청은 겨우내 목감기를 예방했다. 담근 청을 주전자에 넣고 팔팔 끓여 먹으면 추운 겨울을 보내기 든든하다. 게다가 탱자에서 나는 쌉싸름한 맛은 중독성이 있어서 자꾸 마시고 싶어진다. 탱자유자청이 줄어들고 다 먹을 즈음에는 들과 산에 봄이 성큼 다가와 있다. 탱자유자청을 담그면서 겨울을 맞이하고 담근 청이 줄어들면서 봄을 맞이한다.

필자는 사실 어렸을 때 탱자나무를 많이 보지 못했다. 탱자는 서울과 인천 쪽에서는 흔한 나무가 아니었다. 부산이 고향인 친구는 탱자나무가 마을에 흔했고, 일상생활에서 이래저래 탱자 가시를 많이 썼다고 한다. 고둥을 까먹을 때도 탱자나무 가시를 똑 잘라 썼고, 상처 난 자리에 고름이 생기면 탱자나무 가시로 터뜨렸다고 했다. 가시를 보면 그 역할을 톡톡히 하고도 남았을 것 같다.

탱자나무 가시는 무척 단단하고 날카롭다. 그 까닭에 위리
안치(圍籬安置)라고 해서 중죄인을 가두는 '가택연금형'으로 이
용했다. 이렇게 탱자나무는 향과 맛, 가시의 유용성으로 다가
온 나무였다. 적어도 화도면 사기리 탱자를 만나기 전까지는
그랬다.

400년 동안 한자리를 지킨 나무

강화도는 주말이 되면 도시에서 섬으로 들어오는 사람들로 북
적거린다. 도시에서 지친 몸과 마음을 달래기에 강화만큼 좋
은 데도 드물다. 필자도 강화에 들어와 살기 전에는 시간이 날
때면 강화에 들어왔다. 평일에는 차가 막히지 않으니 반나절
이 짬 나도 무조건 강화로 들어와 여기저기 돌아다녔다. 강화
를 방문하는 시간이 빠듯하다 싶으면 주로 길상면과 화도면
쪽으로 다녔다. 인천에서 가까운 초지대교가 생기고는 더 그
랬다. 어쨌든 강화의 바다와 산을 보고 나면, 짠내 나는 바닷
바람과 맑은 산바람을 쏘이고 나면 도시에서 살아가기가 그나
마 수월했다.

그렇게 다닌 길에 사기리 탱자나무가 있었다. 봄에는 하얀
꽃을 피우고, 여름에는 꽃 진 자리에 초록 열매가 달렸고, 가
을에는 벼가 누렇게 익어가는 들판을 배경으로 노란 열매를

맺고 있었다. 겨울에는 겨울나무의 의연함과 꿋꿋함을 보여 주었다. 이건창 생가에 주차하고 생가도 둘러보고 길 건너 탱 자나무도 만났다.

400살 된 사기리 탱자나무는 천연기념물 제79호(1962년 12월 3일 지정)다. 높이 3.8m, 뿌리 근처의 지름은 53cm다. 나 무는 썩어들어간 자리에 외과수술을 한 흔적이 두드러진다. 나무 서쪽이 허허벌판이라 강한 바람을 막아주지 못한 탓에 서쪽 나무가 썩어 수술할 수밖에 없었을 것이다.

강화도는 역사적으로 수난을 많이 겪었다. 고려 고종 때 는 몽골의 침략을 피해 수도로 삼았고, 조선 인조 때에는 왕족 이 난을 피하기도 했다. 그러면서 강화는 성을 쌓고, 성 밖에 는 탱자나무를 울타리로 심어서 적이 쉽게 침범하지 못하도록 막았다. 나라에서는 탱자나무를 심을 종자를 보내주고 그 생 육상태를 보고받으면서 이 나무의 이용 지역을 조사했다고 한 다. 전문가들은 사기리 탱자나무와 갑곶리 탱자나무도 그때 의 것이 살아남았을 것으로 추정했다.

살기 힘든 곳에서 나라를 지키다

『비변사등록(備邊司謄錄)』 영조 25년(1749년) 8월 20일자에 '강 화유수 원경하의 상서' 형식으로 적은 기록이 있다. '강화 지

사기리 탱자나무 사기리 탱자나무는 400살 된 나무로 천연기념물 제79호다. 썩어들어간 자리에 외과수술을 한 흔적이 두드러진다. 봄에는 하얀 꽃을 피우고, 여름에는 꽃 진 자리에 초록 열매가 달리고, 가을에는 벼가 익어가는 들판을 배경으로 노란 열매를 맺는다. 겨울에는 겨울나무의 의연함과 꿋꿋함으로 서 있다. 길 건너에 이건창 생가가 있다.

역민들로 하여금 나무를 열심히 심으면 6~7년 안에 200리나 성처럼 쌓을 수 있을 것이다'고 적혀 있다.

강화에는 보(堡), 진(鎭), 돈대(墩臺)가 많아 그곳에 탱자나무를 심으면 흙으로 지은 성의 허술한 점을 강화할 수 있을 것이었다. 하지만 탱자나무는 강화에서 잘 자라지 못했다. 따뜻한 지역에서 자라는 탱자나무가 강화도에서 살아남을 수 있었을까. 조선 왕실은 경상도 지역에서 탱자나무를 가져와 심기로 결정했다. 탱자나무는 바닷바람을 온몸으로 맞으며 나라를 지켜야 했다.

이렇게 강화도로 와서 살게 된 탱자나무는 시간이 지나면서 두 그루만 남았다. 갑곶리 탱자나무와 사기리 탱자나무. 두 나무는 나라를 지킨 나무라는 점과 탱자나무가 자랄 수 있는 북한계지라는 이유로 천연기념물로 지정된 것이다. 사기리 탱자나무는 따뜻한 남쪽에서 잘 자라는 나무지만 생육환경이 적합하지 않은 곳으로 와서 산다. 화도면 사기리 쪽을 지나거든 탱자나무에 눈길 한번 주면 어떨까.

21

이건창 생가
조선 후기의 최고 문장가

아무리 시골이라도 어딜 갈 때면 주차가 늘 신경 쓰인다. 하지만 사기리 탱자나무를 갈 때는 주차 걱정을 하지 않는데, 그 까닭은 탱자나무 맞은 편으로 길 하나를 두고 주차할 곳이 있기 때문이다. 바로 이건창 생가 주차장이다. 마치 천연기념물 탱자나무를 주연으로, 이건창 생가를 조연쯤으로 생각했다. 이건창 생가는 탱자나무를 보고 나서 살짝 곁들이는 정도였다.

그러면서도 마음 한편으로는 '이건창의 묘'가 함께 떠올랐다. 20여 년쯤인가, 답사팀에 끼어 양도면 양도초등학교 부근에 있는 '이건창의 묘'를 갔다. 답사 코스 여럿 가운데 들어 있

이건창 생가 조선 후기 문신이면서 문장가로 이름이 높았던 이건창 선생은 열다섯 살에 문과에 급제했다. 조선 고종11년(1874)에 서장관으로 발탁돼 충청우도 암행어사를 지냈다. 선생은 성격이 강직해 세 번이나 유배를 갔고, 파당과 친족을 초월해 공정한 입장에서 당쟁의 원인과 전개 과정을 기술한 『당의통략』을 지었다.

는 데다 '이건창'이라는 이름도 낯설어 기억이 희미했다. 그저 '생가와 묘'가 '화도면과 양도면'이라는 지리적 위치에 있다는 정도로만 기억했다. 세월이 흐르면서 이건창이라는 인물이 다른 의미로 다가왔다. 조선 고종 때 문장가로 이름이 높았던 선생의 업적과 생애를 다시금 생각해 보게 됐다.

조선 후기의 문신이면서 문장가로 이름이 높았던 이건창 선생은 15세에 문과에 급제했다. 또한 조선 고종11년(1874년)에 서장관으로 발탁돼 충청우도 암행어사를 지냈다. 선생은 성격이 워낙 강직해 세 번씩이나 유배를 갔고, 파당과 친족을 초월해 공정한 입장에서 당쟁의 원인과 전개 과정을 기술한 『당의통략』을 지었다. 뼛속까지 소론 가문에서 태어난 그가 언제나 공정한 입장을 취한 점은 뛰어나다. 누구나 객관적인 입장을 취하는 건 쉽지 않은 일인데, 더욱이 집안이 소론인데 오롯이 객관적인 입장으로 공정할 수 있다는 건 소신이 있어야 하고 인품이 대단해야 가능했을 것이다.

이건창 생가가 지어진 시기는 100여 년쯤 됐을 것으로 보인다. 이는 기둥이나 보 등의 치목수법(治木手法)으로 추정할 수 있다. 안채는 ㄱ자형이고, 대청을 중심으로 안방과 건넌방이 있으며, 안방 앞으로 부엌이 나와 있는데 이는 경기도의 일반적인 살림집 형태라고 한다. 안채 마루에 걸린 '명미당(明美堂)'이라고 쓰여진 현판도 단아하다. 낮은 담으로 둘러쳐진 집이 참으로 검박하다.

명미당 현판 안채 마루에 걸린 '명미당(明美堂)'이라는 현판이 단아하다. 낮은 담으로 둘러쳐진 집은 참으로 검박하다.

이건창 생가 마당에는 오래된 측백나무 두 그루가 수문장처럼 서 있다. 이들 측백나무는 길 맞은편에 있는 탱자나무와 비슷한 시기인 1710년경에 심었을 것으로 추정된다. 그러고 보면 이건창 선생은 마당에 있는 측백나무 두 그루와 탱자나무를 늘 보면서 지냈을 것이다. 파당과 친족을 초월해 공정한 입장에서 세상을 바라보면서 선생은 한결같은 나무를 보면서 어떤 생각을 했을까. 또한 선생을 지켜보던 나무는 시시각각 바뀌어가는 이 시대를 살아가는 우리를 어떤 시선으로 바라볼까.

이건창 묘는 양도면 건평리 643번지에 있고, 인천광역시 시도기념물 제29호이다.

22

분오리돈대
복잡한 일상을 벗어나 강화도로

1990년대 초, 필자가 막 30대로 들어설 때였다. 차를 뽑은 지 얼마 안 된 후배는 휴가를 냈다면서 어디든 바람을 쐬러 가자고 했다. 후배는 빡빡한 직장 생활로 스트레스가 엄청 쌓였고, 나는 어느 신문사 계약직 기자를 막 그만둔 때였다. 돌이켜 보니 그때가 '계약직'으로 사람을 뽑기 시작한 때였다. 어쨌든 그때도 지금처럼 일자리를 찾기 어려운 건 마찬가지라 절대로 일자리를 잃으면 안 되는 때였다. 하지만 계약직 몇 명이 월급을 올려달라고 했다가 보기 좋게 잘린 터라 하루하루가 참으로 길고 지루했다. 그래, 어디든 나가 보자. 콧구멍에 바람을 넣고 힘내자. 이렇게 우리는 의기투합해 호기롭게 만났다.

어디를 갈까. 우리는 인천에서 비교적 가까운 강화도로 결정했다. 그때 강화군은 경기도 소속이었다. 1995년에 인천광역시에 소속됐으니 우리는 인천을 벗어나는 거였다. 후배의 운전 실력은 서툴렀지만 대중교통을 이용하지 않아도 된다는 사실에 우리는 환호했다. 그때는 육지에서 강화로 들어오는 길은 강화대교밖에 없었다. 그래서 주말에 강화를 한 번 올라치면 오가는 길이 너무 막혀서 감히 강화에 갈 엄두를 낼 수 없었다.

물론 지금도 주말이면 강화를 오가는 길이 막힌다. 차량이 많은 복잡한 시간을 피하면 그럭저럭 다닐 만하지만, 까딱하다간 길에서 평소보다 두세 배의 시간을 머물게 된다. 그나마 초지대교가 생겨서 교통량을 절반으로 나눴어도 막힐 때는 제법 복잡하다. 참고로, 초지대교는 2001년 8월에 완공됐다.

동막해수욕장 옆 분오리돈대

그때 우리가 간 곳은 강화도 남쪽이었다. 그때 우리가 목표로 한 곳은 동막해수욕장이었다. '해수욕장'이라는 말이 주는 시원함과 자유분방함 때문인지 우리는 서슴지 않고 화도면 동막리를 향했다. 탁 트인 바닷가를 보면 속도 시원하겠지.

하지만 우리는 동막해수욕장에 도착하고선 무척 실망했다. 넓게 펼쳐진 바다와 넘실대는 파도를 상상하고 달려왔건만, 물 빠진 갯벌이라니. 모래밭이 있긴 했지만 그다지 넓지 않았고 거친 돌멩이와 조개껍데기가 섞여 있었다. 나이를 먹으면서, 강화에 살면서 갯벌이 얼마나 멋지고 훌륭한 자산인지 알았지만 그때는 파도가 넘실대는 바다만 바다 같았다.

어쨌든, 우리가 원하는 바다는 아니었지만 이왕지사 왔으니 반푼이라도 풀 겸 산책하기로 했다. 게다가 두어 시간을 차 안에 앉아 있었으니 가벼운 운동이라도 해서 찌뿌드드한 몸을 풀어야 했다. 쉬엄쉬엄 걷는데 저만치 허름한 좌판이 눈에 띄었다. 그곳에 있던 할머니가 어서 오라고 손짓을 했다. 우리는 할머니가 부르니까, 그것도 너무 열심히 부르니까 그곳으로 향했다. "커피 마시고 가!"

할머니는 그곳에서 아주 오랫동안 장사를 한다고 했다. 직접 농사지은 쌀과 콩 등을 비롯한 농작물과 된장 고추장 간장 등 장류를 가지고 와 판다며 필요한 게 없느냐고 했다. 우리는 오백원짜리 커피를 마시면서 할머니의 구수한 이야기를 들었다.

"내가 저 분오리돈대를 지키는 사람이야!"

할머니가 가리킨 곳은 풀이 무성했다. 풀 사이로 커다란

돌이 조금 보였을 뿐이었다.

"할머니, 저게 뭐라구요?"

"돈대, 분오리돈대 몰라? 문화재 보러 온 거 아니야?"

사실 그때 '돈대'라는 말을 처음 들었다. 그러면서 문화재라는 말에 귀가 솔깃했다. 우리는 풀더미를 향해 몇 발자국 올라가다 말았다. 할머니가 풀을 잘랐다고는 했지만 여전히 풀이 많았고, 혹시 뱀이라도 나타날까 싶어 되돌아왔다.

"풀이 너무 많지? 내가 낫으로 베었으니까 저 정도지 더했어!"

이렇게 해서 내가 처음 분오리돈대를 마주했다.

그러고 몇 년 뒤, 나는 직접 운전을 해서 강화도를 자주 찾았다. 그때는 시간을 많이 낼 수 있는 일을 할 때여서 툭하면 강화도를 갔다. 그러는 사이에 초지대교가 개통됐고, 인천에서 강화를 찾는 길이 조금 빨라졌다. 내 어머니와 조카와 친구와 수없이 강화를 찾았고, 그때마다 분오리돈대는 빼놓지 않았다. 그리고 그 할머니한테서 가끔 서리태와 된장을 샀다. 어쩌다 한두 해를 거르면 할머니는 꼭 안부를 물었다.

"바빴어? 바쁜 게 좋은 거지."

몇 년 전에 분오리돈대는 재정비를 하느라 할머니는 장사를 접었다. 지금은 연세가 꽤 됐을 텐데 여전히 건강한지 궁금하다.

바다 한복판에서 바라본 돈대

바다 한복판에서 분오리돈대를 종일 바라본 때가 있었다. 2006년도에 열 명 정도가 배를 한 척 빌려서 바다로 나갔다. 모두 분오리돈대 옆에 있는 분오리포구에서 만나, 물이 빠지기 시작하는 갯골로 작은 배를 타고 나갔다. 그런 다음 큰 낚싯배로 옮겨타고 바다 한복판으로 나갔다. 물이 빠지는 대로 배가 기울었고, 배는 갯벌에 비스듬히 세워져 있었다. 그 시간에 우리는 푹푹 빠지는 갯벌을 겨우 돌아다니면서 낙지와 조개를 잡았다. 갓 잡은 물고기로 친 회와 라면으로 점심을 먹고 나자 물이 슬슬 들어오기 시작했다. 기울었던 배는 물이 들어오자 다시 중심을 잡았고, 우리는 그 배를 타고 분오리포구로 유유히 돌아왔다.

그날 바다 한가운데서 실컷 바라본 육지가 마니산 산줄기였고, 그 마니산 끄트머리에 있는 분오리돈대였다. 개복숭아꽃이 흐드러지게 핀 분오리돈대는 돈대로서의 역할을 다하는 듯했다. 적의 움직임을 살피고 공격을 막기 위해서 강화 곳곳에 돈대가 정말 필요했겠구나 싶었다. 돈대 안에서 바다를 보는 일은 쉬우나, 이날처럼 바다 한복판에서 돈대를 바라본 경험은 그 뒤로도 소중한 추억과 경험이 되었다. 그래서인지 다른 돈대에 가서도 바다를 바라보는 상상을 꼭 해본다.

바다를 향해 돌출한 곳이라 시야가 넓어

분오리돈대는 인천광역시 유형문화재 제36호이며, 화도면 사기리 산 185-1번지에 있다. 마니산 동남쪽 아래에 있다. 산자락에서 길게 이어지는 끝자락에 삐죽이 나와 있다. 선두리 포구 쪽에서 바라보면 곶으로 돼 있다는 사실을 한눈에 확인할 수 있다. 바다를 향해 돌출해서 곶을 이룬 지형이라 시야가 꽤 넓다. 분오리돈대는 초승달 모양인데, 이는 땅 모양을 그대로 이용해서 지은 까닭이다. 돈대의 동쪽 벽은 절벽을 그대로 이용해서 돌로 쌓아 올렸다. 그곳을 기준으로 나머지 성벽들은 돌로 5m가량 높이로 쌓아 높이를 맞추었다.

'돈대'는 적의 움직임을 살피거나 공격에 대비하기 위해 접경지역이나 해안가에 세운 초소다. 강화도에 있는 돈대는 대부분 조선 숙종 5년(1679)에 윤이제가 병조판서 김석주의 명령을 받아 경상도 군위의 어영군 8000여 명을 동원해 쌓았다. 분오리돈대로 마찬가지다.

분오리돈대는 강화에 있는 돈대 가운데 사람 발길이 가장 많은 곳이다. 사시사철 북적대는 동막해수욕장이 바로 옆에 있기 때문이다.

분오리돈대 분오리돈대는 마니산 동남쪽 아래에 있으며, 산자락에서 길게 이어지는 끝자락에 삐죽이 나와 있다. 바다를 향해 돌출해서 곶을 이룬 지형이라 시야가 꽤 넓다. 분오리돈대는 돈대 가운데 사람 발길이 비교적 잦은 편이다. 돈대 옆으로 동막해수욕장이 있다.

돈대의 특성을 안팎에서 가장 잘 볼 수 있어

분오리돈대는 다른 돈대에 비해 보수가 잘 돼 있다. 동막해수욕장이나 분오리포구에서 분오리돈대를 가자면 평지이지만 바다에서 바라보는 돈대는 절벽에 닿아 있다. 해안이 절벽과 급경사로 이뤄져 있어 경치가 좋다.

분오리돈대 내부는 초승달 모양이고, 둘레는 113m다. 보폭이 큰 걸음으로 걸으면 84보쯤 된다. 안쪽 둘레는 약 70m이고, 너비는 약 12.8m 정도다. 돈대 내부에는 네 개의 포좌가 바다를 향해 네모 모양으로 뚫려 있다. 예전에는 성벽 위에 치첩이 37개 있었다고 하지만 지금은 일부만 남아 있다. 지금 분오리돈대는 1995년에 복원됐다.

지금은 문화재 관리가 잘 돼 함부로 할 수 없지만 20년 전만 해도 지금과 상황이 달랐다. 분오리돈대에 가면 짜장면이나 피자를 주문해서 먹는 사람을 볼 수 있었다. 특히 여름철에 돈대 내부에 있는 포좌가 뚫린 곳에 들어가 전화로 음식을 주문해 먹는 사람이 있었다. 음식 배달하는 사람이 돈대 안을 돌면서 "피자 시키신 분!"이라고 외쳤다. 지금 그랬다간 금방 신고가 들어갈 것이다.

분오리돈대는 볼 게 많다. 돈대 안팎을 휘이 둘러볼 수 있고, 무엇보다 바닷가로 나가서 돈대를 올려다 볼 수 있다. 물론 여름에는 풀 때문에 성벽을 제대로 볼 수 없지만 바닷가로 난 데크를 걸으면서 돈대의 특성을 잘 파악할 수 있다. 물이 나가면 나간 대로 물이 들어오면 들어온 대로 갯벌과 바다를 실컷 볼 수 있다.

23

큰나무캠프힐
강화에는 큰나무캠프힐이 있다

강화군 양도면 도장리를 지날 때면 들르는 곳이 있다. 큰나무 카페. 마을 끝자락에 있어 경치도 좋고 조용하다. 커피와 빵 맛이 좋은데, 특히 채소식빵과 먹물식빵이 환상적이다. 오후에 가면 이미 동나서 살 수 없다. 그만큼 카페는 인기가 있어 강화 사람이 많이 찾는다.

큰나무카페는 '큰나무캠프힐'에 들어 있는 공간이다. 큰나무캠프힐은 발달장애인과 비장애인이 함께 어울려 살아가는 삶터. 카페는 일터 가운데 하나다. 문연상 대표를 만나 큰나무캠프힐의 이모저모를 들어봤다.

'나무 선생님'이라고 불리는 문연상 대표는 2013년에 이곳도장리에 부지를 정했다. 그때부터 2016년까지 차근차근 준비과정을 거쳐, 2017년에 도시에 있던 발달장애아 대안학교를 모두 정리하고 강화로 들어왔다. 준비하는 과정은 그야말로 과도기였다. 농사시범단을 운영하고 건축 준비도 하고 마을 사람들도 알아가야 했다. 욕심내지 않고 조금씩 조금씩 준비했다.

시선이 따뜻한 곳, 도장리에서

사실 문 대표는 어디에 터를 잡을지 오랫동안 고민했다. 님비 현상, 텃세 없이 지역주민과 잘 어울릴 수 있는 동네가 어디인지 찾는 게 중요했다. 잘못하면 문제가 생길 수도 있기 때문이었다. 어딘가 정착할 때 지역에 있는 여러 조건이 맞아떨어져야 하는데, 어디가 맞을까가 관건이었다.

그 고민은 도장리에 와서 해결됐다. 장애인에 대해 따뜻한 마음을 갖고 있는 분들이 많아서 정할 수 있었다. 무엇보다 마을이 좋았고 사람이 좋았다. 문 대표는 "마을에 사시는 분들이 장애인들을 바라보는 시선이 따뜻했다. 여럿이 따뜻하게 받아주었다"며 터를 잘 잡은 것 같다고 말했다. 큰나무캠프힐 사람들은 한꺼번에 마을에 들어오지 않고 천천히 들어왔다. 그래서 마을에 더 자연스럽게 녹아들 수 있었다.

'캠프힐'은 장애인과 비장애인이 함께 살아가는 조직체

'캠프힐'은 국제연대조직이다. 장애인과 비장애인이 함께 살아가는 조직체. 현재 20여 개 나라에 100여 곳이 있다. 문 대표는 외국 사례들을 탐방하고 오랫동안 연구하고 의논하면서 준비했다. "캠프힐은 1940년에 스코틀랜드에서 시작한 것으로 안다. 우리는 캠프힐과 같은 방향성을 가지고 가야겠다고 생각했다. 우리나라에서 어떤 게 필요한지 제도적으로나 물적 자본을 준비해 왔다. 기본적으로 사람을 어떻게 볼 것인가 하는 인간에 대한 이해, 장애인을 바라보는 견해, 장애인과 비장애인이 어떻게 함께 살아가야 하나, 그 존엄한 가치를 실현하고 만들어나가자고 생각했다."

문 대표는 장애인의 경우에는 졸업 이후의 삶이 무엇보다 중요하다고 강조했다. "폐쇄적으로 제한된, 사회적으로 분리된 상태가 아니라 통합적으로 개방적으로 되면 좋겠다고 생각했다. 그래서 마을을 찾아서 들어왔다. 장애인들의 경우 능력을 발견하고 키우고 인정받는 일이 중요하다. 직장, 고용의 문제를 해결해야 한다. 정식으로 자기 노동이나 능력을 인정받고 가치를 실현하는 것, 분리되지 않고 마을 안에서 한 개인으로 살아가는 것이 중요하다."

큰나무캠프힐에는 1,200평의 농장이 있다. 이곳에서 청년들은 농사도 짓고 양봉도 하고 닭도 키운다. 카페에서는 '모두에게 건강한' 빵을 만들고, 여러 사람을 만난다. 나와 주변을 건강하게 만드는 농사를 지으면서 치유하고, 흙이 주는 좋은 영향력을 늘 실감한다. 또 직장인 카페에서는 여러 사람을 만나 소통한다. 발달장애를 갖고 있는 청년들은 주변 사람과 만나는 빈도수가 많아지면서 소통할 기회가 많아졌다.

큰나무캠프힐 '캠프힐'은 국제연대조직이다. 장애인과 비장애인이 함께 살아가는 조직체. 현재 20여 개 나라에 1000여 곳이 있다. 문연상 대표는 외국 사례들을 탐방하고 오랫동안 연구하고 의논하면서 큰나무캠프힐을 준비했다. 강화사람들은 큰나무카페에 자주 모인다. 음악회와 영화감상 모임이 열리기 때문이다. 강화도 사람들의 모임인 '강화도 이웃사촌'은 이곳에서 정기적으로 음악회와 영화모임을 한다. 큰나무캠프힐은 그야말로 지역사회 안에서 마을 사람과 함께한다는 모토가 그대로 실현된 곳이다. 강화에는 큰나무캠프힐이 있다.

지역주민과 함께하는 곳

강화 사람들은 큰나무카페에서 자주 모인다. 음악회와 영화 감상 모임이 있기 때문이다. 강화도 사람들의 모임인 '강화도 이웃사촌'은 이곳에서 정기적으로 음악회와 영화 모임을 한다. 큰나무캠프힐 측은 카페를 지으면서 애초에 음악회와 영화모임을 할 수 있는 공간으로 설계했다. 사람들은 모임이 없는 날에도 이곳을 찾는다. 풍광이 좋고 편안하고 건강한 빵과 음료가 있고, 따뜻한 사람들이 있기 때문이다. 그야말로 지역사회 안에서 마을 사람들과 함께한다는 모토가 그대로 실현된 곳이다.

큰나무캠프힐에는 울타리가 없다. 누구나 찾을 수 있다. 문 대표는 울타리 없는 곳이 얼마나 중요한지, 소통이 얼마나 중요한지에 대해 말했다. "울타리를 만드는 순간 외부와 분리된다. 벽을 쌓고 대문을 만드는 순간 함께하는 일이 사라진다. 우리 청년들은 사람들을 보는 게 자연스럽다. 담 없이 살아야 한다."

카페 안에는 청년들이 그린 그림으로 굿즈를 만들어 판다. 밀랍초를 비롯해 양초, 액자, 컵 등이 많다. 문 대표는 청년들이 그린 작품이 세상에 드러나고 자신감을 가지면 좋겠다. "청년들이 그린 작품이 드러나면 좋겠다. '얼마나 할 수 있니?' 이런 시선으로 자꾸 사그라들지 않고, 드러나면 좋겠다. 어딘가에 담겨서 작품이 드러나면 괜찮을 것 같아서 전시회를 열었다."

문 대표는 큰나무캠프힐이 잘 됐으면 좋겠다고 했다. "처음에 시작한 모토는 발달장애인의 생애발달주기에 따른 지원을 목적으로 만들어졌고, 그 목적을 잊지 않고 함께한 사람들이 여기까지 왔다. 앞으로도 놓치지 않고 자립하고 생활하고 운영할 것이다. 사람은 누구나 존엄한 존재다." 강화에는 큰나무캠프힐이 있다.

24

전등사
'어둠을 밝힌다'는 뜻을 품은 전등사

"전등사는 몇 번 가 봤죠." 강화에 다녀간 사람들은 대개 전등사는 꼭 가봤다고 한다. 그만큼 전등사는 볼 게 많고 꼭 가볼 곳이라는 얘기가 될 것이다.

전등사는 강화군 길상면 온수리 삼랑성 안에 있다. 마니산의 한 줄기가 서쪽으로 뻗어나가다가 온수리에서 다시 만나 세 봉우리를 이루는데, 이것이 정족산이고 이 안에 있는 산성이 정족산성이다. 정족산(鼎足山)은 세 봉우리의 생김새가 다리가 셋 달린 솥처럼 생겼다고 해서 붙여졌다. 전등(傳燈)은 '등을 전한다'는 뜻으로, 밤의 어둠을 밝히는 옥등과 세속의 무명을 밝히는 대장경인 법등(法燈)을 말한다.

'차라리 은행이 달리지 않게 해달라'

가을비가 오락가락하는 오후에 전등사를 찾았다. 소나무가 빼곡한 언덕길을 걸으니 그 끝에 종해루(宗海樓)가 나온다. 종해루는 '사방의 모든 강물이 바다를 종주(우두머리)로 삼아 흘러든다'는 뜻으로, 가장 으뜸이 되는 바다를 바라보는 누각이라는 뜻이다. 종해루 양 옆으로는 성곽이 이어졌다. 가던 길을 꺾어 산성을 오르고 싶었으나 다음으로 미뤘다.

　　남문인 종해루를 들어서면 본격적으로 절 안이다. 단풍 들기 전의 막바지 초록, 내년에나 만날 수 있는 초록길 왼쪽으로 부도 3기와 탑비가 나오고, 좀 더 걸으면 은행나무가 나온다.

전등사1 전등사는 길상면 온수리 삼랑성 안에 있다. 마니산 한 줄기가 서쪽으로 뻗어나가다가 온수리에서 다시 만나 세 봉우리를 이루는데, 이것이 정족산이고 이 안에 있는 산성이 정족산성이다. 정족산(鼎足山)은 세 봉우리의 생김새가 다리가 셋 달린 솥처럼 생겼다고 해서 붙여졌다. '전등(傳燈)'은 '등을 전한다'는 뜻으로, 밤의 어둠을 밝히는 옥등과 세속의 무명을 밝히는 대장경인 법등을 말한다.

전등사 은행나무에는 전해오는 이야기가 있다. 조선 철종 때 조정에서는 전등사에 은행을 스무 가마를 바치라고 했다. 하지만 전등사에서는 열 가마밖에 나오지 않아 스님들은 난감했다. 노승은 고민하다가 도술이 뛰어난 백련사 스님에게 도움을 청하고, 백련사 스님은 기도해서 스무 가마를 만들자고 했다. '은행나무에 은행이 열리지 않게 해달라고 한' 기도였다. 차라리 은행이 열리지 않게 해달라고 함으로써 은행을 바쳐야 하는 괴로움에서 해방됐다.

절집 마당을 지키는 품 넓은 느티나무

여기저기 사람들이 쌓은 돌탑이 많다. 큰돌 작은돌 생김새가 다른 돌들이 쌓여 있다. 다들 무슨 소원을 빌었을까. 천천히 걷다 보니 대조루에 오르는 돌계단 앞이다. 대조루는 누각으로, 절 경내와 주변 사역과의 경계이자 법당 앞으로 올라서는 본격적인 출입문이다. 대조루 돌계단을 하나씩 오르다 보면 대웅보전이 점점 가까워진다.

대웅보전은 조선시대 중기에 지어진 건물로 보물 178호다. 대웅보전에서 많이 알려진 이야기는, 추녀 아래 네 귀퉁이에 있는 '나부상'이다. 벌거벗은 여인이 지붕을 떠받든 모습이다. 이 대웅보전을 지은 도편수와 주모와의 사랑 이야기,

도편수를 배신한 주모 이야기가 전해진다. 도편수가 품삯을 받는 대로 주모에게 갖다 주었고, 대웅전이 다 지어지면 혼례를 치르기로 약속했다. 하지만 공사를 끝내고 주모를 찾았을 때 주모는 다른 남자와 사라진 뒤였다. 도편수는 억울하고 분했다. 그래서 대웅전 기둥 귀퉁이마다 벌거벗은 주모 모습을 새겨서 영원히 참회하라는 뜻으로 무거운 지붕을 떠받들게 했다. 나부상 중 두 군데는 두 손으로 힘겹게, 두 군데는 한 손으로만 추녀를, 지붕을 받치고 있다. 잔꾀를 부린 것으로도 보이는데, 우리 선조의 해학을 엿볼 수 있다.

전등사 마당에는 400살 된 느티나무가 서 있다. 전등사는 조선 광해군 때 화재로 소실되었다가 1615년 재건했는데, 그때 심은 나무로 추정되는 이 느티나무는 대웅전 뜰 앞에서 전등사를 찾는 이들의 쉼터 역할을 톡톡히 한다. 나무는 품이 아주 넓어 한여름에는 시원한 그늘을, 한겨울에는 따사로운 햇볕을 쬐게 해준다.

전등사라는 이름은 어떻게 지어졌을까. 고구려 소수림왕 11년(381년) 아도화상이 창건하고 진종사라고 불렀다. 충렬왕의 첫 번째 부인인 전화궁주는 왕비로서 일생을 마치지 못했다. 당시 원나라 침입을 막지 못하고 항복한 고려는 항복한 뒤 심각한 내정간섭을 받게 됐고, 원나라 공주를 왕비로 맞아야

202

했다. 정화궁주는 왕비 자리를 원나라 공주인 제국대장 공주에게 넘겨야 했고, 별궁으로 쫓겨났다. 정화궁주는 강화도를 방문했을 때 옥으로 만든 등잔을 진종사에 시주했다. 이때부터 전등사라 불렀다.

전란 속에서 평탄하지 못해

강화 삼랑성은 정족산성이라고도 한다. 성을 쌓은 연대는 확실치 않으나 단군이 세 아들에게 성을 쌓게 하고 이름을 삼랑성이라고 했다는 기록이 『고려사』에 있다. 성 안에는 삼국시대에 창건된 전등사가 있다. 고려시대에는 임시로 지은 궁궐인 가궐(假闕)이 있었으며 조선시대에는 조선왕조실록을 보관하는 정족산 사고와 왕실의 족보를 보관하는 선원보각이 있었다. 삼랑성은 강화산성과 더불어 고려, 조선시대에 수도 개경과 한양의 외곽을 방어하는 중요한 장소다. 강화 삼랑성은 유구한 역사를 가진 곳으로, 예로부터 신성한 곳이라는 인식이 있었다.

전란 속에서 강화도는 평탄하지 못했는데, 전등사도 마찬가지였다. 1627년(인조5년) 청나라가 대군을 이끌고 쳐들어왔다. 정묘호란이다. 조선은 놀라서 정부를 강화로 옮겼고, 다행히 청군은 일시적으로 돌아갔다. 이때 정부는 강화도를 개발하고 전등사를 중수했다. 1636년에 청나라가 다시 쳐들어왔고, 조선 조정은 강화도로 피할 새도 없이 남한산성에서 항복했다.

조선시대에는 사고를 관리하는 사찰로

조선시대에 전란을 겪으면서 강화도의 중요성은 더 부각되었다. 임진왜란과 병자호란 등 국난을 거치면서 전등사는 『조선왕조실록』을 보관하는 정족산사고(鼎足山史庫)를 관리하는 사찰이 돼 위상이 높아졌다. 1707년 유수 황흠이 사각을 고쳐 짓고, 다시 별관을 지어 취향당이라 이름하고 보사권봉소로 정했다. 1719년에는 이 절의 최고승려에게 총섭이라는 직위를 부여했는데, 이는 20세기 초까지 계속되었다. 삼랑성에 사고가 세워지자 전등사가 사고를 관리하는 사찰로 지정되어 나라로부터 일정한 지원을 받게 되었다.

고종 때 일어난 병인양요, 신미양요는 결과적으로 조선이 더욱 견고한 쇄국정책을 펴게 했다. 또 한양으로 가는 길목인 강화도의 중요성을 절감해 더욱 충실한 방비를 위해 전등사에 포명 부대의 군량미를 쌓아두는 포량고(砲糧庫)를 세우기도 했다.

또 병인양요 때 강화도에 쳐들어 온 프랑스군과 혈투를 벌였던 강화수비대의 전공을 기념해 비석을 세웠다. 당시 강화 수비를 맡은 양헌수 장군은 화력의 열세를 무릅쓰고 처절한 전투 끝에 프랑스군을 물리쳤다. 이 공을 기리기 위해 공적비를 세웠다.

발길 닿는 대로 전등사 안을 돌아다녔다. 조만간 산성을 걸으러 또 가볼 참이다. 나무가 많고 전각이 많은 절집, 전등사는 곧 가을 한복판에 설 것이다. 나무들이 각자의 색으로 어우러질 때, 따뜻하게 챙겨 입고 천천히 시적시적 걸어 보면 어떨까.

전등사2 조선시대에 전란을 겪으면서 강화도는 더 중요한 지역이 되었다. 임진왜란과 병자호란 등 국난을 거치면서 전등사는 『조선왕조실록』을 보관하는 정족사사고를 관리하는 사찰이 돼 위상이 높아졌다.

25

이규보 선생 묘
생활인으로서 고민이 많았던 이규보

빨리 원고를 써야 하는데도 통 써지지 않을 때, 원고 마감이 훌쩍 지났는데도 생각이 정리되지 않을 때는 참으로 난감하다. 어디에서부터 시작해서 어떻게 전개해야 할지 모를 때는 그저 갑갑하다. 평소에 글을 열심히 쓴다면야 그 갑갑함이 덜할 텐데, 필자처럼 먹고사는 핑계를 대다가 원고를 넘겨야 하는 급박한 상황에서는 아무것도 떠오르지 않는다. '평소에 잘할 걸'은 이미 하나마나한 이야기. 머리통을 쥐어박아도 방구석에 틀어박혀 있어도 고리탑탑함만 더하고 갑갑할 따름이다. 이럴 때는 문득 고려시대의 대표적인 문인, 즉흥적으로 빛나는 문장을 써내려간 이규보 선생이 떠오른다.

이규보 선생은 평생을 '시마(詩魔)'와 함께 살았다. 그래서인가, 이규보 선생의 묘를 찾아가는 길은 늘 설렌다. 800년 세월을 훌쩍 넘어 집에서 20분 거리에 있는 선생의 묘를 가면 늘 마음을 다잡게 되고 살짝 긴장한다. 선생의 묘는 지나는 길에 무심하게 들를 때도 있고, 마음을 다잡기 위해 선생을 찾아갈 때도 있다. 선생의 '시마'가 내게도 찾아올 날을 언감생심 기대하면서 말이다. 특히 요즘 같은 늦가을이면 선생의 묘를 찾는 일이 늘어난다.

'백운거사(白雲居士)' '삼혹호선생(三酷好先生)'

이규보 선생의 묘는 길상면 까치골길 72-17에 있다. 여러 사람이 불은면에 있다고 생각할 만큼 불은면과 맞닿아 있다. 11월 중순, 선생의 묘를 찾아가는 길은 더 없이 스산하고 적막했다. 주유소를 끼고 좁은 길로 들어서면 두시 방향쯤에 선생의 묘가 보이고, 여기서 700m가량 가면 묘에 도착한다. 이 길은 좁지만 교행이 충분하다.

선생은 살아서 '걸음도 재고, 말도 빠르고, 시도 빨리 짓는다'고 하여 3첩(捷)이라고 불렸다. 어려서부터 신동 소리를 들었는데, 두 살 때부터 책을 가지고 하는 일을 즐기고 손가락으로 글자를 짚어가면서 읽는 시늉을 했다고 한다. 아홉 살 때는 글 짓는 데 능하여 '신기한 아이[奇童]'라는 평을 들었고, 열한 살 때는 숙부 손에 이끌려 문하성의 여러 사람 앞에서 가 즉석에서 글을 지어 사람들을 놀라게 할 만큼 재능이 있었다.

선생의 호만 봐도 선생의 성격과 품성, 풍류를 얼마나 좋아했는지 가늠할 수 있다. '백운거사(白雲居士)', '삼혹호선생(三酷好先生)'. 선생은 산촌에 한가롭게 숨어 살면서 지내길 바랐고, 25세에는 스스로 '삼혹호선생'이라고 호를 짓고 거문고, 술, 시를 무척 좋아한다고 고백했다.

선생의 대표적인 작품은『동국이상국집』은 선생이 죽은 지석 달 만인 1241년(고종 28)에 선생의 아들 이함이 41권에 누락된 800여 편을 다시 발굴해 정리한 책이다. '후집' 12권을 추가해 모두 53권이다.

생활인으로서 고민이 많았던 선생

이규보 선생은 어려서부터 문학적 재능이 뛰어나 시험에 합격했지만 정작 벼슬길에 금방 오르지 못했다. 10년이 지나서야 관직을 받았는데 그것도 지방 말단직이었다. 게다가 1년이 지나면서 잘렸으니 벼슬 운이 없어도 너무 없었다. 우여곡절로 관직을 다시 잡았지만 50대에는 면직돼 지방으로 좌천됐다. 예순이 넘어서는 외딴섬으로 유배됐다. 한마디로 선생은 산

이규보의 묘 고려 문신 이규보 선생은 천재 문학가로 알려져 있지만 과거에 합격하고도 오랫동안 벼슬길에 오르지 못했다. 술과 시를 좋아해 늘 여러 계층의 친구들과 우정을 나누면서 살았다. 친구가 찾아왔을 때 돈이 없어서 전당포에 옷을 맡기기도 했다. 그는 스스로 '삼혹호선생'이라는 호를 짓고 거문고, 술, 시를 무척 좋아한다고 고백했다. 선생의 대표적인 작품인 『동국이상국집』은 선생이 죽은 지 석 달 만인 1241년에 선생의 아들 이함이 41권에 누락된 800여 편을 다시 발굴해 정리했다. 12권을 추가해 모두 53권이다.

전수전을 다 겪었다고 볼 수 있다.

이렇다 보니, 선생은 언제나 생활인으로서 고민이 많았다. 오랫동안 실직 상태로 지내서 가족은 끼니를 잇는 일도 무척 힘들었다. 쌀이 떨어지면 옷을 전당 잡혀서 식량을 구했고, 한겨울이면 식구들이 차디찬 방에서 추위와 굶주림을 밥 먹듯 겪었다. 이러한 생활상은 『생활인 이규보』(김용선 지음)에 고스란히 나와 있다. 60대 후반기에 운이 좋게 고위직을 얻었지만 이도 오래가지 못했다. 고려가 몽골과의 항쟁으로 강화도로

급작스럽게 수도를 옮기는 바람에 월급도 제대로 받지 못했기 때문이다.

잠깐 이야기가 샌다. 『생활인 이규보』를 지은 김용선 선생님은 우리 책방에서 '고려 이야기'를 들려주었다. '고려'에 대해 전문가인 선생님이 지난봄에는 '생활인 이규보'를, 이달 초에는 최근에 출간한 『먼 고려사 가까운 이야기』이야기를 들려주러 강원도 화천에서 달려왔다. 강화도에 사는 사람들한테 '고려 이야기'는 늘 뜻있고 값지다. 고려가 강화도로 천도하고 39년 세월을 지내는 동안 강화에는 고려의 이야기가 곳곳에 스며들어 있기 때문이다.

이규보 선생의 작품을 읽으면

이규보 선생 주변에는 사람이 넘쳐났다. 당시 최고 권력자의 자녀들, 반체제 지식인, 과거시험 동기생, 승려를 비롯해 나이를 초월해 친하게 지낸 사람이 많았다. 이들은 선생이 어려움을 겪을 때마다 도움을 주었다. 또한 술을 몹시 좋아한 선생은 아무리 어렵게 살아도 친구가 오면 반가워했다. 옷가지를 전당포에 잡혀서 술을 대접했다. 이는 그 당시 사회상을 엿볼 수 있는 대목인데, 음주문화가 깊이 자리 잡고 있었고 풍류를 중요하게 생각한 시기였기 때문이다. 이규보 선생도 문학,

거문고 연주, 바둑 등 당시에 지식인이 누린 풍류를 맘껏 누렸다.

선생은 천재적인 문인 이전에 과거시험에 합격하기 위해 애쓴 사람, 파직과 탄핵과 유배를 골고루 겪은 관리, 오랜 실직 생활로 힘겨운 생활을 한 가장, 게다가 술과 풍류를 즐기고 갖가지 병고에 시달렸다. 선생의 일대기와 작품을 살펴보면 고려시대 사람들이 어떻게 살았는지 짐작할 수 있다.

선생의 묘를 둘러보면 이런저런 생각이 든다. 솔직하고 담백한 선생의 작품을 읽으면 마음이 따뜻하고 뭉클하다. 이는 생활인으로서 가장으로서 늘 고민하고 살다 간 선생의 마음이 고스란히 전해지기 때문일 것이다. 게다가 백운거사라는 호에 걸맞은 선생의 삶은 시시각각 바쁘게 돌아가는 이 시대를 살아가는 사람들이 닮고 싶은 삶이기도 하다.

26

동검도 채플
언제나 열려 있는, 주인 없는 집

강화군 길상면 동검도에 채플(chapel·예배당)이 생겼다. 동검
도는 강화도 남동쪽, 면적 1.61km², 해안선 길이 6.95km인
아주 작은 섬이다. 일출과 일몰을 함께 볼 수 있는 데다 하늘
과 바다, 갯벌과 바닷물이 들어온 바다를 품고 있다. 이 작고
아름다운 동검도 낮은 언덕에 7평의 작은 성당이 지난해 4월
에 문을 열었고, 가톨릭 신자가 아니더라도 이 성당 안에서 삶
에 지친 자기 모습을 들여다보면서 잠시나마 위로를 받을 수
있다.

동검도 채플, '영혼을 위한 숨터'는 천주교 사제이면서 스
테인드글라스 작가로 유명한 조광호 신부가 마련했다. 조광

호 신부는 유학 시절에 알프스의 작은 채플에서 받았던 위로를 다시 나누고 싶어 이 공간을 마련했다고 한다. 성당 안내문에 쓰여진 글귀는 이렇다.

'문은 있지만 언제나 열려 있는 이곳은 주인이 없는 집입니다. 굳이 주인을 찾으면 이 집의 주인은 하느님이십니다. 경건한 마음으로 당신이 이 공간에 머무는 동안, 이 집은 당신의 집입니다. 고요와 침묵과 경건함으로 비워진 이 공간이 당신에게 기쁨과 평화로 채워지는 '영혼의 쉼터'가 되길 빕니다.'

오랜 시간을 품은 동쪽 검문소, 동검도

동검도는 조선시대 강화도와 한강으로 들어가기 위한 '동쪽 검문소'였다. 삼남지방에서 한양으로 향하는 선박은 물론 중국에서 우리나라 서울을 왕래하던 사신이나 상인이 통과할 때 검문받던 '동쪽의 검문소'라는 의미에서 '동검도'가 되었다. 석모도 하리선착장에서 배를 타고 가는 '서검도'는 마찬가지로 중국에서 사신이나 상인이 황해로부터 한강 입구로 들어올 때 검문받던 곳이다. '서쪽의 검문소'라는 의미에서 '서검도'가 되었다.

필자가 동검도를 처음 간 25년 전쯤에는 동검국민학교가 폐교가 된 채 운동장에는 풀이 무성하고 놀이기구는 녹슬어

동검도 채플갤러리 동검도에 일곱 평의 작은 성당이 있다. 가톨릭 신자가 아니더라도 성당 안에서 삶에 지친 자기 모습을 들여다보면서 잠시나마 위로받을 수 있다. 적막과 고요. 침묵과 묵상. 아름다운 경치. 석양이 질 무렵이면 더 아름답다.

있었다. 삐거덕거리는 시소를 타고 녹슨 철봉 옆에서 바라본 바다는 참으로 오랫동안 바닷가마을로 남았다. 바닷물이 들어올 때 마을은 파도소리와 새소리만 들릴 뿐 아주 고요했고, 물 나간 마을은 간간이 개 짖는 소리와 닭 울음소리만 들릴 뿐이었다. 어느 집은 지붕 없는 뒷간이 마당 한편에 웅크리고 있었다. 노인들은 바다와 맞닿은 땅에 사자발쑥을 키우면서 돌봤고, 낮은 돌담 안으로 마당 구석과 처마에는 사자발쑥을 말리고 있었다. 몇 집은 허름한 건조장도 있었는데, 그야말로 그 당시 동검도는 여느 바닷가 마을과 다르지 않았다.

당시에도 걸어서 마을을 한 바퀴 돌 수 있었다. 동검도 남서쪽에 있는 동그랑섬을 돌면 동검포구가 나왔고, 그곳은 물이 들어올 때는 작은 배들이 떠 있었고, 물 나간 갯벌에는 여기저기 배가 기우뚱 갯벌에 기대고 있었다. 또 그곳에서는 영종도가 가깝게 보여 비행기가 이착륙하는 광경을 볼 수 있었다. 날이 맑은 날은 시계가 좋아 송도신도시와 청라신도시에 아파트가 올라가는 게 보였다. 아무튼 필자에게 동검도는 오랜 시간을 품은, 늘 가고 싶은 섬이었다.

그리움과 고요함을 담은 섬에서 위로받다

이러구러 강화에 살면서 동검도에 채플 갤러리가 생겼다는 이야기는 준비 중일 때부터 들었지만, 최근에야 다녀왔다. 그리움과 고요함을 담은 채 언제 가봐야지 했던 동검도는 초입부터 많이 바뀌어 있었다. 1985년에 동검도 북쪽과 강화도를 잇는 연륙교를 지으면서 육지와 이어졌으나, 다리 아래로 바닷물이 드나들지 못해 갯벌이 제 구실을 못해 썩은내가 진동하던 때와 달랐다. 동검도로 들어가는 곳에 2차선 다리가 놓였다. 선두리에서 동검리로 들어가는 다리는 예전에 있던 다리 형태라 교행이 어렵지만, 전에 있던 다리의 형태가 남아 있었다.

그리고 다리를 건너기 전 왼쪽에는 여전히 넓디넓은 갯벌이 펼쳐져 있었다. 한나절에는 볕을 받아 반짝이고 저녁 때는 석양을 받아 붉게 빛나던 갯벌이다. 갯벌이 살아 있으면 생태가 살아 있을 테니, 동검도는 아직 건강한 섬이었다. 동검도 초입에 있어 오가면서 생수를 사 먹던 '돼지상회'는 사라졌고, 그 옆으로 동검포구로 향하는 넓은 길도 생겼고 펜션과 카페도 어마하게 많아졌다. 그래도 갈대밭은 여전히 남아 방문객을 반겼다. 가을이면 함초가 갯벌을 수놓을 것이고 갈대숲에서는 새들이 바쁘게 드나들 것이다.

누구나 명상할 수 있는 곳

일요일 오후, 채플갤러리 주차장은 텅 비어 있었다. '명상하는 곳', 작은 성당 안으로 들어섰다. 창밖에 서 있는 십자가와 실내에 있는 스테인글라스가 눈에 띄었다. '명상하는 곳'이었다. 명상 길잡이에는 〈저 멀리 수평선으로 이어진 창밖의 십자가와 산사나무는 채플 안의 유리화(가시관)와 일직선상에 놓여 있습니다. 가시 돋힌 산사나무의 꽃말이 '유일한 사랑'이듯 우리에 대한 예수의 한없는 사랑도 화려한 왕관이 아니라 고통의 가시관으로 표현됩니다. 모세의 가시덤불에서 하느님이 나타나셨듯이 '희생의 고통' 속에서 탄생되는 생명의 본질은 하느님의 사랑입니다. 하느님이 영원하듯 생명도 영원하고, 아름답고 귀한 선물인 생명은 '영원한 기쁨'이 됩니다. 그러므로 당신이 구하는 기쁨과 행복은 물론, 부활의 삶도 극락왕생

채플갤러리 내부 '잠시 경치를 빌려온다'는 차경. 드넓게 펼쳐진 갯벌과 긴 산줄기가 꿈틀대는 마니산, 물 나간 바다와 푸른 하늘이 한눈에 들어온다. 이토록 아름다운 풍경을 마주하다니!

의 희망도 그 누군가를 위한 당신의 작은 사랑의 희생으로부터 이루어질 것입니다.—채플주임 조광호 신부〉

성당 옆으로는 갤러리가 있어 유리화 작품을 맘껏 감상할 수 있다. 조광호 신부의 작품도 구입할 수 있었고, 차도 마실 수 있다. 무엇보다 이곳은 창밖 경치가 좋았다.

차경. '잠시 경치를 빌려온다'는 뜻을 지닌 차경이 생생한 곳이었다. 드넓게 펼쳐진 갯벌과 긴 산줄기가 꿈틀대는 마니산, 물 나간 바다와 2월의 푸른 하늘이 한눈에 들어왔다. 저 멀리 분오리돈대도 삐죽 나와 있었다. 느닷없이 이렇게 아름다운 풍경을 마주하다니!

동검도 채플에서 모든 것은 비현실적이었다. 적막과 고요, 침묵과 묵상, 아름다운 경치. 비록 신앙은 없지만 이곳은 살면서 간간히 생각날 것 같았다. 조만간 석양이 질 무렵 어느 날, 다시 찾아야겠다.

27

동검도
조선시대 바닷길 동쪽 검문소

강화군 길상면 동검리에 작은 섬이 있다. 동검도. '동쪽 검문소'라는 뜻이다. 면적 $1.61km^2$, 해안선 길이 $6.95km$. 최고점 $106m$. 동검도는 강화도의 남동단에 인접해 있다. 강화군 길상면 선두리와 연륙교로 연결돼 육지화되었다. 옛날 삼남지방에서 한양으로 가는 선박은 물론 중국에서 우리나라 서울을 왕래하던 사신이나 상인들이 통과하는 검문소였다. 강화군 삼산면 서검도와 대비를 이루는 섬이다. 서검도는 '서쪽 검문소'라는 뜻.

동검도는 중앙부에 산지가 솟아 있으며, 서쪽과 동북쪽 해안은 비교적 완경사지이다. 섬 주변에는 간석지가 넓게 분포하며, 그 가운데 일부는 간척됐다. 주요 농산물로는 쌀, 콩, 고추 등이 재배되고, 연안에서는 숭어, 준치, 새우, 낙지 등이 잡히고, 넓은 간석지에서는 굴, 바지락 백합 등이 양식된다. 조선시대에 설치된 봉수대가 있다. 영종도에서 5km 떨어졌다. 1985년에 완공된 작은 다리가 있어서 육지화되었고, 면적이 여의도보다 작다.

필자가 동검도를 처음 찾아간 때는 1990년대 후반 어느 날이었다. 그날도 강화를 돌다가 우연히 찾아들어간 섬. 버스종점에서 바닷가마을 쪽으로 내려가면 특별하고 예쁜 뒷간이 있었고, 사자발쑥을 재배하는 밭이 많았다. 동검초등학교 분교에는 주인이 떠난 폐교가 돼 있었다. 바다가 보이는 운동장 가장자리에는 아이들이 탔을 놀이기구가 녹슬어 있었고, 시소에 앉아 발을 구르면 갈매기 소리와 삐거덕거리는 소리가 어우러졌다. 돌담이 낮게 쳐진 집들에는 노인들이 앉아 해바라기하는 아주 적막하고 한가로운 마을이었다. 그 모습이 좋아서 강화도에 가면 동검도는 꼭 들르는 곳이 됐다.

그러다가 한 해 두 해가 지나면서 동검소가 급속도로 바뀌기 시작했다. 전원주택이 들어서고 펜션이 늘어났다. 동검도를 들어가는 연륙교가 확장됐다. 차 한 대가 나오면 지나갈 때까지 기다렸다가 들어가곤 했는데, 지금은 동검도 들어가는 부분만 조금 빼놓고는 거의 기다리지 않고 다닐 수 있게 됐다. 이른바 교행이 가능한 곳이 됐다. 그 연륙교를 건너서 마을 안쪽으로 들어서면 '돼지상회'라는 가게가 나왔다. 한여름이면 생수를 먹으면서 목을 축이곤 했는데, 지금 그 가게는 없어지고 가정집이 됐다.

섬을 휘돌아 닿는 곳에 동검포구가 있다. 포구는 언제나 멋지다. 물이 차 있거나 빠져 있거나. 물이 들어올 때나 빠질 때나. 너른 갯벌 너머로 배들이 둥실 떠 있고, 동검포구 선착장을 등에 지고 정면에는 인천대교가 보이고 그 뒤로 청라국제도시가, 오른쪽에는 영종도가 아주 가깝게 보인다. 쉬지 않고 이착륙하는 비행기를 볼 수도 있다.

뱃길을 검문하던 섬 동검도, 서검도

동검도(東檢島)는 일본과 서양 배들이 강화, 김포해협을 지나서 한강을 통해 한양으로 들어가는 선박을 조사하던 곳이다. 검디는 동검도의 옛 지명. 서검도(西檢島)는 교동, 양사, 송해면과 연백군, 개풍군 사이 바다를 지나 한강을 통해 한양으로 진입하는 중국 배를 검문하던 곳이고 서쪽으로 드나드는 배를 검문하는 초소가 있어서 서쪽을 감시하는 섬. 필자는 십여 년 전에 '인천섬 조사'와 관련해 취재 차 서검도와 미법도를 다녀

동검포구 동검도는 조선시대에 강화도와 한강으로 들어가기 위한 '동쪽 검문소'였다. 삼남지방에서 한양으로 향하는 선박은 물론 중국이나 우리나라 한양으로 왕래하던 사신이나 상인이 통과할 때 검문받던 검문소였다. 석모도 하리선착장에서 배를 타고 가는 서검도는 '서쪽 검문소'라는 뜻으로 중국 사신이나 상인이 황해로부터 한강 입구로 들어올 때 검문받던 곳이다. 현재 동검포구에서는 청라국제신도시와 영종신도시가 좌우로 보인다.

왔다. 석모도에서 배를 타고 가야 하는 곳이었고, 서검도에는 가게 하나 없었고 사람이 그리 많이 살지 않았다. 그때 섬이 고즈넉하고 적막해 시간 날 때 다녀오리라 마음먹곤 있지만, 어찌된 일인지 그게 쉽지 않아 늘 숙제처럼 남아 있는 곳이 됐다.

다시 동검도로. 동검포구 옆으로 동그랑 섬이 있다. 이름대로 정말 동그랗게 생긴 섬이다. 물이 빠지면 걸어갈 수도 있을 정도다. '세상에 이런 일이'였던가, 동검도 펜션에 사는 개가 새끼를 낳으러 동그랑섬에 오간 일이 방영되기도 했다. 개는 조용한 곳에서 머물고 있다 나오곤 했다. 그 개는 지금도 동검도에서 잘 지내고 있는지, 문득 궁금해진다.

동검도에는 볼거리가 많다. 그중 '동검도 채플'과 'DRFA 365 동검도 예술극장'을 빼놓을 수 없다. 어느 날, 하루를 잡아 동검도에 머무는 일도 좋을 성 싶다.

28

DRFA 365 동검도 예술극장

세상에서 가장 아름다운 영화관

동검도에 가면 세상에서 가장 아름다운 영화관을 만날 수 있다. 창밖으로 너른 갯벌과 갈대숲이 보이고, 음악과 영화가 있고 따뜻한 차가 있는 곳이다. 문을 연 지 10년. 초지대교를 건너자마자 왼쪽으로 방향을 틀어 5분 남짓 달리면 영화관이 나온다.

11월 중순, 갑자기 기온이 뚝 떨어졌다. 나무는 어느새 이파리를 거의 다 떨구었다. 산자락은 초겨울로 들어가기 직전이고. 이런 날이면 어디론가 훌쩍 다녀오고 싶다. 그새 십일월이라니, 한 달이 지나면 한 해가 끝이라니. 그동안 나는 뭘 했을까. 인생의 속도가 나이 속도와 같다더니, 한 해 한 해 삶의 속도가 너무 빨라지는구나.

이런저런 생각으로 몸과 마음이 바쁘고 괜스레 갈팡질팡하는 늦가을, '가을을 타나' 싶어 열차라도 타고 싶지만 멀리 갈 수는 없고, 문득 동검도 예술극장이 떠올랐다. 당장 할 일은 있지만, 그 일이라는 건 내일로 미루면 되고. 그날이 그날일 것 같은, 하지만 전혀 그날이 그날이지 않은 시골살이. 시골에서 사는 일은, 더욱이 겨울을 앞두고 할 일이 많다. 단조롭고 바쁘면서도 한가롭고, 단조롭고 한가로우면서도 늘 바쁜 하루하루. 서둘러 해도 티가 나지 않고, 하지 않으면 티가 팍팍 나는 일들. 아무튼 반나절이라도 손을 털자.

동검도 예술극장으로 영화를 보러 가는 건 거의 10년 만이었다. 강화에 살기 시작하면서 가장 먼저 알게 된 곳이어서, 자주 간 곳이었다. 예술극장이 막 문을 열고 100일 남짓 됐던 때였던 것 같다. 그때는 영화관에 사람이 그리 많지 않았고, 보고 싶은 영화를 골라 보는 재미가 좋았고, 동검도라는 섬이 마냥 좋았다. 홈페이지에 나와 있는, 상영될 영화 프로그램을 수첩에 빼곡하게 적어서 영화를 챙겼고, 영화를 보고 난 뒤에는 목록을 작성하기도 했다. 목록이 늘어날수록 문화인이 되는 것 같았고. 무엇보다 그곳은 강화에서도 무척 한적하고 한가롭고 조용한 곳이었다.

그랬건만, 어찌어찌 살다 보니 오랫동안 가지 못했다. 강화에 터를 본격적으로 잡으면서 할 일이 많았다. 간간이 동검도는 오가는 길에 들르긴 했어도 영화를 보는 시간을 내지 못했다. 어쨌거나 10년 만에 예술극장 홈페이지에 예매하고서 설렜다. 오랜만에 가는 곳, 오래된 영화를 보러 가는 길, 그때 함께한 사람들. 어떤 영화를 상영하든 상관없었다. 그저 영화를 보러 가는 길은 즐거웠다.

시간과 공간을 초월한 비현실적인 공간

극장에 도착해서 예매권에 포함된 빵과 커피를 받아들고 2층으로 올라갔다. 창밖에는 너른 갯벌이 펼쳐져 있었다. 잿빛블루. 물은 빠져 있었고, 갯벌 위에 가을 볕이 내려앉아 있었다. 맞아, 이렇게 경치가 좋은 곳이었지. 강화는 발길 닿는 곳은 어디든 멋지고 아름답지만, 예술극장 2층에서 바라본 풍광은 정말 멋지다. 실내에는 영화와 관련된 사진이 걸려 있고 조명도 예뻤다.

실내 공기가 알맞게 따스했고, 영화음악이 조용히 흘렀다. 일찍 도착해서인지 마침 사람이 없어 더 좋았다. 빵 접시는 아래에 반납하고 커피만 들고 상영 시간보다 일찍 자리를 잡아 앉았다. 영화음악 사운드가 좋은 곳, 35석이 전부인 영화관에서 20분 동안 조용히 앉아 있었다. 영화 상영 시간을 기다리는 일은 참으로 환상적이었다. 아무도 들어오지 않는 영화관에서 음악을 듣는 일이 어디 쉬운 일일까. 10년 만에 찾아온 손님을 환영이라도 하는 듯, 시간과 공간이 아늑했다. 그때 웬일인지 그 공간에서 다정한 사람들이 떠올랐다. 지금은 떠나간 사람들. 두 해 반 전에 내 곁을 떠난 책개 둘리도. 마치 시간과 공간을 초월한 공간에 앉아 있는 듯한, 아주 비현실적인 공간이었다.

DRFA. '디지털 리마스터링 필름 아카이브(Digital Remastering Film Archive)'의 약자로, 분실되고 사라져가는 세계의 고전을 찾아서 복원하고 관객에게 소개하고 상영하려는 목적을 담고 있다. 드디어 영화 시작할 시간. 영화 상영에 앞서 『종려나무』 시나리오를 쓰고 영화를 총지휘한 감독인 유상욱 대표가 피아노 연주를 했고, 음악과 영화에 대해 간단히 설명했다. 이날 본 영화는 1938년 작품 『음악에 미쳐』. 단순한 스토리였지만 아무 생각 없이 볼 수 있었다. 거의 90년 전에 상영된 영화를 보는 일이 어디 쉬운 일인가. 1년 내내 하루에 두세 차례 예술영화를 상영한다.

"행복하다!" 영화를 본 사람들이 입을 모은다. '행복하다'고. 세상에 이런 영화가 있었나, 하면서 감동을 받는다. 영화

DRFA 동검도예술극장 동검도에는 세상에서 가장 아름다운 영화관이 있다. 창밖으로 너른 갯벌과 갈대숲이 펼쳐져 있고, 실내에는 음악과 영화가 있고, 따뜻한 차에서는 김이 피어오른다. DRFA는 디지털 리마스터링 필름 아카이브(Digital Remastering Film Archive)의 약자로, 분실되고 사라져가는 세계의 고전을 찾아서 복원하고 관람객에게 소개하고 상영하려는 목적을 담고 있다는 뜻이다.

도 좋았겠지만, 분위기도 한몫하고 힐링이 됐기 때문일 것이다. 일상에서 떠나고 잔뜩 쌓아둔 일에서 떠나고, 풍광에 눈이 번쩍 뜨이고.

제2영화관을 지어 더 전문적인 예술영화를 상영할 터

필자가 10년 전에 동검도 예술극장을 인터뷰할 일이 있었다. 그때 유 감독은 "예술영화가 소멸되고 각박한 흥행논리가 극장을 지배하는 21세기에 우리 극장은 다양한 예술영화를 상영하고, 관객과 만나는 소통의 장소가 되도록 프로그램 하나 하나 신경 쓸 것이다. 앞으로 제2극장을 세우고, 빛을 보지 못한 영화를 상영하고 싶다"고 했다. 이번에도 유 감독은 그 생각에 변함이 없는 것 같았다. "제2극장을 세우면 빛을 발하지 못한 배우들의 영화를 모아서 상영하고 싶다"는 말을 한 걸 보면.

영화관은 주말은 물론이고 평일에도 사람들로 북적거린다. 알음알음 입소문을 타고 10년 동안 사람들이 부지런히 극장을 찾았다. 서울, 인천, 김포, 고양에서 나들이 겸 많이 찾아온다. 홈페이지에서 예약은 필수. 단체손님도 많다.

영화관에서 10분가량 걸으면 동검포구가 나온다. 영화를 보기 전이나 본 뒤에 슬슬 다녀와도 좋을 거리. 영화관 앞에 넓게 펼쳐진 갯벌은 새들의 안식처다.

영화관을 찾은 사람은 또 갈 수밖에 없다. 영화관 앞에 펼쳐진 경치가 말할 수 없을 정도로 훌륭하고, 보고 싶던 예술영화를, 처음 접할 예술영화를 본다는 기대감으로, 게다가 맛있는 커피와 식사도 가능하니 하루 나들이로는 금상첨화다. 다녀온 사람은 입을 모은다. 영화관에 중독성이 있다는 것을.

29

금풍양조장

멋있는 술을 빚는, 멋있는 공간 금풍양조장

금풍양조장은 길상면 온수리에서 3대째 이어져 오는 양조장이다. 양태석 대표는 할아버지 양환탁, 아버지 양재형의 대를 이어 양조장을 운영하고 있다. 양 대표의 할아버지가 1969년에 인수했고, 아버지 양재형 씨를 거쳐 3대째 이어온다.

2022년 10월에는 1931년 건립된 금풍양조장이 인천시 등록문화재로 등재됐다. 금풍양조장에서 나오는 술은 강화도 전통주의 역사이자 100년 전통의 막걸리는 강화도 최고의 친환경쌀로 빚어 사람들의 입맛을 사로잡고 있다. 강화 안팎에서 소문난 곳, 금풍양조장을 찾아가봤다.

"저희 할아버지가 온수리에서 정미소를 크게 하면서 금풍

금풍양조장 금풍양조장에서 나오는 100년 전통 막걸리는 강화도 최고의 친환경쌀로 빚어 사람들의 입맛을 사로잡는다. 1931년에 건립된 금풍양조장은 2022년에 인천시 등록문화재로 등재됐다.

양조장을 인수하셨습니다. 할아버지의 지인인 김학재라는 할아버님이 금풍양조장 창업주였고, 그분한테 인수했어요. 할아버지는 쌀, 술이 자연스럽게 연결되다 보니 술 사업까지 시작하셨던 것 같습니다.”

양태석 대표는 2020년에 아버지를 이어 본격적으로 맡았다. 금풍양조주식회사. 양 대표는 2018년부터 하나둘 준비를 해서인지 금풍양조장은 콘텐츠가 살아 있었다.

금풍양조장은 인스타를 비롯해 SNS 활동이 활발하다. 양대표는 20년 동안 기획 분야 일을 했고 지금도 활동하는 중이라서 광고나 홍보에 일가견이 있다. “20년 동안 기획 일을 했고, 지금도 하고 있어요. IT관련 일을 18년 정도 했습니다. 이 일을 하기 전에 아버지하고 상의를 많이 했습니다. 저만의 콘텐츠로 운영하고 싶었습니다." 그는 또 일이 많지만 재미있다고 했다. "제조업만 하고 싶지 않습니다. 제조업을 기반으로 한 콘텐츠 사업, 플랫폼으로 잡으면 충분히 매력적이라고 생각했습니다. 18년 동안 해 온 일이 그쪽이고, 물론 쉽지 않은 길이지만 재미있고 욕심도 납니다. 다행히 기획한 일을 모두 좋아해 주셔서 힘이 납니다."

스토리텔링이 풍성해

금풍양조장은 스토리텔링이 강하다. "술 이야기는 많이 안 합니다. 금풍양조장은 100년 전에도 이 자리에 있었고, 다만 술 만드는 사람은 바뀌었습니다. 술 만드는 방법도 그때마다 다르고, 술을 만드는 분들은 그때그때 최선을 다해서 가장 좋은 재료로 술을 빚었습니다. 술 이야기는 다음 세대에 가면 어떻게 바뀔지 모르고, 더 좋은 방법으로 만들어질 것입니다. 저는 이제 술은 콘텐츠라고 생각합니다. 공간에 대한 이야기를 더 많이 나누죠. 지금 보여줄 수 있는 걸 합니다. 술에 대한 관심이나 궁금증 쪽으로 풀어나가려고 합니다."

그래서인가, 금풍양조장에 가면 번뜩이는 기획이 빚어낸

성과물로 눈이 호사를 누린다. 술 포장부터 다르다. 양 대표는 강화가 외지 사람이 많이 찾는 관광지라는 데 초점을 맞췄다. 금풍양조장에서 나오는 술이 단순히 막걸리사업이 아니라, 맛있어 보이고 맛있는 술을 쇼핑하러 오는 곳으로 만들고 싶었다. 그러한 노력의 일환으로 강화에 사는 사람들을 많이 만난다. 여러 팀과 미팅도 하고, 그 와중에 업사이클링하는 사람을 만나서 멋진 포장도 생각해 냈다. 강화에 있는 카페 사장님한테 커피 포대를 얻어서 포장을 한 것. 그래서 양조장 벽에는 함께하는 카페 이름이 써 있다.

인터뷰를 진행하는 내내 금풍이가 함께했다. 금풍이는 2021년 2월 5일, 추운 겨울날에 양조장 앞에 있던 강아지. 양 대표 아버지가 추위에 떠는 금풍이를 데려왔고, 그 뒤로 주인이 나타나지 않아 한가족이 된 것. "사람들이 금풍이를 좋아한다. 특히 길상초등학교 어린이들이 예뻐한다." 금풍양조장의 마스코트인 금풍이는 이름대로 표정이 풍부하고 여유롭다. 금풍(金豐). 햇살이 따사롭고 마음이 넉넉한 곳. 그 문앞에서 어린이들이 금풍이를 쓰다듬고 함께 어울리는, 그래서 보는 이의 마음이 넉넉해지는 곳이다.

성년의 날, 3대 방문객을 위한 행사 등 다양해

행사도 다양하다. 우선 성년의 날 행사. 양 대표는 양조장을 하기 전부터 꼭 하고 싶던 일이었다고. "성년이 되는 친구들이 인생에서 첫 술을 저희 술을 입맛으로 들이면 어떨까 싶었습니다. 제가 예전에 친구들을 데리고 오면 아버지가 술을 주셨을 때가 떠올라요. 부모님이 따라주는 술, 첫술을 부모님한테 배우면 주사가 없다잖아요. 술 마시고 난장을 피우면 보기 불편하잖아요. 예전부터 내려온 당시의 시대상. 그런 걸 만들어보고 싶었습니다." 양 대표는 이 사업을 내년부터는 좀 더 본격적으로 해 볼 생각이라고.

그 이야기를 듣다 보니, 어린 시절 막걸리 심부름할 때가 떠올랐다. 막걸리 심부름을 하면서 한 모금씩 마셨던 기억. 동네 가게에서 주전자째 술항아리에 넣어 담아주는 바람에 너무 출렁댔고, 쏟아지는 술이 아까워 마셨는데. 양조장에서 풍겨나는 막걸리 냄새가 새삼 옛날을 소환했다.

금풍양조장에는 3대를 위한 선물도 있다. 3대가 방문하면 세대별로 선물을 준다고. 조부모에게는 금풍양조 막걸리, 부모님에게는 3대 가족사진, 손자손녀에게는 아인슐페너 또는 라이스께끼를. 양 대표 이야기를 들으면서 선물도 중요하지만, 그보다는 3대가 함께 여행하는 여유로움과 넉넉함을 존중

한다는 생각이 들었다. 핵가족 시대라 해도 때때로 할아버지 할머니와 여행하는 손자손녀는 그 기억이 오랫동안 갈 것 같아서였다. 3대가 함께하는 일은 얼마나 소중한가.

앞서 밝혔듯이, 금풍양조장은 온수리 길상면에 있다. 길상(吉祥). 양 대표는 길상이라는 지역브랜드를 잘 활용한다. "예전에 전등사 큰스님이 오셔서 길상의 의미를 알려주셨어요. 운수가 날 조짐, 경사가 날 조짐이라고 하시더라구요. 그래서 저희는 손님들이 금풍양조장에 와서 좋은 기운을 받아가셨으면 좋겠다고 생각했습니다. 술, 하면 미각으로 생각하지만, 손님들이 맛있는 술보다는 멋있는 공간, 멋있는 술로 기억해 주셨으면 좋겠어요." 양 대표 말대로 오감으로 술맛을 느끼면 다시 찾을 수밖에 없는 멋진 공간이 될 것 같았다.

꼭 들러보고 싶은 곳으로

양태석 대표는 강화에서 나고 자라다가 커서 다시 강화로 왔다. 이른바 연어족. "제가 처음에 내려온다고 했을 때 아버지는 선뜻 해봐라 하지 않으셨어요. 워낙 제조업이 힘들고, 제가 기획 쪽 일만 하던 사람이라. 하지만 피티 자료를 보여드리자 하자, 해보자 하면서 힘을 주셨습니다. 지금도 누군가에게 선물할 일이 있으면 정가로 사시죠." 양 대표에게 고향에 내려와 일하는 게 어떠느냐고 물었다. "좋죠. 강화가 고향이고, 한 집 건너 친척집이고. 막상 사업한다고 내려와 보니 강화가 정말 매력적인 곳입니다. 물론 경험치를 갖고 내려와서 더 좋은 점도 있구요. 무엇보다 주변에 있는 분들이 관심 어린 눈으로 지켜봐 주십니다. 그래서 고맙고 더 잘 해야겠다는 생각을 합니다. 지나다가 화단에 풀을 뽑아주시면 그게 자극이 되기도 합니다."

양 대표는 오늘도 할 일이 많다. 전통주가 전체 주류시장의 1% 정도밖에 되지 않지만, 관광 쪽으로 술과 함께 강화도를 홍보할 계획이다. 해외 진출도 준비하고, 체험을 상품으로 만들 생각이다. 내년에는 2층을 대대적으로 리모델링해야 하고, 양조장의 문화를 방문객에게 보여주고, 술을 어떻게 만드는지도 알려주고 싶다. 한발 더 나아가 외국인이 한국에 들어오면 금풍양조장에 한 번 들러야겠다고 생각하게끔 만들고 싶다.

30

평화전망대
북한땅과 가장 가까운 거리는 1.8km

강화에는 꼭 둘러볼 곳이 아주 많다. 그중에서도 꼭 찾아가 봐야 할 곳이 있다. 강화 평화전망대와 교동 망향대. 두 군데 다 북한땅이 손에 잡힐 듯 가깝고, 파노라마처럼 눈앞에 펼쳐진 곳이다. 남북한이 나뉜 지 70년. 강화 평화전망대에 가면 북한땅이 얼마나 가까운지, 내가 사는 곳에서 그리 멀지 않다는 걸 눈으로 확인할 수 있다. 비현실적인 상황에 놀란다.

강화 평화전망대는 강화군 양사면 전망대로 797(철산리 11-12)에 있다. 강화 평화전망대 리플릿에는 '평화통일을 기원하는 곳'이라고 씌어 있다. 2008년 9월에 개관한 평화전망대는 불한땅과 2.3km 떨어져 있고, 가까운 거리에서 북한 주민의 생활상을 눈으로 볼 수 있는 곳이다. 평화전망대 앞을 흐르는 조강을 끼고 가장 가까운 거리는 1.8km다.

2023년 새해를 맞이한 다음 날, 강화 평화전망대를 가기 위해 길을 나섰다. 하점면에서 양사면으로 꺾어져서 철산리로 가는 길, 길에는 오가는 차가 하나도 없었다. 평화전망대가 보이는 곳 바로 앞 검문소에서 신분증을 보여주고 평화전망대로 향했다. 코끝이 쨍할 정도로 날이 추웠건만 널찍한 주차장에는 차들이 여러 대 주차돼 있었다. 이곳은 관람료를 받는다.

강화평화전망대 강화평화전망대에 가면 비현실적인 상황에 놀란다. 북한땅이 얼마나 가까운지, 방문객은 자기가 있는 곳에서 그리 멀지 않다는 사실에 당황한다. 손을 뻗으면 닿을 듯, 바로 눈앞에 펼쳐진 현실이라니.

고향을 눈앞에 두고도 갈 수 없다니

매표소에서 전망대에 이르는 길은 가파르다. 오르막길이라 걷기 불편한 분들은 위쪽에도 주차장이 있으니 매표소에 따로 말하면 차로 올라갈 수 있을 것 같았다. 오르는 길은 천막이 쳐져 있어 그늘졌다. 여름이나 비가 올 때는 지붕이 있어 좋을 텐데, 겨울에는 그늘이라 서늘했다. 4분 정도 오르니 '강화제적봉평화전망대' 건물이 나왔다. 전망대 옆에는 '망배단'과 '그리운 금강산 노래비'가 있다. 망배단은 북한에 고향을 둔 이산가족이 북한 땅을 바라보며 제를 올리는 곳이다. 고향을 눈앞에 두고도 갈 수 없다니 얼마나 안타까울까.

1층에는 통일염원소와 북한전시관, 평화전망대스토어(매점)이 있고, 2층에는 전시관과 전망대, 3층에는 북한땅 조망실과 옥외전망대가 있다. 전시관에는 '800여 년 간척의 시간으로 만든 강화'라는 주제로 고려 때 간척사업, 조선 후기와 1990년대 간척사업 등이 요약돼 있다. 땅을 지속적으로 넓혀서 지금의 강화 땅이 됐다는 걸 한눈에 알아볼 수 있게 돼 있다.

세월이 지나면 아예 알아볼 수 없을 수도

통일염원소 앞에서는 잠시 숨이 턱 막히고 먹먹해졌다. 통일을 염원하는 수많은 사람의 소망이 적힌 종이가 가득 걸려 있었기 때문이다. 한 장 한 장 읽으면서 사람들이 얼마나 통일을 바라는지 대번에 알 수 있었다. 북한전시관에는 북한의 의복, 먹거리, 즐길거리 등 북한 주민의 생활 모습을 알 수 있는 전시물이 소개돼 있었다.

'서울말과 북한어 그 사이'라는 곳에서는 사람들이 오래 머물렀다. 특히 학생들은 설명을 꼼꼼히 읽었다. '남북한은 같은 역사와 문화 및 언어를 공유하며 하나의 국가를 이루고 살아왔던 같은 민족입니다. 그러나 분단의 긴 세월로 언어의 차이가 생겼습니다. 평양말을 중심으로 한 노동계급과 생활 감정에 맞도록 규범화한 공용어인 문화어, 한자어와 외래어 가운데 고유어로 토착화되지 않은 말인 다듬은말로 구분됩니다. 같은 의미를 가지지만 다른 언어로 불리는 남북한의 언어를 비교해 봅시다.' 관람객들은 이곳에 머물러 같은 말을 남한과 북한이 어떻게 쓰는지 비교하면서 차이를 확인했다. 필자도 그들 틈에 끼어 단어를 비교했다. 비슷한 말도 있고 완전히 다른 말도 있었다. 세월이 더 지나면 아예 알아볼 수 없을지도 모르겠단 생각이 들었다.

통일을 염원하는 사람들 통일을 염원하는 사람의 소망이 적힌 종이가 가득 걸려 있는 곳이다. 한 장 한 장 읽어내려가면 사람들이 얼마나 통일을 바라는지 대번에 알 수 있다.

"북한이 이렇게 가깝다니, 생각지도 못했어."

북한땅 조망실에서는 해설하는 분이 마이크를 잡고 눈앞에 보이는 북한땅에 대해 설명하고 있었다. 필자가 이곳에 들어섰을 때는 세 가족이 열심히 듣고 있었다. 특히 어린이와 청소년들이 있었는데 그들은 꼼짝하지 않고 설명을 열심히 들었다. 해설사의 설명이 끝나자마자 사람들은 500원짜리 동전을 넣고 망원경으로 북한 땅을 살펴봤다. 중학생으로 보이는 학생이 신기하다는 듯이 중얼거렸다. "북한이 이렇게 가깝다니. 정말 놀랍다. 한번도 생각하지 못했어." 학생은 자기가 서 있는 평화전망대에서 2.3km 앞에 북한땅이 있다는 사실이 믿기지 않는 모양이었다.

주차장에는 새로 지은 건물이 있었다. 남북 1.8평화센터. 문앞에는 '개관준비 중'이라고 써 있었다. 1층에는 전시실과 카페테리아, 2층에는 북한음식을 맛볼 수 있는 식당, 옥상에는 북한을 육안으로 조망할 수 있는 쉼터가 조성된다는데 봄이 되면 또다시 찾아와야겠다.

한강과 임진강과 예성강이 만나는 조강(할아버지 강)에는 유빙이 둥둥 떠다니고 있었다. 필자가 찾았을 때는 밀물 때라 바다 쪽에서 물이 들어오고 있었고 유빙도 물결 따라 흐르고 있었다. 주차장에서 한참 동안 흘러가는 유빙을 바라봤다.

31

강화역사박물관
강화 역사를 한눈에 알아볼 수 있는 곳

'박물관'이라는 말처럼 설레게 하는 말이 또 있을까. 무엇보다 발과 눈이 먼저 설렌다. 박물관에 가서 온종일 돌아다니면 시간이 빨리도 지나간다. 전시실마다 시대별로 잘 정리된 역사의 축소판은 봐도 봐도 끝이 없고, 볼 때마다 새롭고 흥미진진하기 때문이다.

비록 가끔이지만, 지방을 여행할 일이 생기면 박물관을 꼭 들른다. 그 지방의 역사를 한눈에 알 수 있기 때문이다. 아는 만큼 보인다고, 하나둘 아는 게 늘어날수록 발품 팔 일도 늘어난다.

당연히 강화에 이사 와서도 박물관에 대해 관심이 컸다.

하지만 박물관을 한번 둘러보고는 크게 실망했다. 애걔걔, '지붕 없는 박물관'이라면서 역사와 문화를 자랑하는 곳에 있는 박물관이 이렇게 작나. 그래서였는지 한두 번 가다 말았다. 물론 강화에 터전을 잡으면서 할 일이 많기도 해 그리 자주 가지 못했다.

시간이 지나면서 박물관에 대해 갈증이 생겼다. 그리 바쁜 것도 아닌데 박물관이 많은 도시에 한 번 나가기가 무척 힘들었다. 차를 몰고 나가는 일도, 대중교통을 이용하는 일도 다 버거웠다. 길에 쏟아붓는 시간이 너무 길었다. 그러다 보니, 다시 강화에 있는 박물관으로 관심을 돌렸다. 다시 가 봐야지, 꼼꼼히 살펴봐야지, 이런 마음으로.

박물관은 주로 평일에 가지만, 갈 때마다 거의 사람이 없었다. 전시실을 걸으면서 이렇게 사람이 없다니, 그동안 홀대해서는 아니었을까, 이제부터라도 자주 들러야겠구나 싶었다.

강화역사박물관은 강화의 역사를 한눈에 볼 수 있는 곳이다. 강화의 역사를 알고 싶다면 박물관부터 가 보면 어떨까. 물론 처음부터 가지 않아도 되고. 강화에 관심이 생겼다면 오가는 길에 박물관을 둘러보면 그때그때 적합하게 들어오는 내용이 있다. 차근차근 강화를 알아가는 법, 강화역사박물관에 가면 해결된다.

강화역사박물관 세계문화유산인 강화 고인돌이 있는 공원에 위치한 강화역사박물관은 강화의 문화유산을 조사, 연구, 전시하는 다양한 역할을 한다. 선사시대부터 청동기, 고려, 조선, 근현대에 이르기까지 선조들이 남긴 문화유산을 통해 강화가 오랜 역사의 숨결을 간직하는 곳임을 한눈에 읽어내릴 수 있다.

선두포축언시말비와 강화동종부터

강화군 하점면 강화대로 994-19. 강화역사박물관 1층에 들어서면 넓은 로비 왼쪽에는 선두포축언시말비와 강화동종이 손님을 맞는다. 선두포축언시말비는 1706년(숙종 32) 강화유수 민진원이 왕명을 받아 선두포 제방공사를 완료하고 공사 과정을 기록해 이듬해에 세운 것으로, 화도면 사기리 선두포 둑 초입에 있던 것을 2010년에 박물관으로 옮겨왔다. 비문에는 축언 과정과 결과, 참여한 사람들의 명단이 새겨져 있어 조선 후기 축언의 구체적인 과정 및 수리와 개간의 범위를 확인할 수 있는 귀중한 금석문이다.

강화동종은 조선후기에 제작됐고 보물 제 11-8호로 지정
돼 있다. 높이 176cm, 입지름 145cm.. 강화산성 성문을 열
고 닫을 때 쳤던 종으로 강화산성 남문에 걸려 있던 종이다.
1688년(숙종 14)에 강화유수 윤지완이 처음 만들었는데 금
이 가서 소리가 고르지 못해 강화유수 민진원이 1711년(숙종
37)에 깨진 종을 녹이고 재료를 더해 정족산성에서 다시 만들
었다.

강화동종 동종 명문에는 '옛 종은 사인비
구가 만들고 다시 만들 때는 조신이 만들었
다'는 문구가 있다. 조선 숙종 때 경기도와
경상도에서 활동한 사인비구는 8개의 동
종을 제작했는데 모두 보물 11호로 지정됐
고, 강화동종도 그중 하나다.

동종 명문에는 '옛 종은 사
인비구가 만들고 다시 만들
때는 조신이 만들었다'고 새
겨져 있다. 조선 숙종 때 경기
도와 경상도 지역에서 활동
한 사인비구는 8개의 동종을
제작했는데 모두 보물 11호
로 지정됐고, 강화동종은 그
중 하나다. 강화동종 꼭대기
에는 두 마리 용이 얼굴을 좌
우로 향하여 몸이 서로 얽히
어 종을 매달기 위한 고리 역

할을 하고 있으며, 전통적인 고려시대 종의 양식이 퇴화하고 조선시대 종의 새로운 특징이 잘 나타나 있다. 1866년(고종 3) 병인양요 때 침입한 프랑스군이 강화동종을 약탈해 가려고 하였으나 무거워서 배에 싣지 못해 갑곶리 토끼다리 근처에 놓고 돌아갔다고 한다.

동종 옆으로는 강화가 침략당한 때의 사진이 전시돼 있다. 손돌목돈대 외부, 용두돈대 원경 등등. 광성보를 다녀온 사람이라면 이곳이 더 와 닿을 테고, 박물관에서 사진을 먼저 보고 광성보를 간다면 사진에서 본 처절함이 더 깊이 새겨질 것이다.

강화 청동기시대 유적은 멋지고 다양해

구석기 유적이 있는 곳에 가면 학교에서 배운 이름이 낯익다. 강화에서 구석기 유적이 발견된 사례는 없었으나 유적발굴조사 과정 중에서 구석기시대 층위가 확인되었다. 또한 인화-강화 도로구간 유적에서는 몸돌, 찍개, 주먹찌르개, 여러면석기 등 다양한 석기가 지표에서 다수 수습돼 당시 사람들이 생활한 흔적을 찾을 수 있다.

강화의 신석기시대 유적은 주문도, 석모도, 우도, 동막리, 덕성리 등지의 해안가를 중심으로 분포한다. 불은면 덕성리 유적 조사과정에서는 신석기시대 노지(불땐자리)의 흔적과 조개무지가 확인됐으며, 서도면 우도에서는 볍씨 자국이 선명하게 찍힌 토기가 출토되었다. 이를 통해 당시 사람들은 바닷가에서 생활하면서 해산물을 먹으며, 초기 농경생활을 시작하였다는 점을 알 수 있다.

청동기시대 마을은 주로 낮은 구릉, 평지, 산지에 입지하고 있다. 마을은 일정한 열을 이루며 배치된 주거지를 중심으로 무덤, 농경지뿐만 아니라 의례나 저장 곳간 등이 한 공간에 어우러져 있다. 마을을 둘러싸고는 나무 울타리인 목책을 일렬로 세우고 방어시설인 환호를 설치해 외부의 침입에서 마을을 지켰다.

강화는 고인돌에 비해 현재까지 조사된 주거지 유적 수는 적은 편이다. 지금까지 조사된 청동기시대 주거 유적은 강화 북쪽 지역에 위치하고 있다. 주변 부근리, 삼거리 고인돌과 일일생활권 내에 위치하며, 한강 하류와의 접근성이 가깝다. 신봉리, 장정리 유적은 봉천산의 완만한 구릉에 입지하며 강화 부근리 고인돌과는 직격 약 1.5km 거리에 있다. 인화─강화 도로구간 유적은 고려산 구릉 하단부에 위치하며 대산리 고인돌과는 약 2km 거리로 인정해 있다.

강화의 청동기시대 고인돌 유적은 멋지고 다양하다. 삼거리 고인돌군, 오상리 고인돌군, 부근리 고인돌 등이 대표적이다. 고인돌은 고려산과 별립산을 중심으로 군집해 분포한다. 강화 삼거리에서는 1966년 5기의 고인돌과 1기의 주거지를 발굴 조사했다. 대동강 유역의 영향을 받은 팽이모양토기가 출토된 점을 통해 청동기시대 때 강화가 한반도 서북부 지역의 영향을 받았음을 알 수 있다. 오상리 고인돌 유적은 막힘돌이 있다. 2000년에 원형으로 모여 있는 고인돌을 발굴해 11기의 고인돌을 복원하였다. 고인돌 내에는 화살촉이 다수 출토됐으며 이외에도 민무늬토기 편, 반월형 석도가 출토됐다.

자연사박물관도 둘러볼 수 있어

유네스코는 인류 보편적 가치를 지닌 자연유산 및 문화유산들을 발굴 및 보호, 보존하고자 1972년 세계 문화 및 자연 유산 보호 협약(세계유산 협약)을 채택했다. 세계유산은 문화유산, 자연유산, 복합유산을 구분된다. 강화의 고인돌은 전북 고창, 전남 화순의 고인돌과 함께 문화유산으로 보편적 가치를 인정받아 2000년도에 세계유산으로 등재됐다.

강화는 고인돌의 나라라고 일컬어도 손색이 없다. 강화는 산과 물이 풍부한 곳이며, 고인돌을 만들기 좋은 편마암이 풍부해 고려산과 별립산을 중심으로 고인돌 160여 기가 분포하고 있다. 강화는 고조선의 대표적 특징이자 한반도 북쪽을 중심으로 확인되는 탁자식 고인돌(북방식 고인돌)이 다수 분포한다. 유네스코에 등재된 강화 고인돌은 교산리 고인돌군, 부근리 고인돌군, 삼거리 고인돌군, 고천리 고인돌군, 오상리 고인돌군. 고인돌 형식은 탁자식, 개석식이다.

세계유산인 강화 고인돌이 있는 공원에 위치한 강화역사박물관은 강화의 문화유산을 조사, 연구, 전시하는 다양한 역할을 하고 있다. 선사시대부터 청동기, 고려, 조선, 근현대시대까지 선조들이 남긴 문화유산을 통해 오랜 역사의 숨결을 간직하고 있다.

강화역사박물관은 시대별로 강화 역사가 따로 설명돼 있다. 그러니 강화를 제대로 알려면 박물관은 꼭 들러야 한다. 박물관부터 들르고 강화 곳곳을 다니든, 강화 여러 곳을 다니다가 박물관을 들르든, 아니면 강화를 둘러보면서 오가는 길에 박물관을 들르든, 그 어떤 방법이어도 강화를 이해하는 데 도움이 될 것이다.

32

강화자연사박물관
강화는 갯벌을 비롯해 천혜의 보고

자연사박물관에 가면 겸손해진다. 인간의 역사 이전의 시대
가 있었음을 알 수 있는 데다 과학적 지식뿐만 아니라 자연을
대하는 겸손한 자세도 배울 수 있다. 자연사박물관에 전시된
모든 것은 생명이 없다. 하지만 전시물 하나하나 학예사들의
정성과 관심이 들어가 곧 깨어날 것만 같다. 게다가 보는 이의
상상력이 더해지면 화석은 생명체로 변신할 것만 같다.

자연사박물관은 아주 오래전 이 땅을 지배한 공룡과 생명
진화의 비밀을 풀어줄 화석, 지구 탄생의 과정, 희귀한 동식
물 앞에서는 호기심이 인다. 말로만 듣던 생명체가 이렇게 생
겼구나, 문득 호기심이 인다. 자연사박물관은 말 그대로 자연

의 역사를 기록한 곳이다.

강화자연사박물관은 다양한 표본을 체계적으로 수집·보존·조사·연구하고 관람객이 즐길 수 있는 풍성한 전시·교육·문화행사 등을 개최한다. 또한 언제나 재미있고 생동감 있는 관람거리를 제공한다. 다양하고 희귀한 화석, 광물, 식물, 곤충, 등 실물표본들을 직접 관람할 수 있으며, 영상·디오라마 등 최신 전시기법을 활용해 자연생태계를 직접 보고 관찰할 수 있도록 전시했다.

박물관을 들어서자마자 1층 로비 한편에는 향유고래(고래

강화자연사박물관 박물관에 들어가면 다양하고 희귀한 화석, 광물, 식물, 곤충 등 실물표본을 직접 관람할 수 있으며, 영상·디오라마 등 최신 전시기법을 활용해 자연생태계를 직접 보고 관찰할 수 있도록 전시했다. 《강화도의 나무와 풀(박찬숙, 강복희 지음)》이 특별 전시돼 있어 강화에서 나는 나무와 풀을 한눈에 볼 수 있다.

목 향유고래과)가 전시돼 있다. 전체 길이 14.5m. 2009년 1월 강화군 서도면 볼음도에서 좌초된 고래를 강화군에서 확보했다. 향유고래는 몸체와 머리가 매우 육중하고, 검은 청회색이나 갈색이다. 전세계의 온대 및 열대바다에 서식하며 대체로 무리지어 생활한다. 향고래에서 얻을 수 있는 경랍과 용연향의 상업적 가치로 오랫동안 사냥의 대상이 돼 멸종 직전까지 갔으나 1985년 포획을 전면 금지하면서 멸종위기에서 벗어났다. 어쨌든 박물관 입구부터 관람객의 시선을 사로잡는다.

그 옆에는 기증·기탁실. '우리와 함께 사는 곤충'이라고 쓰여 있고 '곤충표본 기증자' 박제원 선생의 동상이 있다. 강화 출신인 고 박제원(1965~2005) 선생이 기증한 다양한 곤충표본이 있다. 얼마 전에 강화나들길 이사장인 강복희 선생님의 '강화도의 나무와 풀' 전시를 보러 갔다가 안 사실이다. 고 박제원 선생은 예전에 여러 번 봤다. 벌써 20여 년 전의 일이다. 필자의 조카들이 어렸을 때, 일부러 곤충을 보러 강화를 여러 번 왔다. 강화읍 국화리 진고개 위쪽 마을에 있는 곤충박물관에 조카 넷을 데리고 와서 곤충을 구경했다. 눈을 갖다 대면 곤충의 눈처럼 보이는 도구도 사고, 갖가지 곤충이 인쇄된 사진도 샀다. "고모, 곤충 보러 가요!" 조카들의 한마디에 막히는 시간에도 여러 번 오간 곤충박물관. 그때 조카들에게 친절

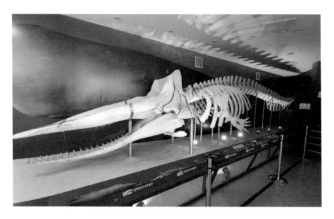

볼음도에서 잡힌 향유고래 박물관 1층 로비 한편에는 향유고래(고래목 향유고래과)가 전시돼 있다. 전체 길이 14.5m. 2009년 강화군 서도면 볼음도에서 좌초된 고래를 강화군에서 확보했다. 향유고래는 몸체와 머리가 매우 육중하고 검은 청회색이나 갈색이다.

고 박제원 선생이 기증한 곤충표본 박물관 입구에 기증·기탁실이 있다. '우리와 함께 사는 곤충'이라고 쓰여진 코너에 '곤충표본 기증자' 박제원 선생 동상이 있다. 고 박제원(1965~2005) 선생은 강화 출신으로 선생이 생전에 수집한 다양한 곤충표본이 기증돼 있다.

하게 설명해 주었던 분이 박제원 선생이었다.

최근에 자연사박물관에 갔다가 선생의 동상을 봤고, 선생의 유언으로 부친이 자연사박물관에 기증된 사실을 알았다. 그렇구나, 젊은 나이에 세상을 떠났구나. 박제된 곤충들을 둘러보며 만감이 교차했다.

자연사박물관 1층은 태양계의 탄생, 다양한 생물로 가득한 지구, 환경에 적응하는 생물, 인류의 진화에 대해 전시했고, 2층은 생태계와 먹이그물, 종과 집단을 유지하는 번식, 위장과 모방, 강화갯벌, 생물의 이동 등에 대해 전시했다.

'강화갯벌' 앞에서는 발걸음이 더 느려진다. 강화갯벌은 세계 5대 갯벌로 꼽히며, 우리나라 전체 갯벌 면적의 17%를 차지한다. 유기물이 풍부하고 해수의 유동으로 산소가 잘 공급되기 때문에 생물상이 다양해서 많은 철새가 이곳을 찾는다.

강화갯벌은 조수간만의 차가 매우 커서 수십 km의 갯벌이 형성된 곳이다. 이곳은 세계 5대 갯벌 중 하나며, 우리나라 전체 갯벌 면적의 17%를 차지한다. 강화도 갯벌은 유기물이 풍부하고 해수의 유통으로 산소가 잘 공급되기 때문에 생물상이 다양하다. 갯벌에서 사는 생물로는 게, 망둥어, 민달팽이, 참게, 조개, 갯지렁이 등이 있다. 당연히 철새들이 많이 몰려든다.

강화도에 찾아오는 철새는 저어새, 알락꼬리마도요, 검은 머리물떼새, 풍대백로, 괭이갈매기, 왜가리 등이 있다. 강화 갯벌에서 볼 수 있는 철새 중 가장 희귀한 새인 저어새는 전 세계적으로 2천여 마리 남은 멸종위기종이며, 우리나라의 천연기념물로 지정돼 있다. 저어새라는 이름은 물을 휘저어서 먹이 사냥을 하는 습성에서 지어졌다.

강화자연사박물관에 가서 강화지역에 대해 써둔 곳을 집중해 보면 재미있다. 강화땅에서 보는 강화의 자연사가 아주 생생하게 다가오기 때문이다. 자연사박물관은 보는 이가 시시각각 상상력을 작동하면서 보면 더 재미있다.

33

해태가 사는 집
해태는 시시비비를 가리는 상상 속 동물

강화에 박물관이 하나 더 생겼다. '해태가 사는 집', 또 다른 이름 '해태박물관'이다. 해태는 우리에게 아주 낯익은 상상 속의 짐승이다. 이야기 속에 등장하거나 지리적으로 경계를 나누는 곳에 점잖게 앉아 있거나, 또 과자회사 이름으로 많이 들어서인지 친근하다. 강화군 하점면 신봉리에 '해태가 사는 집'이 문을 열었다.

해태는 시비를 가리는 동물이다. 한자로 해치라고도 하는 해태는 중국 문헌인 『이물지(異物志)』에 동북 변방에 있는 짐승이며 뿔 한 개를 가지고 있다고 나온다. 해태는 사람들이 싸우는 것을 보면 바르지 못한 사람을 뿔로 받고, 사람이 다투는 것을 들으면 옳지 않은 사람을 뿔로 받는다. 그만큼 시시비비를 가리는 정의로운 동물로 알려져 있다.

부근리 고인돌도 아주 가까워

박물관 문을 연 사람은 황진 작가다. 조각가이자 사진작가로 활동하는 그는 한국과 미국에서 조각과 사진을 오랫동안 공부했다. 어려서부터 서울에서 쭈욱 살았지만 어느새 강화사람이 됐다. '지붕 없는 박물관'이라고 불리는 강화에서 해태박물관을 열어 무척 기쁘고 즐겁다. 황 작가는 사람들이 박물관을 좋아하고 또 좋은 사람들끼리 삼삼오오 찾아와 좋은 추억을 만들 공간을 만들었다는 사실만으로도 힘이 난다.

해태가 사는 집 해태는 시비를 가리는 동물이다. 사람들이 싸우는 것을 보면 바르지 못한 사람을 뿔로 받고, 사람이 다투는 것을 들으면 옳지 않은 사람을 뿔로 받는다. 그만큼 시시비비를 가리는 정의로운 동물로 알려져 있다.

‘해태가 사는 집’은 세계문화유산으로 등재된 부근리 고인돌이 있는 강화역사박물관에서 차로 5분 거리에 있다. 강화대교에서 교동 쪽으로 새로 뚫린 도로 종점에서 가까운 것도 장점이다. 특히 박물관 어디서나 고려산 길다란 산줄기와 너른 평야가 한눈에 들어와 눈이 시원하다.

황 작가가 강화를 좋아하고, 강화로 박물관을 연 사실은 참으로 시적이다. 몇 년 전 어느 날, 그는 광화문에 있는 어느 카페에 놓인 함민복 시인의 시집 『말랑말랑한 힘(문학세계사)』을 읽게 됐다. 그때 서쪽바다와 갯벌에 대해 다시금 생각하게 됐고, 그뒤로 만나는 사람들과 강화섬 이야기를 자연스럽게 나누었다. 그동안 강화는 서울과 가까워 사람들이 주말에 많이 간다는 정도로 알았지만, 시인의 시를 통해 강화를 다시 보게 됐다. 한마디로 시인이 사는 섬이 참으로 친절하고 상냥하게 다가왔다. 시인이 산다니까, 시가 와 닿으니까 강화가 더 낭만적이고 더없이 부드럽고 포근했다.

그 뒤로 틈만 나면 강화로 향했다. 처음에는 드라이브 겸 나들이 삼아 찾았지만, 시간이 갈수록 말 그대로 힐링이 거저 됐다. 무엇보다 강화땅을 밟으면 마음이 편했다. 서울에서 출발해 강화대교를 건너 동막을 거쳐 초지대교로 나가기를 수없이 되풀이했다. 강화섬 내륙을 지나 해안도로로, 해안도로를 지나 내륙으로 달리면서 강화의 풍광을 온몸과 마음으로 실컷 즐기고 받아들였다. 그러면서 가랑비에 옷 젖듯 점점 강화에 점점 정이 생기고 어느 틈엔가 깊이 빠져들었다.

언젠가는 강화에 터전을 마련해 20년 동안 수집한 해태를 비롯한 돌짐승을 살게 하고 싶었다. 전시할 공간에 대해 욕심이 나기 시작했다. 마음이 점점 강해지니 그 기회는 생각보다 빨리 찾아왔다. 지금 해태박물관이 세워진 터에 매물로 초가집이 나왔다는 소식을 접했다. 물론 망설이지 않고 구입했다. 그리고 그 집을 중심으로 박물관을 앉힐 땅을 조금씩 넓힐 수 있었다. 땅을 사고 집을 사는 일이 만만찮은 일이건만 신기하게도 일을 벌이는 데 운도 따랐다.

그 밖에 서울에서 이런저런 일을 겪으면서 계획보다 일찍 강화행을 서두르게 되었다. 그러다 보니 저절로 박물관 준비를 하게 됐고, 마치 오래전에 계획한 것처럼 차근차근 일이 진행됐다. 이렇게 몇 년을 보낸 황 작가는 최근 몇 년 상황이 '해태가 사는 집'을 꼭 열어야 할 필연이었다는 생각이 들었다. "일이 되려면 이렇게 되는구나 싶었죠. 지난 몇 년을 되돌려 보니 그게 다 필연이었어요. 박물관을 열게끔 신이 계획을 세우고 도와주는 것이라는 생각이 들었습니다." 그의 말대로라면 해태박물관이 강화에 생긴 건 필연이다.

'이야기가 있는, 시가 있는' 돌조각에 초점 맞춰

황 작가는 오래전부터 돌을 모았다. 서울 집이 인사동과 가까워서 늘 발품을 팔면서 수집에 촉각을 세우기도 했거니와, 무엇보다 대학 다닐 때 전공이 조각이다 보니 자연스럽게 돌조각에 관심이 있었다. 돌을 보면 괜스레 마음이 편하고 욕심이 생겼다. 주머니에 돈이 생기면 다른 일을 제쳐두고 돌짐승을 사들였다. 누구나 좋아하는 일을 할 때는 그만큼 다른 일을 희생하게 마련이었지만 다행히 경제 사정이 나쁘지 않아 버틸 만했다. 때마침 우리나라가 중국과 교류하면서 수집을 구체적으로 실천에 옮길 수 있었다.

처음부터 해태를 사 모은 건 아니었다. 처음에는 도자기, 가구, 돌 등 관심이 가는 대로 모았다. 특히 돌을 모을 수 있어서 참으로 행복했는데, 이 또한 기가 막힌 행운이었다. 전공이 조각이라서인지 돌이 먼저 눈에 띈 것도 좋았다. 크고 작은 돌덩이로 조각한 해태를 모으면서 '이야기가 있는, 시적인' 조형물에 초점을 맞췄다. 그냥 돌이 아니라 이야기가 있고, 시가 있어야 마음이 움직였다. 그렇게 20년 동안 한결같이 해태, 받침대, 물확 등을 모았다.

'이야기가 있는, 시적인' 조형물은 어떻게 가늠할 수 있을까. 황 작가는 오랫동안 돌을 고르면서 나름대로 기준을 정했다. "기존의 틀에 박히고 비슷한 것보다는 되도록 이 세상에 하나만 있는 것, 작가의 기질이 고스란히 들어 있는 조형물을 좋아합니다. 자연스러운 걸 가장 중요하게 생각했어요. 해태도 표정이 다 다른데, 특히 인상 쓰지 않고 밝은 표정으로 웃는 해태를 좋아합니다." 그는 이 세상의 모든 작품에는 희로애락이 들어 있다고 생각한다. 그래서 이왕이면 마음이 밝아지는 조각을 좋아한다고 스스로 진단했다.

황 작가의 조각가라는 직업도 돌조각을 고르는 데 한몫했다. "조각 작품은 작가의 생각과 사고방식, 역량에 따라 만들어집니다. 그 모든 것을 제대로 표현할 수 있어야 진짜 조각가죠. 심플하면서도 재치와 해학이 있는 해태를 좋아합니다. 무엇보다 작가의 기질이 들어간 작품이 좋아요. 너무 큰 것보다는 사람이 다룰 수 있는 크기가 좋죠. 개인이 만들 수 있는 것, 해태가 하나둘 모이면서 더 풍성한 이야기가 되고, 사람의 마음을 도닥이는 시가 되면 좋잖아요. 돌이 모여 웅성거리는 이야기는 사람 사는 이야기와 다르지 않습니다."

나무와 풀과 함께할 때

'해태가 사는 집'을 준비할 때 황 작가가 중요하게 생각한 게 있다. 다름 아닌 자연과의 조화, 자연스러움과 자유로움이다.

돌조각이 돌조각끼리 있는 것이 아니라 나무와 풀과 돌조각이 어우러진 박물관을 만드는 데 힘을 모은다. 그런 까닭에 나무와 풀을 박물관 곳곳에 심었다. 어떤 나무와 풀을 어디에 심어야 돌조각이 자연스러울지, 돌조각이 나무와 풀과 어우러져야 더 살아날지를 늘 고민했다. "해태상은 자연과 교감할 때 더 아름답습니다. 비와 눈을 맞고 나무와 풀이 함께할 때, 바람이 불 때, 맑은 날과 흐린 날 그때그때 자연의 우연성이 탄생하고 자연성과 자유로움이 더해집니다. 해태가 사는 집은 자연과 함께 어우러질 때 품격이 살아나죠."

황 작가가 생각하는 해태는 어떤 동물일까. "해태를 모으다 보니 이야기의 힌트가 보이더군요. 전기가 나오기 전, 그러니까 200년 전쯤 집에서 기르는 개는 호랑이 소리만 들어도 기절했죠. 그때 개 주인은 개 목에 방울을 달아 주어 호랑이로부터 보호했어요. 그러다 모든 동물의 목덜미에 방울을 달게 되고 짐승들은 살아남게 됐죠. 방울을 달아 주면 방목도 가능했죠. 방울이 울리면 부르든가 데려오면 됐으니까요. 그러면서 사람들은 방울이 행운을 가져다준다고 믿었구요. 해태 목에 있는 방울도 그런 맥락일 것 같아요. 돌은 시간 속에서 다른 것보다 오래가고, 무심하게 자연이랑 교감합니다. 인간들의 삶 속에 자연스럽게 어우러져 있는 돌짐승, 해태가 들려주

해태가 나무와 풀과 함께할 때 '해태가 사는 집'을 준비할 때 황진 작가는 자연과의 조화, 자연스러움과 자유로움을 중요하게 생각했다. 돌조각이 돌조각끼리 있는 것이 아니라 나무와 풀과 돌조각이 어우러진 박물관을 만드는 데 힘을 모았다. 그런 까닭에 나무와 풀이 박물관 곳곳에 심겨져 해태와 잘 어우러져 있었다.

는 이야기는 참 많아요."

'해태가 사는 집'은 하점면 부근리 고인돌에서 아주 가깝다. 고인돌 탐방에 나섰다면 곳곳에 흩어져 있는 고인돌과 함께 '해태가 사는 집'도 들러보면 또 다른 재미를 볼 수 있다. 해태를 비롯한 돌조각들이 어떤 수다를 떨면서 웅성거리는지 기웃거리고, 또 해태들이 수런거리는 수다에도 한자리 끼면 어떨까.

34

광성보
신미양요 때 가장 치열했던 격전지

강화군 불은면 해안동로 366번길 27. 광성보는 강화 해안에 설치된 12진보 가운데 하나다. 해안 가운데서도 강화해협을 낀 바닷가이며, 강화해협은 염하수로라고도 불리는데 강화와 김포 사이의 좁은 바닷길을 말한다. 광성보는 1658년에 설치 됐고, 화도돈대 오두돈대 광성돈대를 관할한다. 광성보를 가면 강화에 있는 54개 돈대 가운데 세 군데나 한꺼번에 볼 수 있는 곳이다.

광성보 성문인 '안해루(按海樓)'를 들어가면 염하수로가 흐르는 걸 볼 수 있다. 그 물길의 흐름을 보면 물때를 알 수 있다. 밀물인지 썰물인지. 주차장에 차를 대고 활짝 열린 안해루 문으로 들어갈 때면 어김없이 새들의 지저귐을 만난다. 새 소리와 함께 마치 역사 속으로 한 발을 내딛는 것과 같다. 역사를 고스란히 품고 있는 문화재가 다 그렇듯이, 역사 속으로 성큼 들어가는 판타지 세상으로 들어가는 것이다.

안해루 앞에 서면 어디로 갈까 잠시 망설이게 된다. 동쪽에 있는 광성돈대부터 갈까, 안해루를 들어가 물가를 따라 걸을까, 아니면 물이 흐르는 소리를 들으면서 소나무 숲길을 갈까 하고 말이다. 어느 길로 가든 그 길은 신미양요 때 가장 전투가 치열했던 흔적을 찾아서 가는 길이다. 150여 년 전으로 들어가는 길이다.

순식간에 역사의 현장으로

소나무 숲길을 걸으면 나무 향기를 맡으면서 물의 기운을 고스란히 느낄 수 있다. 귀 기울이지 않아도 들리는 물 흐르는 소리, 온갖 새들의 지저귐도 들을 수 있다. 필자는 여러 번 광성보를 찾았지만 이른 봄이 가장 인상적이었다. 그때는 유난히 딱따구리 소리가 많이 들렸고, 딱따구리가 나무를 쪼는 소리가 숲 사이로 유난히 크게 들렸다. 그 소리를 들으면서 왠지 판타지 세상으로 성큼 들어가는 듯했다.

또르르르 또르르르 딱따구리가 나무를 쪼듯이, 현대인의

생각을 두드리듯 지나쳐간 과거의 시간 즉 역사의 현장으로 안내하는 듯했다. 그리 오래되지 않은 우리나라 역사의 현장으로 불러들인 듯하다. 조금 걷다 보면 쌍충비와 신미양요순국무명용사비를 만난다. 쌍충비각은 광성보전투에서 목숨을 바치고 싸운 중군 어재연을 비롯한 60명의 순절비를 모신 곳이다. 신미양요순국무명용사비는 1871년 4월 23일 미 해군과의 싸움에서 장렬하게 전사한 용사들의 무덤이다.

광성보에 가면 다른 지역에서 온 듯한 사람들을 많이 볼 수 있다. 그들은 안내책자를 들고 여기저기를 확인하며 걷는데 그 자세가 사뭇 진지하다. 역사를 공부하러 나선 사람들을 만날 때가 많다. 필자가 광성보에 도착할 때는 대개 문 여는 시간인 오전 아홉시에 맞춰 가는데 그때마다 차량이 몇 대가 도착해 있다. 강화섬 밖에 사는 사람들이 역사 공부를 하러 부지런히 움직이는 모습을 볼 수 있다.

필자도 그랬다. 강화섬에 살기 전에 강화도를 갈 일이 있으면 일찌감치 출발했는데, 그건 오가는 길이 막혀서였다. 필자가 광성보를 처음 찾았던 때는 30여 년 전이었다. 선배네 가족과 즉흥적으로 나들이를 했는데, 그때만 해도 강화가 국방유적지라는 것 정도만 알고 있을 때였다. 광성보도 돈대도 머리 속에서 그저 외적의 침입을 막기 위한 곳이구나 하는 정도였다. 그때 다녀온 광성보는 용두돈대로 이어지는 길만 낯설고 이색적인 장면으로 오랫동안 남아 있었다. 더운 날, 용두돈대로 이어지는 66m의 길이 인상적이었다.

용두돈대는 54개 돈대 가운데 마지막으로 합류한 돈대로서, 돈대 한가운데에는 '강화전적지정화기념비'와 비문이 있다. 어떤 이는 해 질 무렵에 용두돈대를 꼭 들러야 한다고 하는데, 이는 그만큼 해가 지는 광경이 멋지기 때문이다.

광성보를 어른 보통 걸음으로 천천히 둘러보면 한 시간 남짓 걸린다. 비록 한 시간을 역사 안으로 서성댔다가 나오지만 광성보에 도착했을 때와 나올 때 마음은 사뭇 다르다. 한적한 소나무 숲길을 걸어서 들어갈 때와 나올 때 마음이 완연히 다른데, 그건 아마 역사의 현장을 살펴봤기 때문일 것이다.

광성돈대, 손돌목돈대, 용두돈대를 둘러보고 광성포대를 보고 나면 150여 년 전의 치열한 싸움의 현장을 눈으로 봤기 때문이다. 그때나 지금이나 변함없이 흐르는 물소리에 그때의 함성에 스며든 듯하다. 한양으로 향하는 길목인 이 염하수로에서 치열한 전투가 일어났고, 그때 목숨을 바쳐 나라를 구하려는 사람이 없었다면 우리는 이 호젓한 길을 시적시적 걸을 수 있었을까. 새삼 할 말이 없어지는 순간이다.

광성보 한 시간 남짓 광성보를 돌고 나오는 길은 들어갈 때와 사뭇 다르다. 돈대마다 얽힌 이야기를 살피고 난 뒤라 더욱더 그렇다. 한적한 소나무 숲길을 걸으면서 자연스럽게 역사의 현장을 떠올리기 때문이다.

외세의 침략에 목숨을 바쳐 싸운 곳

이처럼 역사적 사실을 알고 나서 광성보를 찾을 때면 저절로 비장해진다. 광성보는 1871년 신미양요 때 가장 치열했던 격전지다. 이 전투에서 조선군은 어재연 장군과 그의 아우, 수많은 조선군이 용감하게 싸우다가 무기의 열세로 전사했다. 어재연 장군은 충북 진천이 고향이건만, 멀리 강화에서 조국을 위해 목숨을 바쳐 싸웠다. 1871년에 미군의 침략을 받아 진무중군이 되었는데, 어재연은 백

였다. 강화 출신 이건창은 어재연을

르는 곳마다 공적을 남겼다"고 했다

1일에 진무영 중군으로 임명받고, 이틀 뒤에 600여 명의 병력으로 광성보에 도착했다. 광성보를 들어가는 입구, 로터리에는 어재연 장군의 동상이 서 있다.

광성보의 정문인 안해루를 왼쪽으로 두고 소나무숲을 따라 걸으면 그 끝에 손돌목돈대가 있다. 손돌목돈대는 광성보에서 가장 높은 지대에 있고, 신미양요 때 가장 치열했던 격전지다. 1871년 4월, 미국 로저스가 통상을 요구하면서 아세아 함대를 이끌고 1,230명의 병력으로 조선을 침략했다. 그들 상륙부대가 초지진 덕진진을 차례대로 점령한 뒤 광성보에 이르렀고, 당시 조선군 지휘관인 어재연 장군과 모든 용사가 용감하게 싸웠다. 용두돈대는 강화 해안에 용머리처럼 삐죽 나온 자연 암반 위에 설치했으며, 병인양요 신미양요 때 치열한 포격전이 있었다. 광성돈대는 1679년(숙종5년)에 축조된 48개 돈대 가운데 하나다. 해안선을 그대로 살려 반달 모양이다. 서쪽 벽은 직선으로, 동쪽 벽은 곡선으로 이루어져 있다. 둘레는 142m다. 주차장에서 안해루 쪽으로 먼저 가고, 거기서 소나무숲으로 방향을 돌리면 자칫 광성돈대를 놓칠 수도 있다.

광성돈대는 당시에 사용한 대포, 소포, 불랑기가 복원돼있다. 광성보 주차장에서 안해루를 들어가기 전에 왼쪽을 바라보면 광성돈대 문이 보인다. 광성돈대는 1679년(숙종 5년)에 축조된 48개 돈대 중 하나다. 해안선을 살려 지었기 때문에 서쪽 벽은 직선, 동쪽 벽은 곡선으로 반달 모양이다. 둘레는 142m다. 어떤 이는 돈대 모양이 다리미판 같다고 하는데 이는 참 적절한 표현이다 싶었다.

손돌 손돌목 손돌바람

용두돈대에서 아래쪽에는 손돌목이 있다. 과연 물의 흐름이 다른 곳보다 빠르다. 손돌이라는 지명은 이곳을 지나던 뱃사공 이름에서 나왔다. 고려 때 몽골의 침입을 피해 이곳에 도착한 왕이 바다를 건널 때 뱃사공 손돌이 노를 저었다. 손돌이

광성돈대 광성돈대에는 전쟁 때 사용한 대포, 소포, 불랑기가 복원돼 있다. 해안선을 살려 지었기 때문에 서쪽 벽은 직선, 동쪽 벽은 곡선으로 반달 모양이다. 어떤 이는 다리미판 같다고도 한다.

배를 급류 쪽으로 몰자 왕은 손돌의 행동을 의심해서 죽이려고 했다. 그때 손돌은 자기가 죽은 뒤 바다에 바가지를 띄워서 그 바가지가 가는 대로 배를 몰면 안전할 거라고 일러주었다. 손돌을 죽이고 나서 그의 말대로 했더니 배가 무사히 건넜다고 한다. 왕은 손돌을 의심한 걸 뉘우치고 손돌의 무덤을 만들어 주고 제사를 지내주었다.

손돌의 무덤은 강화해협 건너편에 있는 김포 덕포진에 있다. 그때가 음력 10월 20일경이고 북서풍이 강하게 불어 겨울이 시작된다. 이 시기에 부는 바람을 손돌바람이라고 한다. 용두돈대에 서서 손돌목을 바라보면서 뱃사공 손돌에 얽힌 이야기가 물과 함께 유유히 흐른다.

미군은 싸움에서 이긴 뒤, 광성보에서 펄럭이던 대형 수자기(帥字旗)를 끌어내려 자기 나라로 가져갔다. 미군이 강화에 상륙한 기간은 사흘이었고, 전투가 끝난 뒤 작약도로 돌아가 조선 정부와 끊임없이 대화하려고 했다. 하지만 조선의 문은 끝내 열리지 않았다. 이 싸움에서 미국은 이긴 것 같았지만 꼭 그런 것만도 아니라는 평가가 많다. 그 까닭은 조선이 전투에서 졌지만, 조선의 병사들이 목숨을 걸고 저항하는 걸 경험했기 때문이었다.

미군은 철수하면서 갖고 간 수자기를 아나폴리스 해군사

손돌 손돌목 손돌바람 용두돈대 아래쪽에는 손돌목이 있다. 과연 물의 흐름이 다른 곳보다 빠르다. 뱃사공 손돌에 얽힌 이야기가 물과 함께 유유히 흐른다.

관학교 박물관에 두었다. 이 수자기는 2007년에 장기대여 형식으로 우리나라로 돌아왔다. 지금은 강화역사박물관에 있고, 전국 유일의 수자기다.

광성보를 시작으로 강화 역사의 현장을 차례로 둘러보는 것도 좋다. 그러면서 강화섬 곳곳에 포진돼 있는 돈대를 살펴보면 강화를 알아가는 데 한 걸음 내딛는 일이 될 것이다.

35

용당돈대
한복판에 상수리나무가 자라는 돈대

오래전부터 강화에 드나들면서 돈대는 여러 군데 가봤다. 분오리돈대, 계룡돈대, 오두돈대를 비롯해 해안도로에 있는 돈대를 자주 갔다. 주말이나 휴일에 다녀가는 방문객으로서의 돈대는 이렇게 늘 길가에 있거나 이름난 돈대였다.

강화에 터를 잡고 살기 시작하면서 '용당돈대'라는 말이 들어왔다. 하루 다니러 갈 때는 눈에 들어오지 않았고 듣지도 못한 곳이었다. 게다가 방문객으로 다닐 때는 분오리돈대가 있는 동막이나 정수사, 동검도 쪽 그러니까 강화 남쪽을 주로 많이 다녔다. 그러면서 시간이 지나면서 교동이나 고려산 쪽으로 방향을 틀었고. 익숙한 곳이 편해서인가, 가 본 곳만 여러 번 갔다. 그러니 해안도로 길가에 있는 용당돈대가 눈에 들어오지 않았다.

어쨌든 용당돈대를 듣고서 가봐야지 마음만 먹다가, 4년 전에야 용당돈대를 처음 갔다. 아, 이렇게 멋진 곳이었구나! 돈대 치고 멋지지 않은 곳이 없지만 정말 훌륭했다. 그렇게 만난 용당돈대는 그 뒤로 시간이 나면 들르는 곳이 되었다.

용당돈대는 염하수로 해안가를 따라 있다. 초지대교에서 강화읍으로 향하는 해안도로를 달리다가, 오두돈대 화도돈대를 지나다가, 용진진 못 미처 작은 고개를 돌 즈음에 '용당돈대' 이정표를 만날 수 있다. 빨리 달리면 이정표를 지나칠 수도 있으니 천천히 달려야 한다. 참, 강화에서 다닐 때는 천천히 달리는 게 좋다. 언제든지 고라니나 꿩 등 동물이 나타날 수 있다. 봄가을 햇살 따스한 날에는 냉온동물인 뱀이 길로 나와 햇볕을 쬘 수도 있으니 무조건 천천히. 두꺼비도 수시로 나타나 길을 건너니 조심해야 한다. 그들의 안식처를 자르고 사람이 길을 냈으니 최소한 예의를 지켜 속도를 지켜야 한다. 과속은 금물.

폭염주의 폭염경보 안전안내문자가 쇄도하고, 가만히 있어도 땀이 날 정도로 더웠지만 오랜만에 용당돈대로 향했다. 나무야, 이 무더위를 어찌 지내니?

돈대는 자연을 살려 지은 곳

용당돈대는 숙종 5년(1679)에 강화에 설치된 48개 돈대 가운데 하나다. 조선 숙종 때 강화에는 48개 돈대가 지어졌다. 관병과 승려 1만 5000명을 동원해 48개 돈대를 80일 만에 축성했다. 그 뒤로 강화에는 14개가 더해져 54개 돈대가 지어졌고, 지금은 멸실된 곳도 있어 40개 정도가 남아 있다.

용당돈대는 용진마을 남쪽 소구산에서 염하로 이어지는 능선의 끝자락 정상에 위치한다. 해상에서 볼 때 용당돈대는 약 10m가량 되는 절벽에 지어졌는데, 이는 강화의 자연·지리적 환경을 살려 축성했음을 보여주는 것이다. 동서·남동 방향으로 길게 타원형을 이루며, 돈대 둘레는 약 119m라고 알려져 있다. 2000년에 보수공사를 할 때 여장을 제외한 성벽과 문지, 포좌 등을 복원했다. 돈대를 둘러싼 담장을 한 바퀴 돌면 새로 단장했는지 대번에 알 수 있다. 옛돌과 새로 쌓은 돌이 확연하게 드러난다.

강화섬, '국방유적의 꽃'

강화는 국방유적이 빼어난 지역이다. 역사적으로 몽골침략, 병자호란, 병인양요, 신미양요 등 침략에 저항하기 위해 강화에는 국방을 강화할 수밖에 없는 지리적 여건이 운명을 만들

용당돈대 용당돈대는 염하수로 해안가에 있다. 바다에서 보면 용당돈대는 절벽에 지어졌는데, 이는 자연지리적 환경을 살려 지었기 때문이다. 돈대를 둘러싼 담장을 보면 옛돌과 새로 쌓은 돌이 확연하게 드러난다.

었다. 진, 보, 돈대가 집중적으로 축성되었고, 그래서 강화섬을 '국방유적의 꽃'이라고 일컫는다.

강화 유적지에 설치된 강화 안내 지도를 보면, 강화도 해안가를 따라 해안초소가 간격을 두고 촘촘하게 점으로 찍혀 있다. 100km 해안선을 따라 표시된 국방유적지를 바라보면 강화가 국가 방위에 얼마나 중요한 곳인지 대번에 알 수 있다.

돈대는 적의 침입이 예상되는 중요한 길목에 흙이나 돌로 쌓은 작은 규모의 방어시설이다. 진, 보와 함께 대표적인 군사유적인 것이다. 돈대는 제각기 형태가 다른데, 각각 원형, 방형, 타원형을 띤다. 돈대 둘레는 지형에 따라 100m에서

300m가량 되고, 내부 면적은 992m²에서 1983m²(300평에서 600평) 정도 된다.

강화 해안도로를 달릴 일이 있다면, 길 따라 펼쳐진 풍광을 감상하는 것도 흥미롭다. 그렇게 달리다가 '돈대' 이정표가 나오거든 멈춰서 한두 군데를 둘러보면 어떨까. 맛집이나 카페를 둘러보는 것도 좋겠으나, 돈대를 한 번 둘러보고 나면 강화가 어떤 곳인지 이해하는 데 도움이 될 것이다. 아는 만큼 보이고, 보이는 만큼 느끼고 감흥이 인다.

강화나들길 2코스랑 연결돼

필자가 잘 알고 지내는 선생님 한 분은 용당돈대를 무척 좋아한다. 그 선생님은 강화에 들어와 산 지 25년이 됐고, 시간이 날 때마다 강화 곳곳을 누비고 다니는데 특히 용당돈대가 멋지다고 했다. 딸이 꼭 이곳에서 결혼하면 좋겠다고 할 정도다. "여기만 한 데가 없어. 꼭 여기서 결혼식을 하고 싶은데 애가 말을 들을까? 아니, 결혼하고 싶은지도 모르겠네, 하하하."

용당돈대는 선원면 연리 산 4-11번지에 있고, 강화나들길 2코스랑 연결 돼 있다. 예전에는 가리산돈대와 좌강돈대와 함께 용진진에 소속돼 있었다. 용당돈대를 찾아가는 길은 그리 어렵지 않다. 화도돈대와 용진진 사이에 있으며, 해안도로를 달리다가 '용당돈대 100m'라는 작은 이정표가 나오면 그 길을 따라 들어가면 된다.

돈대로 올라가는 길은 잘 정비된 나무층층대로 이뤄져 있다. 빼곡한 나무에서 뿜어나오는 나무향을 맡으면서 푹신한 흙길을 걷는 재미도 쏠쏠하다. 하지만 이 길은 휠체어나 유모차가 올라갈 수 없어 아쉽다. 그러고 보니, 돈대는 대개 작은 언덕에 있다 보니 휠체어나 유모차가 갈 수 없는 곳이 많다.

나무층층대를 좀 오르면 용당돈대 둥근 여장이 보인다. 왼쪽으로 돌면 돈대 안으로 들어갈 수 있고, 입구에서 안을 바라보면 가장 먼저 나무 한 그루를 발견할 수 있다. 돈대 한가운데 떡하니 서 있는 나무. 봄에는 싹이 푸릇푸릇 나고, 가을이면 상수리 열매가 달리는 나무. 씨앗이 저절로 날아들어 자랐는지 알 수 없었다. 나무 옆으로는 건물이 있던 흔적이 있었다.

나무는 오래도록 남아서

돈대 옆의 염하수로에는 바닷물이 흐르고 있었다. 수로 건너에는 김포 덕포진과 대명항이 보였다. 강화 쪽에서 바라보는 김포 쪽 해안선이 고스란히 드러났다. 반대로 김포 쪽에서 강화를 바라보면 마찬가지로 해안선이 구불구불 드러나 보인다. 예전에는 강화에 김포에 나룻배가 많이 다녔을 것이다. 세월이 흘러 지금은 강화대교와 초지대교가 강화와 김포를 잇는다.

용당돈대에서 바라보는 일출 광경도 멋있다고 한다. 아직 그 광경을 못 봤는데, 어느 날 아침 훌쩍 용당돈대로 달려가야겠다. 초소에서 경계와 감시를 늦추지 않았을 어느 병사도 바라봤을, 그 해를 봐야겠다. 사람은 언젠가 떠나지만 나무는 오래도록 남아서 용당돈대와 풍광을 지켜볼 것이다.

상수리나무 한 그루 돈대 한복판에는 상수리나무 한 그루가 자란다. 마치 돈대를 지키는 듯 야무지다. 봄에는 싹이 푸릇푸릇 나고, 가을이면 상수리 열매가 달리는 나무. 나무 옆으로는 건물이 있던 흔적이 보인다. 용당돈대에서는 일출 광경도 볼 수 있다.

36

바람숲그림책도서관
판타지 세상이 열리는 곳, 바람숲그림책도서관

"어디 들를 만한 데 있을까요?"

책방에서 하룻밤을 묵은 손님이 다음 여정을 어디로 하면 좋을지 묻곤 한다. 그럴 때마다 망설이지 않고 알려주는 데가 몇 군데 있는데, 그중 하나가 '바람숲그림책도서관'이다. 공공 도서관이 아닌 개인이 만든 도서관이다. 강화군 불은면 덕진로 159번길 66-34에 있는 바람숲그림책도서관. 그림책을 좋아하는 사람이라면 백이면 백 다 환영한다.

필자가 바람숲그림책도서관을 알게 된 건 우연이었다. 인천광역시립박물관 소식지 『박물관풍경』에 〈시간을 달리는 공간〉이라는 글을 연재할 때였다. 강화에 멋진 곳이 어디 있을까 검색하다가 우연히 발견한 곳, 보석처럼 반짝거리던 곳이 바로 바람숲그림책도서관이었다. 그때가 2014년이었고, 바람숲그림책도서관이 문을 연 지 얼마 안 된 때였다. 딱 10년 전이었다.

그 당시 벅찬 마음으로 길을 나섰다. 초지대교를 건너자마자 내비게이션이 알려주는 대로 방향을 틀었지만 도무지 찾을 수 없었다. 그때는 도서관을 알리는 변변한 이정표도 없었고, 길가는 물이 가득 찬 농수로와 끝없이 펼쳐진 논이었다. 허허벌판. 논밭을 헤매면서 드는 생각. 이렇게 시골 한복판에 도서관을 낸 사람들이 제정신일까, 시골 구석에 누가 찾아온다고 도서관을 냈을까. 그때부터는 사람을 찾아 나선 길이 되었다. 시골에 그림책도서관을 낸 사람들이 궁금했다.

넓게 펼쳐진 논과 야트막한 산이 있는 곳에

바람숲그림책도서관은 원활한 운영을 위해서 입장료 5000원을 받는다. 7년 동안 입장료 없이 운영하던 게 익숙한지라 최지혜 관장과 신안나 국장은 그게 어색했다. 예전처럼 무료 입장으로 돌릴까도 생각했지만 도서관 운영을 좀 더 잘하는 쪽으로 마음을 돌렸다.

그림책은 하드커버가 많아 떨어뜨리면 책 모서리가 금방

바람숲그림책도서관 2014년에 문을 연 바람숲그림책도서관은 그림책을 좋아하는 사람들이 좋아하는 곳이다. 10년 전 최지혜 관장과 신안나 국장이 이곳에 땅을 보러 온 날 눈이 펑펑 내렸다. 넓게 펼쳐진 논과 탁 트인 시야가 시원했다. 숲속 바람, 벌레, 나무와 풀이 있는 곳, 게다가 야트막한 산까지 있어 편안하고 아늑한 곳, 그들이 꿈꾸는 숲속도서관이었다. 그날 내린 눈은 서설이었다.

깨져서 다른 책보다 수명이 짧다. 더욱이 어린이 손님이 대부분을 차지하는 바람숲그림책도서관으로서는 어쩔 수 없는 선택이었고 힘겨운 결정이었다. 어쨌거나 5,000원을 내고 세 시간 동안 그림책을 실컷 볼 수 있다니! 도서관에 들어서는 순간 판타지 세상이 열린다.

　바람숲그림책도서관에는 그림책이 13,000권이나 있다. 4년 전에 증축한 새로운 도서관 건물에 10,000권, 그 건물 아래쪽에 있는 예전 도서관 건물에 3,000권이 있다. 예전 도서관 건물은 북스테이와 북카페 공간으로 쓴다. 북스테이를 이용하는 사람들은 밤새도록 그림책 여행을 신나게 할 수 있다.

북카페에서는 피자, 파스타, 빵, 음료를 파는데 맛있기로 이름나 있다.

바람숲그림책도서관 최지혜 관장은 2006년 부평에 세워진 '기적의 도서관' 초대관장이다. 그와 함께 살림을 꾸려가는 신안나 국장은 환경교육센터에서 오랫동안 팀장으로 일했다. 이들은 우연히 만나 마치 필연처럼 도서관을 꾸려가고 있다. 최 관장은 오래전부터 숲속에 그림책도서관을 만들고 싶었다. 숲속 바람, 벌레, 나무와 풀이 있는 곳에 도서관이 있으면 정말 좋을 것 같았다. 그 꿈은 월급쟁이 사서를 하면서 더 굳건해졌고, 어느 날 사표를 내고서 그 꿈은 현실에서 이뤄질 수 있었다.

두 사람은 어디가 좋을까, 어디에 자연과 어우러지는 도서관을 만들까, 날마다 꿈을 꾸면서 마땅한 곳을 물색했다. 강원도 양양, 충북 괴산, 지리산 일대를 돌아다니면서 그림책도서관을 열 데를 눈여겨봤다. 그즈음 누군가 강화도는 어떠냐고 물었다.

그래, 강화도가 괜찮을 것 같았다. 그들이 강화도에 탐색하러 오는 날, 눈이 펑펑 내렸다. 넓게 펼쳐진 논과 탁 트인 시야, 도서관 바로 옆에 붙어 있는 야트막한 산이 마치 오랫동안 알고 지낸 친구처럼 편안하고 아늑했다. "그래, 여기가 좋겠다!" 그래서 지금의 바람숲그림책도서관이 둥지를 틀게 되었다. 본디 땅과 집은 사람이 고르는 게 아니라, 땅과 집이 사람을 고른다는 말처럼 그들이 그날 본 땅이 그들을 선택했을지도 모르겠다. 그날 눈은 모두에게 서설이었다.

생각지 못한 이야기가 가득한 그림책 세상으로

최 관장은 그의 바람대로 숲속에 그림책도서관을 열었다. 좋은 점도 많지만 힘든 점도 많은데, 그건 도서관을 운영하는 경비가 만만찮기 때문이었다. 월급쟁이로 살 때와 달리 신경 쓸 일이 한두 가지가 아니었다. 시골에서 개인이 도서관을 만들고 꾸리는 일은 더 이상 무지갯빛 꿈이 아니었다. 현실이었고, '밑빠진 독'이었다. 그러나 다행히 후원하는 분이 늘었고, 이들이 직접 외부 강의를 나가서 돈을 벌어 운영상 부족한 경비를 메우고 있다.

2019년 10월 20일에는 재개관을 했다. 예전 건물이 있는 자리에서 바로 위쪽에 멋진 도서관을 열었다. 국내 최초 그림책전문도서관을 확장한 것이다. 도서관을 가 본 사람은 다들 바람숲그림책도서관이 별 어려움 없이 운영되길, 언제까지나 어린이와 어른들이 찾아 맘껏 그림책을 볼 수 있는 공간이 되길 바란다.

잠시 휴대폰을 끄고 도서관 아무 데나 자리 잡고 그림책을 읽으면 어떨까. 순식간에 그림책을 펼치면 온갖 세상으로 들어갈 수 있다. 어릴 때 살던 지붕 낮은 마을일 수도 있고, 그 마을 입구에 있던 큰 나무 아래일 수도 있고, 얼굴도 가물거리는 할머니가 내 옆에 앉아 있을 수도 있다. 또 곤충이나 벌레에 관심이 많은 어린이는 그가 궁금해하는 수많은 궁금증이 세밀화로 숙제를 풀어줄 수도 있을 것이다. 그림책이 들려주는 이야기, 도무지 생각지도 못한 이야기가 가득한 그림책 세상으로 훌쩍 떠나보면 어떨까.

이야기 속으로 바람숲그림책도서관에는 그림책이 13,000권 있다. 도서관 아무 데나 자리 잡고 그림책을 펼치면 온갖 세상으로 다 들어갈 수 있다. 어릴 때 살던 지붕 낮은 지붕일 수도 있고, 그 마을 입구에 있던 큰나무 아래일 수도 있고. 이야기가 가득한 세상으로 훌쩍 떠날 수 있다.

37

석주 권선생 유허비
불의와 타협하지 않은 꼿꼿한 선비, 석주 권필

조선 중기 뛰어난 문장가인 석주 권필 선생 유허비를 다녀왔다. 강화군 송해면 하도리 892. 주소를 찍고 갔으나 나무와 풀이 가려져 비석을 찾을 수 없었다. 그때 고구마를 심던 할아버지에게 물었다. 할아버지는 "왜 관리를 안 하는지 모르겠어. 좋은 일도 많이 하고 유명한 분이었다는데 저렇게 냅둬도 되는지 몰라" 하면서 걱정했다. 일주일에 몇 번씩 사람들이 다녀간다고 했다.

'석주권선생유허비'는 향토유적 제27호로 지정돼 있다. 비석 전면에는 '석주권선생유허비'라 쓰여 있고, 뒤에는 권필 선생의 행적이 적혀 있다. 권필 선생이 그를 따르는 유생들을 가르치며 일생을 보낸 곳으로 생전의 흔적을 되새기기 위해 권필의 4대손으로 강화 유수로 부임한 권적이 초당 옛터에 세운 것이다.

『석주집』에 전하는 800여 편의 시 중, 100여 편에는 당시 세상과 큰 괴리를 느끼며 가슴에 품었던 울분과 갈등, 당시 사회와 정권에 대한 저항의식이 강력하게 나타나 있다. 세인들은 이러한 시를 서로 베껴가며 읽었다고 하니, 권필에게 있어서 시는 백성들의 울분을 대변해 주고 위정자들을 질타하는 수단이 되었다.

방치된 유허비, 강화군에서는 할 수 있는 일이 없다고

할아버지 말대로 '석주권선생유허비'는 관리 상태가 엉망이었다. 비문을 들어가 볼 수 없게끔 망이 쳐져 있었고, 비석 옆에는 풀이 많이 나 있었다. 게다가 자두나무 두 그루가 심겨져 있어 나무가 자라면 안내문은 물론이고 비문도 가려질 형국이었다.

강화군 문화재과에 연락하니 돌봄사업단에 연락해 보겠다고 했다. 그러고서 일주일 뒤 또다시 찾았더니 달라진 게 하나도 없었다. 나무와 풀은 더 무성해져 있었다. 문화재과에 다시 연락했더니 강화군에서는 할 수 있는 일이 없단다. 향토유

적인 데다가 사유지라서 전혀 손쓸 수가 없다고, 개인이 허락
하지 않는 한 청소도 할 수 없고 잔디도 깎을 수 없다고 했다.
강제로 할 수 있는 일이 없다는 대답만 들었다.

송강 정철의 제자이기도

석주 권필 선생(1569-1612)은 강화에 머물면서 제자를 많이
가르치고 시화를 함께 나누었다. 과거에 뜻이 없어 시와 술을
낙으로 삼고 가난하게 살았다. 문신들의 추천으로 벼슬에 임
명되었으나 거절했다.

　권필 선생이 살다 간 선조대에는 임진왜란이 일어났고 어
지러운 정치로 판을 치던 시기였다. 하지만 문학사로 보면 조
선 한문학의 절정기여서 '목릉성세'라고 불린다. 이 목릉 문단
에서 권필 선생은 동악 이안눌과 함께 조선 시의 최고봉으로
꼽혔다. 권필 선생의 호는 석주. 권필 선생은 현실에 바탕을
둔 서정과 호방한 기풍을 시에 녹여냈다. 어느 시대보다 혼란
기를 보내면서 불의와 타협하지 않는 꼿꼿한 선비 정신을 잃
지 않았다.

　권필 선생은 송강 정철의 제자였다. 조선 문학의 최고봉이
고, 한때 최고의 권력을 휘둘렀던 송강 정철. 그가 강화에 살
다가 굶어죽었다. 송정촌, 지금의 숭뢰리 어느 허름한 농가에

서 한 달 남짓 끼니를 잇기 어려울 정도로 궁핍하게 살다가 영
양실조로 죽었다. 임진왜란이 일어난 다음 해인 1593년 한겨
울이었다.

송강 정철은 어쩌다 강화에 왔을까. 임진왜란 때 선조는
유배 중인 송강을 불러 명나라 사신으로 보냈다. 명나라를 다
녀온 송강은 모함을 당하자 임금에게 사면을 청하고 강화로
은거했다. 이때 송강 정철을 가끔씩 찾아오는 선비가 있었는
데, 바로 석주 권필이었다. 당대 최고의 문장가들이 벼슬을
멀리하고 가난하게 살았던 것이다.

'궁류시'로 목숨을 잃다

권필 선생은 마포 서강 현석촌에서 태어나 초시와 복시에 장
원했지만 한 글자를 잘못 써서 합격이 취소되었다. 1592년(선
조 25) 24세 때 임진왜란이 일어나자 강화로 들어왔고, 다음
해에 서울로 돌아갔다가 26세 때 다시 강화로 왔다. 지금의
송해면 하도리에 정착했고, 이후 벼슬 제의를 받았으나 거절
하고 가난하게 살았다. 초당 근처에 소나무와 밤나무를 많이
심었다고 한다. 그 초당에서 후학들을 가르치며 살았다.

권필 선생은 42세 때 다시 서울로 돌아갔고, 그 다음 해에
'궁류시(宮柳詩)'를 지었다. '궁류시'는 광해군의 비 류씨의 동

생 등 외척들의 방종을 비난하는 내용을 담았는데, 1612년 김직재의 무옥에 연루된 조수륜의 집을 수색하다가 권필이 지은 사실이 발각돼 광해군에게 불려가게 되었다. 궁류시의 내용은 이렇다.

"대궐 버들 푸르고 어지러이 꽃 날리니/ 성 가득 벼슬아치는 봄볕에 아양 떠네/ 조정에선 입 모아 태평세월 하례하나/ 뉘 시켜 포의 입에서 바른말 하게 했나(宮柳靑靑 花亂飛 滿城冠蓋媚春輝 朝家共賀昇平樂 誰遣危言出布衣)"

'대궐의 버들', 곧 궁류가 광해군의 처남 유희분을 가리키는 것으로 해석돼 괘씸죄에 걸린 것이다. 권필을 잡아들일 때 재상 영의정 이덕형과 좌의정 이항복이 광해군을 여러 차례 만류했다. 이항복은 시 때문에 선비에게 형장을 치는 것은 성덕에 누를 끼치는 것이라면서 만류했지만 소용없었다.

권필 선생은 매를 맞고 다음날 귀양길에 올랐다. 그리고 따라온 친구들이 사 준 술을 폭음하고 그날밤에 사망했다. 나중에 권필이 죽자 이항복은 "우리가 정승으로 있으면서도 석주를 못 살렸으니 선비 죽인 책망을 어찌 면할꼬" 하면서 깊이 낙담했다. 결과적으로 권필 선생은 이 시 한 편으로 목숨을 잃었다.

권필 선생은 1623년 인조반정 뒤, 사헌부지평에 추증되었다. 1739년(영조15)에 권필의 4세손 권적이 강화유수로 부임하여 석주 초당터에 유허비를 세웠다. 유허비는 선현의 자취가 남아 있는 곳에 그를 기리기 위해 세운 비를 말한다.

필자는 강화에 들어와 살면서 몇 년 뒤에야 석주 권필 선생을 알았다. 고려 말기의 문인인 백운거사 이규보 선생은 익

석주 권필 선생 석주 권필 선생(1569~1612)은 강화에 머물면서 제자를 많이 가르치고 시화를 함께 나누었다. 과거에 뜻이 없어 시와 술을 낙으로 삼고 가난하게 살았다. 문신들의 추천으로 벼슬에 임명되었으나 거절했다. 선생은 송강 정철의 제자였다.
권필 선생은 42세 때 서울로 돌아갔고, 그다음 해에 '궁류시(宮柳詩)'를 지었다. '궁류시'는 광해군의 비 류씨의 동생 등 외척들의 방종을 비난하는 내용을 담았는데, 이 사실이 발각돼 광해군에게 불려갔다. 권필 선생은 매를 맞고 다음 날 귀양길에 올랐고, 따라온 친구들이 사 준 술을 폭음하고 그날 밤에 사망했다. 1623년 인조반정 뒤에 사헌부지평에 추증되었고, 1739년에 강화 초당터에 유허비를 세웠다.

히 들어서 알고 있었지만, 석주 권필 선생은 잘 모르는 인물이었다. 어느 날 우연히 하도저수지를 가게 되면서 하도리를 알게 됐고, 권필 선생과 그의 행적을 알게 됐다.

강화대로를 지날 때면 종종 석주 권필 선생 유허비를 들른다. 풍광이 아름다운 고려산 중턱에 맑고 깨끗한 마을이 마치 판타지처럼 다가오고, 그 당시 권필 선생과 제자들이 두런거리는 소리가 들리는 듯하다.

38

화문석문화관

왕골골예의 산실, 화문석문화관

어렸을 때, 마루에는 늘 돗자리가 깔려 있었다. 특히 여름철에 돗자리 위에 누워 낮잠을 자면 시원하기 그지없었다. 한숨 자고 일어나면 얼굴이며 팔다리에 돗자리 자국이 길게 나 있어 낮잠 잔 흔적을 고스란히 나타내곤 했다. 아무리 문질러도 지워지지 않고 시간이 지나야 서서히 자라지던 돗자리 문양이었다.

현대인은 입식 생활을 많이 하지만, 좌식생활을 많이 하던 예전에는 자리가 빼놓을 수 없는 살림살이였다. 눕거나 앉으면서 더위를 식힐 수 있었다. 그러다 보니 집 치장에도 한몫했다.

돗자리, 하면 강화 화문석이 떠오른다. 화문(花紋). 꽃무늬. 강화에는 물들인 왕골을 손으로 덧겹쳐가면서 엮은, 무늬에 따라 잘라내면서 짠 돗자리가 유명하다.

화문석은 왕골로 짠다. 왕골은 방동사니과에 속하는 초본식물이다. 왕굴, 완초라고도 한다. 중국에서도 자생하지만 우리나라 특유의 공예 작물로 강화와 중부 이남 지역의 논에서 주로 재배한다. 왕골 줄기는 화문석의 재료로 쓰인다. 줄기는 세모꼴이고 줄기 꼭지에서 꽃이 나와 잔꽃이 핀다. 4월 중순에 뿌린 씨가 싹이 터서 5cm쯤 자라면, 5월 초순에 옮겨 심었다가 8월, 9월에 거둬들인다. 이때 길이는 1.5~2m에 이른다.

왕골 줄기의 섬유 조직은 매끄럽고 윤택이 나며, 다 자라면 누런빛을 띤다. 수확한 왕골은 줄기의 각에 찬이슬을 맞혀가면서 사나흘 바짝 말린다. 이렇게 해야 빛이 하얗게 바래서 윤이 난다. 무늬를 놓기 위해 물을 들이는데, 중간대 부분을 물에 담갔다가 속을 칼로 훑어낸다. 줄기는 화문석, 화방석, 삼합 등 다양한 공예품을 만드는 데 주재료로 쓰인다.

화문석의 인기는 시대를 거슬러 올라가서도 알 수 있다. 신라시대에는 화문석 생산을 담당하던 관청이 있었고, 고려시대에 와서 화문석은 외국까지 알려졌으며 인삼과 더불어 중요한 수출품이었다. 조선시대에 이르러 화문석의 수요는 늘어났고, 특히 외국인이 무척 좋아했다고 한다. 조선시대에는 왕골 생산지로 안동 예안을 손꼽았고, 『임원경제지』에 인용된 금화경독기에는 '영남의 안동 예안 사람들이 오채용문석을 잘 만들어 공물로 바친다. 서울의 지체 높은 가정이나 사랑에서는 해서, 배천, 연안의 것을 제일로 쳤으며, 경기 교동 것은 버금간다'고 했다. '경기 교동'은 강화를 일컫는다.

9월 중순이 가까워 오지만 볕이 아주 뜨거운 날, 화문석문화관을 찾았다. 아침 일찍인데도 주차장에 차가 제법 많았다. '화문석 후진양성 프로그램이자 왕골공예 취미교양교육'이 있는 날. 이 프로그램은 강화군민은 누구나 이용할 수 있고, 일주일에 두 번, 화요일 목요일은 대자리 짜는 날이다. 수요일 금요일은 공예품을 짜는 날. 강화 사람에게는 재료까지 무료로 제공한다. 강화군민이 아닌 일반인에게도 체험 프로그램이 있었는데 코로나19 시국 이후로 중단된 상태.

고려 중엽부터 가내수공업으로

화문석문화관은 '왕골공예의 산실'이다. 화문석의 발상지인 송해면 양오리에 건립됐다. 강화군 송해면 장정양오길 413에 있고, 설날과 추석 연휴를 빼고는 문을 연다. 화문석문화

화문석 문화관 좌식생활을 하던 예전에는 자리가 빼놓을 수 없는 살림살이였다. 눕거나 앉아서 더위를 식힐 수 있었다. 그러다 보니 이왕이면 더 멋진 것으로 꾸미고 싶었을 것이다. 돗자리, 하면 강화 화문석이 떠오른다. 화문(花紋). 꽃무늬. 강화에는 물들인 왕골을 손으로 덧겹쳐가면서 엮은, 무늬에 따라 잘라내면서 짠 돗자리가 유명하다.

관 1층은 우수작품전시관. 2층은 화문석전시관으로 구성돼 있다.

2층 전시관은 볼 만하다. 왕골의 품종들을 모아 전시하고 여러 짚풀의 표피세포를 볼 수 있고, 왕골 재배부터 염색까지 대형 디오라마로 풍경이 재현돼 있다. 화문석과 왕골공예품이 어떻게 만들어지고, 어떠한 도구를 쓰는지 한눈에 볼 수 있다.

강화 화문석이 처음에 어떻게 시작됐는지는 알 수 없다.

고려 중엽부터 가내수공업으로 발전돼 왔다고 전해진다. 강화로 이주한 고려 왕실과 관료를 위해 최상품의 자리를 만들게 되었다고 한다. 조선시대에는 왕실로부터 특이하게 제작하라는 임금의 명을 받고 당시에 백색자리의 생산지인 송해면 양오리에 한충교 씨에 의해 화문석 제작이 성공했고, 이후 다양한 도안 개발과 제조 기술이 시작됐다.

요즘 화문석문화관은 조용한 편이지만 한때 초등학교에서 단체로 체험하러 왔다. 읍에서 멀리 떨어져 있어서인지 요즘은 주말에 전시 관람을 하러 오는 사람들이 있을 뿐이다.

자리 짜는 날. 필자가 찾은 이날은 서순임 강사가 수강생들과 자리 짜는 수업을 하고 있었다. 강화에서 나고 자라고 결혼한 서순임 강사는 16살 때부터 부모님한테 화문석 짜는 법을 배웠으니 53년째 짠다. 그때는 한 집 걸러 한 집이 모두 왕골을 농사지었고, 화문석을 짰다. "이제는 왕골을 많이 재배하지 않죠. 예전에는 부지깽이도 나와서 거든다고 할 만큼 바빴어요. 아침에 딴 거 저녁에 딴 거 달랐거든요. 지금은 말리는 기계가 있지만, 그때는 산소 가장자리, 인삼밭 덮은 데 위, 도로 위에다 널었어요."

겟자리로 화문석 마련하기도

서순임 씨는 왕골 이야기를 하면서 연신 칼등으로 왕골을 다듬었다. "원대 겉대 굵기를 맞춰주는 거예요. 왕골 줄기가 하나가 아니라 서너 개를 쓸 수 있는데, 가는 건 자리 짤 때 속에 넣거나 소품 만들 때 써요." "강화에 돈 많다고 했잖아요. 그게 인삼 있지, 화문석 있지, 화문석 짜는 사람도 한 집 걸러 하나씩 있었거든요."

서순임 씨는 가족 대대로 화문석을 짰다. 외할아버지, 어머니, 여동생, 시집 온 올케까지 모두 화문석을 짰다. 밤을 낮 삼아 짰다. "화문석 짜는 게 자기와의 싸움이거든요. 재미 없으면 못해요. 대회에 나가서 가끔 상도 타고, 지금은 선생님 소리 들어가면서 짜니 얼마나 좋아요. 온종일 짤 때는 온몸이 쑤시지만 아직 괜찮아요. 그리고 예전에는 겟자리가 많았어요. 계를 들어서 화문석을 마련한 사람이 많았어요. 11명이 계원인데, 계를 주선한 계주는 그냥 짜주고 열 명을 한 달에 한 번씩 짜줬어요. 그때 재미가 쏠쏠했죠."

화문석은 한때 새벽장이 서기도 했다. 2, 7일에 열리는 장날 새벽에 자리를 가지고 나가 화문석을 팔았다. 강화 화문석 시장은 물건 모두가 진품만을 취급한다는 특색이 있었고, 이 화문석을 팔고 사기 위해 한밤중이 떠들썩했다.

화문석 강화 화문석은 고려 중엽부터 가내수공업으로 발전했다고 전해진다. 강화로 이주한 고려 왕실과 관료를 위해 최상품의 자리를 만들게 되었다고 한다. 조선시대에는 왕실로부터 특이하게 제작하라는 임금의 명을 받고 제작하기도 했다. 예전에는 사람들이 겟자리를 만들어 화문석을 마련하기도 했다.

화문석의 맥은 무조건 이어져야

그는 요즘 농사는 스스로 쓸 것만 짓는다. "4월 중순께 씨를 뿌려서 오월 중순께부터 심어서 70일 안쪽에 따요. 두 달 잡는데 자리 맬 수 있는 건 뻣뻣하지 않아서 70일 걸리죠. 애벌, 두벌로 농사지어요. 세벌은 40cm밖에 나오지 않아 짓지 않아요. 품 들인 거에 비해 너무 작게 나오더라구요." "왕골은 고온에서 쑥쑥 자라요. 마디가 없잖아요. 가을 들어서 찬바람이 불면 자라지 않거든요."

그의 바람은 강화에서 화문석의 맥을 잇는 사람이 많이 나오면 좋겠단다. "100명이 배워서 두 명만 해도 맥이 끊기지 않을 거예요. 여기 수강하는 분들이 이 일이 재밌고 좋아서 계속 이어나가면 좋겠어요. 돈이 안 되니까 끝까지 하기가 쉽지 않죠. 하지만 하다 보면 실력이 늘고, 매력을 느낄 거예요. 또 작품 하나를 완성하면 기분이 얼마나 좋다구요." 그의 말을 듣고 있던 수강생들이 "계속할 거예요"라고 대꾸한다.

39

볼음도 은행나무
지척에 두고 서로 바라만 보는, 800살 된 은행나무

볼음도 은행나무는 800살 된 나무로 키 25m 가슴둘레 9.4m
인 노거수다. 1982년에 천연기념물 제304호로 지정된 이 나
무를 보려면 강화 본섬에서 배를 타고 볼음도에 가야 한다. 볼
음도는 예전에는 내가면 외포리항에서 배를 탔지만 지금은 화
도면 선수항에서 배를 타고 한 시간 남짓 가야 하는 곳. 섬 전
체의 해안선 길이가 16km인 볼음도는 걸어서도 다닐 수 있
다. 서해 섬 본연의 아름다움을 간직한 멋을 넉넉히 담아올 수
있을 것이다. 섬에서 섬으로. 하루로는 부족하니 적어도 하룻
밤을 묵으면 더 좋다.

　볼음도를 들어갈 때는 자동차 없이 들어가는 게 좋다. 차

량 운송비가 꽤 비싼 데다 섬이 작기 때문에 걸어서도 이동이 가능하기 때문이다. 굳이 비싼 선박료를 물면서까지 차를 가져갈 필요가 없다. 한번은 그곳에 사는 분께 선박료가 왜 그렇게 비싸느냐고 물었더니 명쾌하게 답했다. "선박료가 비싸길 망정이지 싸면 너도나도 다 가져오면 멋진 볼음도가 남아나겠소?"

볼음도. 이 명칭은 명나라로 가던 임경업 장군이 풍랑을 만나 체류하면서 보름달을 보았다 해서 '만월도(滿月島)'라고 부르다가 이후 '보름도', '볼음도'가 됐다고 한다. 또 하나는 교통이 불편해서 한 번 다녀오면 보름이 걸린다고 해서 '보름도'로 했다가 '볼음도'가 됐다는 것. 지금이야 선수항에서 한 시간이면 다다르지만 예전에는 얼마나 가기 힘들었을지 이름에서 상상이 가고도 남는다. 어떤 사람은 볼음도라는 이름이 불교에서 유래됐을 거라고도 한다. '관음(觀音)'이 '소리를 본다'는 뜻인 것처럼 '볼음'도 '소리를 본다'의 뜻일 거라고 했다. 강화가 고려 말기에 도읍지였던 걸 감안한다면 그 말도 일리 있다.

북쪽 바닷길이 막히고

볼음도는 면적은 $6.36km^2$. 필자가 볼음도라는 섬 이름을 들어본 것은 이십여 년 전이었다. 친구가 여름휴가를 볼음도로 갔다가 섬이 하도 예뻐서 이틀 더 머문다고 했다. 그 친구는 '밤하늘 별을 보려고' 더 머문다는 말도 덧붙였다. 친구와 그런 통화를 하고 십여 년이 흐른 뒤 필자가 볼음도를 찾았을 때 그 친구의 말이 정말 맞다는 걸 확인했다. 볼음도는 하늘도, 물 들어온 바다도, 물 나간 바다도, 들도 집도 모두 멋졌다.

한국전쟁 전에 볼음도는 전국 각지에서 고깃배가 몰려들어 북적였다. 하지만 전쟁 이후 민간인출입통제선과 어로저지선이 생기면서 북쪽 바다로 나가는 길이 막혔고, 그러면서 어업으로 북적였던 섬은 조용한 섬이 되었다. 볼음도는 북한 연안군과 5.5km 떨어져 있어서 북쪽 바다로 나가는 길이 막혔다.

한국전쟁 이후 볼음도 위쪽 말도 북쪽을 경계로 군사분계선이 그어졌고, 더 이상 고깃배가 모여들지 않았다. 하지만 그 뒤로도 몇몇 어선이 군사분계선을 넘나들며 물고기를 잡자 정부에서는 1964년에 북위 38°35′45″선을 어로저지선으로 설정했다. 이때부터 북쪽으로는 배를 띄울 수 없게 되었는데, 말 그대로 길을 저지당한 셈이다. 이렇게 바닷길이 막혀서 조기, 민어, 꽃게, 새우를 많이 잡던 섬은 지금은 농사를 주로 짓는다. 농사가 주업이고 어업은 부업이 되었다. 어업은 배로 물고기를 잡기보다는 건간망조업과 맨손어업이 주를 이룬다. 건간망은 갯벌에 말뚝을 박고 그물을 거는 방식으로, 밀물 썰물을 거치면서 빠져나가지 못한 물고기를 잡는다. 즉 조수간만의 차를 이용해 그물을 설치해 그물에 걸린 물고기를 잡는다. 건간망은 일단 설치하면 오래 쓸 수 있지만 그물에 걸린물고기를 빨리 털어줘야 한다. 이 방식은 어부가 부지런해야한다. 물고기를 빨리 털지 않으면 썩은 내로 다른 물고기가 그물에 들어오지 않기 때문이다. 그래서 농사일로 아무리 바빠도 하루에 두 번씩 물때를 맞춰 그물을 손봐야 한다.

볼음도를 걷다 보면 논을 많이 볼 수 있다. 약 40년 전쯤만해도 볼음도에서 논농사 비중이 3분의 2 정도였다. 당시에는 농업용수가 부족해 빗물에만 의존하는 천수답이었다. 주민들은 농경지와 농업용수를 얻기 위해 바다를 막아 제방을 쌓았다. 1982년에는 농업용수를 확보하기 위해 볼음도 은행나무옆에 제방을 쌓고 볼음저수지를 조성했다. 은행나무 앞쪽으로 너른 저수지가 있는데, 이곳은 조류관찰소로도 유명하다. 추수가 끝난 늦가을이 되면 저수지는 본래 모습을 드러내고기러기와 야생오리를 만날 수 있다.

맛있는 밥에다 짠족은 금상첨화

볼음도에서 생산되는 쌀은 맛있기로 유명하다. 이는 벼를 수확하고 나온 볏짚을 잘게 썰어 거름으로 사용한다는 점도 한몫한다. 다른 지역에서는 볏짚을 가축의 사료로 사용하는데 볼음도에서는 거름으로 쓰면서 벼가 난 땅으로 도로 보내기 때문이다. 이는 볼음도 섬에 소나 돼지를 키우는 농가가 없기도 하지만, 배를 이용해 운송하면 뱃삯이 많이 들기 때문이다. 어쨌든 볏짚을 흙과 섞어 거름으로 사용함으로써 볏짚에 함유된 규산 성분이 훌륭한 양분이 돼 더 맛있는 쌀이 나올 수 있다. 강화 본섬에서 나오는 쌀도 맛있기는 두말할 필요가 없는데 볼음도 쌀은 이보다 맛있으니 얼마나 더 맛있을지는 말하지 않아도 알 수 있다.

밥맛 이야기가 나왔으니 반찬 이야기를 하나 해야겠다. 볼음도에는 '짠족'이라는 음식이 있다. 볼음도 선착장에서 마을로 걸어가다 보면 집집이 높다랗게 설치된 생선 건조대를 볼 수 있는데, 이는 계절별로 잡히는 생선 내장을 빼내고 소금에 절인 뒤에 바닷바람에 말리기 위한 장치이다. 전통적인 방식으로, 내장을 제거한 생선을 나무에 꿴 다음 도르래를 이용해 지붕 높이로 말린다. 이러면 고양이로부터 안전하고 파리도 꼬이지 않는다고 한다. 이렇게 하루이틀 말리면 꾸덕꾸덕한 생선이 되는데 이를 '짠족'이라고 한다. 이는 냉장보관해서 찜이나 구이로 오랫동안 먹을 수 있다. 입맛이 없을 때 짠족의 짭쪼름한 맛은 대번에 입맛을 돋우고 밥 한 그릇을 더 먹게 하는 마력이 있다.

볼음도 주민은 2024년 3월 현재 160세대 250명이다. 50대 이상이 80%를 이루고, 학교 다니는 나이대는 없다. 볼음도 마을은 당아래, 대아래, 샛말, 안말로 나뉜다. 당아래 마을은 '당'이라는 말에서 알 수 있듯이 예전에는 당집이 있었고, 그 아래에 있다는 뜻이다. 대아래 마을은 예전에 망대가

볼음도 짠족 볼음도에는 '짠족'이라는 음식이 있다. 내장을 제거한 생선을 나무에 꿴 다음 도르래를 이용해 지붕 높이로 말린다. 바닷바람으로 하루이틀 말리면 꾸덕꾸덕한 생선이 되는데 이를 '짠족'이라 부른다.

있던 마을. 샛말은 대아래와 안말 사이에 있는 마을이다. 안말은 말 그대로 선착장에서 가장 멀리 떨어진 안쪽에 있다.

볼음도는 조선 문종 때 간행된 『고려사』에 가장 먼저 등장한다. 강화도는 삼국시대 초기에는 백제에 속했지만 475년 고구려가 한강 유역을 차지할 때는 고구려의 지배를 받았다. 통일신라 때는 한강과 예성강 하구에 있다는 전략적 중요성 때문에 군사 요새인 혈구진이 설치됐다. 조선시대 문종 때에는 파음도로 불리다 그 뒤로 보음, 망도라고 불렸다. '망도' 라고 불려진 까닭은, 볼음도가 당시 경기만 일대로 자주 출몰하던 왜구의 침입을 대비하기 위해서였다. 즉 인천 연안에 침입해 약탈을 자행하던 왜구의 출몰을 망 보던 곳이라는 데서 유래했다. 볼음도는 서해에서 교동을 거쳐 강화도로 향하는 해로상에 있어서 침입하는 적선의 움직임을 살피기에 아주 적합한 장소였다. 그러다 보니 조선 후기에 제작된 고지도를 보면, 볼음도에 봉수대가 있었다는 기록을 볼 수 있다. 해발 82m의 낮은 야산을 봉화산(烽火山)이라 불렀다.

앞에서 말했듯이, 볼음도는 섬 안에서 걸어서 다 다닐 수 있다. 대중교통 수단은 없다. 해안선 길이가 16km라 도보로 한 시간 남짓이면 돌 수 있다. 볼음도를 돌면서 필자는 특이한 점이 있었다. 주유소가 없다는 점이었다. 집집이 자동차와 농기계가 많은데 어떻게 작동하는지 궁금했다. 그때 인천광역시립박물관 학예사팀이 볼음도의 생활을 조사한다는 생각이 들어 학예사 한 분에게 물었더니 흔쾌히 답을 해주었다. 주유소가 없지만 주민들은 예비용 기름을 구매해 가정마다 보관했다가 쓴다는 것이다. 그 말을 듣고 보니 집마다 기름통이 구비돼 있었다.

볼음도 은행나무를 꼭 봐야 하는 까닭은

볼음도 선착장에서 은행나무까지는 걸어서 한 시간이 채 걸리지 않는다. 마을을 통과해 은행나무가 있는 곳에 다다르면 가슴이 설렌다. 아니, 선착장에서 은행나무까지 가는 길 전체가 설렌다. 800년 전 홍수를 만나 볼음도로 건너온 나무를 보는 일, 북한 연안군에 있는 은행나무와 떨어진 세월을 생각하면 애틋하기 때문이다. 큰물을 만나기 전까지 수나무 암나무가 얼마나 사이좋게 지냈을까. 분단 70여 년이 된 우리나라의 현실과 다르지 않기 때문이다.

정월 그믐이면 마을 사람들은 나무 앞에서 풍어를 비는 제를 지냈다. 하지만 한국전쟁 이후 출어가 금지되면서 풍어제를 지내지 않는다. 마을 사람들은 나무를 애지중지하며 아낀다. 은행나무 가지를 꺾거나 부러진 가지를 태우면 재앙을 받

볼음도 은행나무 볼음도는 한국전쟁 전에는 전국 각지에서 고깃배가 몰려들어 북적였다. 하지만 전쟁 이후 민간인출입통제선과 어로저지선이 생기면서 북쪽 바다로 나가는 길이 막혔고, 어업으로 북적거렸던 섬은 적막해졌다. 볼음도 은행나무는 800년 전 홍수가 났을 때 북한 연안군에서 떠내려왔다고 한다. 큰물을 만나기 전에는 수나무 암나무가 사이좋게 있었는데, 그중 한 그루가 남한으로 떠내려온 것. 정월 그믐이면 마을 사람들은 나무 앞에서 풍어제를 지내기도 했다. 한국전쟁 이후 출어가 금지되면서 풍어제는 지내지 않지만 마을 사람들은 나무를 애지중지 아낀다. 은행나무 가지를 꺾거나 부러진 가지를 태우면 재앙을 받는다고 했다. 2018년 8월에는 문화재청 주관으로 풍어제를 대대적으로 올리기도 했다.

는다고 했다. 은행나무 뒤에는 작은 나무가 하나 있는데, 이를 '김첨지대감'이라고 부르면서 목신대감에 제를 올릴 때 이 나무에도 제물을 차렸다. 2018년 8월에 문화재청에서 풍어제를 대대적으로 올린 적이 있다.

은행나무 전망대에 올라 북한 쪽을 바라보면 참으로 애틋하다. 가지를 뻗으면 닿을 듯한 북한 황해도지만, 두고 온 암나무가 지척이지만 그냥 바라볼 수밖에 없는 처지를 고스란히 느낄 수 있다. 한국전쟁이 터지고 훗날을 기약하지도 못한 채 헤어진, 수십 년 동안 오가지 못하는 이산가족의 마음을 고스란히 느낄 수 있다. 은행나무에 꼭 가봐야 하는 이유다.

40

교동 대룡시장
70년 시간이 그대로 멈춘 곳

교동대교가 생기기 전까지 외지인에게 교동섬은 머무는 곳이었다. 배 시간도 맞춰야 하고 비바람이 거센 날은 섬에서 나갈 수 없었다. 꼼짝없이 섬에 머물러야 했다. 뭍에 사는 사람도 섬에 일이 있으면 당일치기는 아예 생각할 수도 없었다. 하지만 2014년 7월 1일, 교동대교가 생긴 뒤부터는 교동섬은 강화대교에서 20분만 달리면 들어갈 수 있는 곳이 되었다. 새로 뚫린 도로를 달려, 검문소에서 군인한테 신분 확인을 마치면 바로 교동대교로 진입할 수 있다. 교동대교 3.44km만 달리면 교동섬이다. 대교 오른쪽으로는 북한땅이 가깝게 보인다. 아주 비현실적인 순간이다.

교동대교가 생기기 전에는 하점면 창후리에서 15분 정도 배를 타야 들어갈 수 있었다. 휴가철이나 주말이면 창후포구 선착장에는 섬으로 들어가려는 차와 섬에서 나오는 차가 뒤엉켜 아주 복잡했다. 사람들은 길게 줄을 서서 하염없이 차례를 기다렸다.

당시 창후포구는 어시장을 비롯해 가게들이 즐비했다. 갈매기들은 정박한 배 주변에 진을 쳤다가 배가 달리면 새우깡을 먹으려고 몰려들었다. 지금 창후포구는 옛날의 화려한 명성을 뒤로 한 채 한적한 마을이 되었다. 다행히 새로 어시장이 지어졌고, 그 앞으로 교동대교에 이르는 도로를 공사하고 있으니 조만간 사람들의 발길이 더 많아질 것이다.

필자가 운전을 막 시작하던 1990년대 중반쯤, 그때는 교동섬이 마냥 좋아서 수시로 배를 타고 섬에 들어갔다. 초보인데도 겁 없이 후진해서 배에 오르곤 했는데, 그때마다 진땀이 흐르고 손발이 바르르 떨리곤 했다. 까딱하다간 바닷물에 빠질 것만 같았다. 물결이 거센 날은 거센 대로, 갯벌이 드러난 날은 드러난 대로 어찌나 무섭던지. 지금 생각하면, 왜 그렇게까지 스트레스를 받으면서도 갔는지.

아무튼 그때는 시간 날 때마다 갔는데, 아무래도 젊었을 때고 무엇보다 교동섬이 무턱대고 좋아서였다. 그리고 섬이 매력적이기도 했지만, 내 아버지의 바람 때문이었다. 아버지는 이북이 고향은 아니었지만, 한국전쟁 때 형과 헤어졌기 때문이었다. 아버지는 생사도 알 수 없는 형이지만 꼭 만나고 싶어했다. 구청에 이산가족 상봉을 원하는 신청서를 넣고 오랫동안 기다렸지만, 결국 연락받지 못한 채 돌아가셨다. 그래서인가 북한땅이 보이는 교동섬은 늘 애틋하고 마음이 가는 곳이었다.

교동섬은 넓은 들판과 시원한 공기, 바다 냄새가 섬 전체를 감싼다. 2,766명(2023년 6월 현재)이 47km^{2}의 면적에서 살고 있다. 고구려 때는 고목근현으로 신라 경덕왕 때 교동현이라는 지명으로 바뀌었고, 고려시대에는 벽란도로 가는 중국 사신들이 머물던 국제교역의 중간 기착지였다. 조선시대(인조 11)에는 삼도수군통어영을 설치해 경기, 충청, 황해도까지 전함을 배치하는 해상 전략상 요충지였다. 개풍군과는 이십 리 떨어져 있다. 또한 연산군, 광해군, 세종 임금의 셋째 아들인 안평대군을 비롯해 수많은 사람이 유배를 간 곳이기도 하다.

대룡시장은 실향민들의 삶의 터전

대룡시장은 주말이면 사람들로 북적거린다. 마치 영화세트장을 만들어 놓은 것처럼 사람 손이 많이 갔다. 사람들이 워낙 많이 찾다 보니, 여기저기 사진 촬영을 위해 포토존을 곳곳에 마련해 놨다. 또한 꽈배기 호떡 강정 등 관광객이 쉽게 허기를 채우면서 재미를 볼 수 있는 먹거리가 많아졌다. 그래서인지 교동을 들어가고 나오는 차가 줄을 잇는다.

1950년 6월에 한국전쟁이 발발했고, 1953년 7월 27일에 휴전협정이 이뤄졌다. 휴전선이 그어진 지 70년. 대룡시장은 한국전쟁이 발발했을 때, 1.4후퇴 때 남쪽으로 내려온 사람들이 잠시 터전을 만든 곳이다. 연백군에서 교동섬으로 잠시 피난 온 사람들이 당장 고향으로 돌아갈 수 없게 되자 먹고살기 위해 만든 곳. 그들이 고향에 돌아가지 못하는 한을 고스란히 담았는데, 이는 고향에 있는 연백시장의 골목시장 모습을 그대로 본따서 만들었기 때문이다.

유일하게 남은 실향민, '만물가게' 안순모 할머니

대룡시장 안에 '만물가게'가 하나 있다. 말 그대로 모든 게 다 있다. 안순모 할머니(92)가 주인장. 할머니는 1·4후퇴 때 아버지와 동생 둘과 함께 남쪽으로 내려왔다. 처음에는 볼음도로 내려왔다가 무학리 사는 형부가 교동으로 오라고 한 것. 어머니와 동생 둘은 연백군에 그대로 머물렀고, 할머니는 70년 동안 이제나저제나 만날 날을 기다리며 살았다. "여기 시장 있

대룡시장 대룡시장은 한국전쟁이 발발했을 때 북한 연백군에서 교동섬으로 잠시 몸을 피한 사람들이 만들었다. 그들은 당장 고향으로 돌아갈 수 없게 되자 먹고살 방도를 생각한 것이다. 그들은 연백시장의 골목시장 모습을 그대로 따 만들었다. 대룡시장 골목마다 70여 년 동안 시장을 일구고 애쓴 실향민의 마음이 고스란히 녹아 있다.

는 데가 다 밭이었어. 사람들이 먹고살려고 가게를 하나둘 만든 거지. 집을 짓다 보니 아주 작게 지었어. 대룡 사거리 화장품가게라고 하면 다 통했어. 우리 집 아저씨가 얼마나 깔끔하게 장사를 잘했는지 몰라. 아모레 화장품, 잡화, 문방구를 팔았는데 교동 사람은 모르는 사람이 없었지." 할머니는 섬사람이 꼭 필요한 물건을 팔았다.

안순모 할머니는 금강산 여행이 자유로울 때 금강산을 다녀왔다. "애들이 보내줘서 다녀왔어. 금강산 들어가니까 눈물이 나더라구. 헤어진 엄마 동생 보고 싶었어." 지난해에는 교동에 생긴 화개산전망대도 다녀왔다. "망원경으로 북한땅을 보니까 엄마 생각도 나고 동생 생각도 났어. 세상 잘못 만나서 식구들이 다 헤어져 산 거야. 식구들이 그리웠지. 너무너무 그리웠어." 그립다는 말, 슬픈 말이었다.

좁은 시장 골목길을 걸을 때

대룡시장은 전쟁 때 잠깐 몸을 피하기 위해 바다를 건너온 사람들은 고향에 돌아갈 날을 고대하던 곳이었다. '잠시 머물 곳'이었다. 당시에 먹고살기 위해 점포를 차렸던 실향민은 다 돌아가시고, 가게 몇은 실향민의 자손들이 가게를 이어받았다. 그리고 나머지 대부분의 가게는 외지에서 장사하러 온 사람이 그자리를 메웠다.

대룡시장이 생긴 지 어느덧 70년. 주말마다 대룡시장 골목은 사람들로 넘쳐난다. 그들이 무심히 걷는 대룡시장 골목 골목에는, 70년 전 당장 먹고살기 위해 시장을 일구고 애썼던 실향민의 마음이 고스란히 녹아 있다. 좁은 골목길을 걸으면서 잠깐, 실향민이 먹고살기 위해 얼마나 노심초사하면서 바빴을지, 북한땅을 바라보며 두고 온 가족을 그리워하며 얼마나 많은 눈물을 흘렸을지, 아주 잠깐만 생각해 보면 어떨까.

41

박두성 생가
훈맹정음 창안자, 박두성 생가를 찾아가는 길

11월 4일은 한글 점자의 날이다. 송암 박두성 선생이 한글 점자를 만들어 반포한 날이다. 1926년 11월 4일에 반포했으니 2년 뒤면 100주년이 된다. 일요일 점심 무렵, '시각장애인의 아버지'라 불리는 박두성 선생의 생가를 찾아나섰다. 박두성 선생의 생가는 강화군 교동면 상용리 달우물마을에 있다.

　교동대교 앞 검문소 앞에 교동섬으로 들어가는 차가 길게 줄을 서 있었다. 언제부턴가 주말이나 공휴일이면 교동도로 들어가려면 사람이 무척 많아졌다. 해병이 나눠준 종이에 이름과 연락처 등을 간단히 기입하고 민통선임시출입증을 받고 교동대교로 들어섰다. 교동섬으로 들어갈 때 검문소를 통과하는 방법은 많이 바뀌었다. 출입증을 받다가, 큐알로 인증하기도 하고, 신분증을 보여주기도 하고.

교동대교를 넘을 때면 늘 놀랍다. 북한 땅이 이렇게 가까운 데 있구나 싶기 때문이다. 대교 왼편으로 저 멀리 북한 땅이 보인다. 북한 땅을 나란히 두면서 대교를 건넌다. 늘 그랬듯이, 이렇게 눈앞에 북한이 있다는 사실이 늘 비현실적으로 다가온다. 필자의 아버지는 한국전쟁 때 헤어진 형을 꼭 만나고 싶어했지만, 끝끝내 만나지 못하고 세상을 떠났다. 그래서 '교동'이라는 말만으로도 늘 설레고 또 가슴 아프다.

한산한 길 끝 즈음에

교동도는 배로 가야 할 때도 여러 번 다녔다. 그때는 하점면 창후리에서 배를 타고 교동 월선포까지 15분 남짓이면 도착했다. 휴가철이나 주말에는 창후리에서나 월선포에서나 길게 줄을 서야 할 정도로 사람이 많이 드나들었다. 교동에 좀 오래 머물러야 할 때면 숙소를 잡아야 했지만, 2014년 7월에 교동대교가 개통되고는 당일치기로도 충분히 다녀갈 수 있는 곳이 됐다. 다리가 개통됐을 때 식당을 하는 분이 한 말이 생각난다. "교동대교가 생겨서 좋은 점도 있지만, 나쁜 점이 많아요. 예전에는 공무원 등 일을 보러 오는 사람들이 먹고 자고 갔는데 이제는 한나절에 일을 다 보니까 그냥 가더라구요."

평일은 어떤지 모르겠으나, 이 말은 주말이나 휴일에는 해당되지 않는 것 같다. 교동대교를 지나 대룡시장 로터리에 도착했을 때 사람이 너무 많았기 때문이다. 사람들이 시장 골목마다 가득 메우고 있는 게 보였다. 시장은 박두성 생가를 보고 나오는 길에 들르기로 하고 그냥 지나쳤다. 대룡시장을 지나 교동중고등학교 정문을 지나자마자 길이 금세 한산해졌다. 오가는 차가 거의 없었다. 이 길에 비하면 대룡시장 부근은 그야말로 번화가였다. 그 길 끝 즈음에 '박두성 생가 입구 600m'라는 표지판이 나왔다. 바로 옆이 교동교회, 그 옆이 월선포였다.

훈맹정음을 창안해 발표

점자는 시각장애인이 손가락으로 더듬어 읽는 특수한 문자다. 즉 손끝으로 읽을 수 있도록 돌출된 점을 행렬상의 6개 위치에 배합해 63개의 부호를 구별하도록 한 것이다. 1824년 맹인인 브라유가 고안했고, 이를 맹인을 위한 독서법으로 확대한 사람은 프랑스인 아위다.

한국에서는 브라유의 점자보다 1870년경에 W.B.웨이트가 고안한 4점 점자 뉴욕 포인트가 먼저 들어왔다. 그것은

1880년대에 평양에 의료선교사로 왔던 미국인 여자선교사 R.S.홀이 그곳의 맹인 여성들을 모아 뉴욕포인트를 변형한 이른바 평양점자에 의해 십계명과 4복음서가 점역(點譯)되기도 했으나 사용에 따른 불편 때문에 널리 보급되지 못했다.

1926년 11월 4일 브라유의 6점 점자의 활용을 통한 한글 점자연구를 계속해 오던 제생원 맹아부(지금의 서울맹아학교)의 교사 박두성이 훈맹정음(訓盲正音)을 창안해 발표했다. 훈맹정음은 발표 뒤 수정과 보완작업을 계속했고, 1982년 '한국점자통일안'이 새롭게 선보였다. 박두성 선생은 1962년 국민포장을 수여받았고, 1992년 10월에는 정부로부터 은관문화훈장을 추서받았다.

훈맹정음 창안, 발표 점자는 시각장애인이 손가락으로 더듬어 읽는 특수한 문자다. 송암 박두성 선생은 한글 점자 훈맹정음을 만들어 1926년 11월 4일에 반포했다. 선생은 발표 뒤에도 수정과 보완작업을 계속했고, 1982년에 '한국점자통일안'을 새롭게 선보였다.

인천 미추홀구에 있는 송암점자도서관에는 입력봉사와 녹음봉사하는 분들이 있다고 한다. 입력봉사는 컴퓨터에 글을 입력하면 자동으로 변환돼 출력이 이루어지는데, 고등학생부터 성인까지 참여할 수 있다. 녹음 봉사는 시각장애인과 노인 등 독서에 어려운 분들을 돕는 일이다. 책을 낭독하거나 CD와 테이프 제작을 위한 녹음을 진행하는 봉사활동이다. 간단한 테스트를 거치고, 이를 통과한 사람들은 교육을 거쳐 녹음봉사를 할 수 있다.

선생의 업적과 발자취를 찾아가는 길

생가에 도착했을 때 주차장은 텅 비어 있었다. 작은 건물 몇 채 있었고, 훈맹정음에 대한 설명과 박두성 선생의 연보, 어록이 쓰여진 안내판이 있었다. 찾는 이가 아무도 없어 썰렁했지만, 선생이 시각장애인들을 위해 만든 마음이 곳곳에서 고스란히 느껴졌다. 생가 옆쪽으로 교동대교가 보였고, 바닷가 쪽으로는 해안도로 공사가 한창 진행되고 있었다. 해안도로가 완공되면 박두성 생가를 사람들의 발길이 더 잦아질 것이고, 박두성 선생의 업적과 발자취에 대해 생각해 보게 될 것이다.

선생이 다녔다는 교동교회는 생가로 들어가는 길옆에 있

었다. 교회는 새로 지어져 예전과는 다른 모습이었다. 평일에는 한산하던 월선포는 휴일이라 그런지 차박을 하거나 낚시하는 사람들로 북적거렸다. 배는 다니지 않지만 여전히 사람들에게 쉬는 공간이 되는 듯했다.

돌아나오는 길, 대룡시장은 여전히 발 디딜 틈 없이 사람이 많았다. 골목마다 음식을 맛보거나 사려는 사람이 길게 줄서 있었고, 식당 안은 사람들로 가득 차 있었다. 박두성 생가에서 5분 남짓 걸리는 거리라는 게 실감나지 않았다. 그래도 이렇게 대룡시장을 찾는 사람이 많다면, 이 가운데 몇몇은 박두성 생가를 찾을 수도 있겠다 싶었다. 박두성 선생은 우리나라 시각장애인의 정신적 지주이면서 동시에 애맹사상가로 그 업적은 오늘날 곳곳에서 빛나고 있다.

42

망향대, 무학리 은행나무
손을 뻗으면 닿을 듯한 북한땅

늘 그렇듯이, 교동으로 간다고 마음만 먹어도 설렌다. 명절을 앞두고 망향대에 가보기로 했다. 교동대교 오른쪽으로 길게 나 있는 땅, 북한땅이다. 북한을 이리 지척에 두고 사는구나. 교동을 갈 때마다 어김없이 드는 생각이다. 시퍼런 물이 가득한 고구저수지를 지나 대룡시장 입구 회전교차로에서 두 시 방향으로 들어섰다. 지석리 가는 길. 북한과 가장 가까운 교동도 북측 작은 언덕에 있는 망향대로 가는 길이다.

교동면 지석리 산 129번지. 망향대 주차장은 월요일인데도 차가 몇 대 있었다. 50m 가량 올라가니 칠팔십대로 보이는 일행이 의자에 앉아 차와 간식을 먹고 있었다. 망향대에서는 손을 뻗으면 북한땅이 닿을 듯, 소리치면 서로 말을 주고받을 수 있을 것만 같다.

북한땅을 향해 놓인 망원경은 두 대. 천천히 봐도 되겠구나 하는 순간, 주차장에서 사람들이 왁자지껄 떠드는 소리가 들렸다. 추석을 앞두고 사람들이 많이 찾는구나. 서둘러 망원경에 눈을 갖다 댔다.

바다 건너에 건물들, 주택들, 논밭이 보였다. 논밭에 가을색이 완연했다. 불과 3km 바다 건너에 산줄기가 길게 이어졌고, 산줄기 아래에는 집들이 옹기종기 모여 마을을 이루고 있었다. 어른들이 밭에서 일하고 아이들은 바닷가에서 뛰어노는 모습을 보면서 우리와 너무 똑같다는 사실을 변함없이 확인했다. 무엇보다 북한이 이토록 가까운 데 있다는 사실이 얼마나 비현실적인가. 우리네와 똑같이 사람 살아가는, 우리 마을과 같은 모습이었다.

희망을 담은 간곡한 메시지들

망향대는 한국전쟁 중 황해도 연백군 연안읍에서 피난 온 주민들이 중심이 돼, 북한땅에 남아 있는 부모형제 친지 친구 등을 그리워하여 망배비 망배제단과 협찬자 안내석 등을 1988년 8월 15일에 준공했다. 안내판에 써 있는 글은 다음과 같다.

'망향대에서 건너보면 연안읍의 진산인 비봉산과 남산, 남대지 등 드넓은 연백평야가 눈앞에 전개돼 소리를 지르면 고향 들녘에 울려퍼질 듯, 손을 벌리면 고향산천이 잡힐 듯 직선거리가 약 3km 정도로 아주 가까운 거리에 위치함으로써 강화군에서는 800만 실향민들의 이산의 아픔을 위로하고 머지않아 고향산천을 다시 밟아볼 수 있다는 희망과 꿈을 심어주고 안보의 중요성을 재삼 일깨워주자는 취지에서 본 망향대를 관광코스로 지정하였습니다. 황해도 연백군 연안읍민회장'

망향대 한쪽 펜스에는 방문객의 희망 메시지가 걸려 있었다. '빨리 남북이 자유롭게 왕래할 수 있으면 좋겠습니다'를 비롯한 마음을 담은 메모들. 하나하나 천천히 읽으면 가슴 한편이 묵직하고 따스해진다. 고향을 바라보고, 그리워하고, 마음을 쓸어내리고. 고향을 지척에 둔 사람들의 마음이 고스란히 와 닿았다.

차마 발걸음이 떨어지지 않는지, 주차장에는 노인 몇이 말 없이 북한땅을 바라보고 있었다. "또 언제 오나." 한 분이 혼잣말을 했다. 그들을 따라 바다 건너를 바라봤다. 비무장지대 없이 철조망 해안선 너머 북한이 바로 있다는 사실은 놀랍다. 철조망이 둘러쳐져 있어 바다로 나가 어업 활동을 할 수 없어

교동 망향대 북한땅이 보이는 망향대에는 '빨리 남북이 자유롭게 왕래할 수 있으면 좋겠습니다'를 비롯한 마음을 담은 메모가 빼곡하게 달려 있다. 읽다 보면 가슴 한편이 따스하면서도 무겁다. 고향을 바라보면서 수없이 마음을 쓸어내린 이들, 고향을 지척에 둔 사람들의 마음이 와 닿는다.

바다는 언제나 조용하다. 밀물과 썰물만 오갈 뿐. 바다를 빼앗긴 교동섬. 나이 지긋한 노인이 차에 기대어 북녘땅을 오래오래 바라보고 있었고, 바닷물은 천천히 흐르고 있었다.

학이 춤추는 마을, 무학리 은행나무로

망향대를 나와 무학리로 향했다. 농로에는 추수하는 차량이 많았다. 트랙터와 트럭이 곳곳에 많았다. 트랙터가 논 한가운데를 가로지르면서 벼를 수확하고 있었다. 추석을 앞두고 벌써 추수한 논도 눈에 많았다. 이제는 벼가 익어 본격적으로 추수를 시작하는 것 같았다.

농로를 벗어나 처음 도착한 마을. 학이 춤추는 마을, 무학리. 교동면 무학리 542. 마을 한복판에 커다란 은행나무가 있다. 이 나무는 언제 봐도 멋지다. 그러니까, 이 나무를 봐온 지 스무 해가 지났건만, 나무는 늘 그 자리에서 담담하다. 그동안 여러 번 나무를 봤어도, 은행 열매가 촘촘히 달려 있거나 바닥에 우수수 떨어져 있을 때는 처음이었다.

나무는 보호수. 1982년 10월에 950살로 지정됐으니, 지금은 1000살이겠다. 나무높이 25m 이상. 나무둘레 7.5m. 나무 앞에는 친절한 설명문이 있다. '고려 중엽(15대 숙종 1095~1105년경) 우리 마을 이름을 무서산리라 불렀으며(이후 무학리로 개칭) 마을 한가운데에는 큰 부잣집이 있었다. 뒤뜰에는 은행나무가 한 그루 있었는데 어느 날 부잣집은 화재가 났으며 은행나무도 함께 타버리고 말았다. 이듬해 봄에 타버린 은행나무 그루에서 새 가지가 나와서 자랐는데 이 나무가 우리 마을을 지켜준 천년수 은행나무이다. 지금도 은행나무 부근을 파보면 숯과 기와조각이 나오고 있다. (주. 은행나무에서 떨어진 사람은 떨어진 곳을 파면 숯이 나오는데 이 숯을 다려서 약으로 쓰곤 했다.) 이 나무는 암나무이며 수나무는 북한의 연백군에 위치해 여름이면 꽃가루가 날아와 지금도 은행이 가지마다

많이 열리곤 한다. 이 나무 아래는 무학리 주민들이 여름철에 피서지로 사용하고 있다.'

안내문에 무학리가 무서산리였다고 하는 대목이 있다. 『강화 구비문학 대관』에 보면 무서산을 '쥐 서(鼠)'를 써서 쥐산이라고 했지만, 산 모양이 학이 춤추는 것 같았다고 한다. 쥐산은 그 봉우리가 붓 끄트머리처럼 생겼고, 여기 사는 사람은 밭을 갈다가도 글 한 번 지었다는 얘기가 있다고. 하지만 일본 사람들이 봉우리를 쳐서 인재가 나지 못하게 했다고 한다. 세월이 흘러도 교동사람들은 무학리 사람이라고 하면 명필이라고, 아주 필체가 좋다고 생각했다. 산봉우리가 삐죽하게 붓끝 같아서 그렇게 생각했다는 전설이 있다. 그래서인지, 어디선가 붓 가는 소리, 글 읽는 소리가 들리는 듯했다.

은행나무 아래를 이리저리 서성이는데 할머니 한 분이 지나간다. "할머니, 나무가 엄청 멋져요!" "멋지지. 은행 필요하면 마음대로 주워가도 돼." "구경만 할게요, 이렇게 멋진 나무랑 사시니까 좋으실 것 같아요." "좋지, 좋고 말고, 여름에는 나무 아래서 살아. 얼마나 시원한지 몰라."

이렇게 멋진 나무랑 한마을에 살면 정말 좋을 것 같았다. 딱 한 번 사는 인생, 이웃이 이렇게 큰 나무면 얼마나 즐겁고 신날까, 대문만 나서면 만나고 집 안에서도 나뭇가지며 이파리가 보이니 얼마나 가슴 따뜻해질까, 뭐 그런 생각을 하면서 나무 아래 한참 앉아 있었다.

망향대와 은행나무를 보고 나오는 길. 교동 넓은 들판에는 곳곳에 트랙터로 가을걷이가 한창이었다.

43

교동옥수수
강화 교동옥수수를 아십니까?

"교동옥수수 공동구매한다는데 알고 있어요?" 며칠 전에 잘 알고 지내는 분이 공동구매 소식을 알려주었다. 아, 맞다. 교동옥수수 나올 때지. 부랴부랴 공동구매를 주선하는 분한테 전화를 걸었더니 한두 시간 만에 주문이 동났다고 했다. "이런, 주문이 순식간에 끝났어요. 내년엔 잊지 않고 꼭 연락할게요." "네, 꼭이요!" 그렇다면 올해도 그 맛있다는 교동옥수수를 먹지 못하고 지나간단 말인가. 실망스러웠지만 내년을 기약해야 했다. 그러다가 문득, 아무리 시기가 지났더라도 교동에 직접 가면 한두 개라도 살 수 있을 거라는 생각이 들었다. 20분이면 가잖아. 다행히 교동옥수수 한 자루를 살 수 있었다.

옥수수를 좋아하기도 하지만, 그보다 교동옥수수를 꼭 먹어야겠다는 생각은 칠팔 년 전부터 했다. '교동옥수수'라는 어감이 재밌었고, 필자가 좋아하는 교동에서 자란 농작물이라 무조건 좋았다. 칠팔 년 전쯤인가, 강화에서 나고 자란 분과 교동에 갔을 때였다. 농부들이 밭에서 한창 뭔가를 심고 있었는데, 강화사람이 그 광경을 보면서 말했다. "옥수수를 정말 많이 심네. 교동옥수수 맛있는 거 알죠?" "대학옥수수, 초당옥수수는 들어봤는데, 교동옥수수도 있어요?" "그럼요, 얼마나 맛있는 줄 몰라요. 어디 멀리 갈 것도 없이 교동 안에서 판매가 다 된대요." 그 말을 듣고 옥수수가 알알이 익을 때, 그 맛나다는 교동옥수수를 꼭 먹어봐야지 했다. 하지만 어쩐 일인지 늘 때를 놓치고 뒷북을 쳤다. 생각나서 찾을 때는 이미 수확이 끝났고, 그 어디서도 교동옥수수를 찾을 수 없었다. "교동옥수수는 강화 본섬에 나가면 한두 시간 안에 다 팔린대요." 옥수수 파는 분이 알려주었다.

수확하자마자 먹어서 맛이 좋아

교동옥수수가 인기 있는 이유는 아주 간단했다. 신선해서. 농부는 날이 밝자마자 옥수수를 따서 강화본섬에 있는 마트에 문 열자마자 로컬푸드 코너에 갖다 놓는다고 한다. 그러면 소비자는 사서 그날로 쪄먹으면 그야말로 신선한 옥수수를 먹는 것. 그야말로 유통되는 시간이 짧아 맛을 보장한다. 갓 딴 옥수수가 정말 달다.

옥수수는 작물 특성상 수확한 뒤에 되도록 빨리 먹어야 그 맛을 제대로 느낄 수 있다. 맛이 떨어지는 속도가 무척 빠르기 때문이다. 옥수수는 딴 뒤에, 그러니까 옥수수가 뿌리, 잎, 줄기를 잃은 상태에서는 생존을 위해 자체적으로 영양소를 소모하는데 그 속도가 무척 빠르다. 그러니까 딴 뒤로 되도록 빨리 먹어야 하고, 당장 먹지 않으면 냉장실에서 저온 상태로 보관하든지 냉동실에 얼른 넣어야 맛을 보존할 수 있다. 교동옥수수는 수확한 뒤에 금방 먹어서 맛이 좋다는 것.

필자는 옥수수를 몇 개 쪄먹어야 여름을 잘 보내는 것 같다. 이웃이 농사지은 옥수수를 갖다줘서 먹기도 하고, 때로는 인터넷으로 찰옥수수, 초당옥수수, 대학옥수수를 주문한다. 찰옥수수는 '얼룩이'라고도 하는데 그 맛이 그야말로 찰지다. 초당옥수수는 처음에 초당이라는 지역에서 나는 옥수수인 줄 알았지만 지역과는 무관하다. 말 그대로 '초월적으로 당이 많이 들어가 있어' 초당옥수수. 일반 옥수수보다 당도가 훨씬 높은 품종을 두루 일컫는다는 걸 몇 년 전에야 알았다. 1953년 미국 일리아노 대학교 유전학 교수인 존 로넌이 단옥수수보다 전분 함량이 적고, 당분 함량이 많게는 열 배까지도 많은 초당 옥수수의 유전자형을 찾게 되면서 시작됐다고 한다. 단옥수수 생성에 관여하는 유전자들은 자연에서 돌연변이로 발생했고, 이를 연구하고 품종화해 안전하게 먹을 수 있다.

대학옥수수는 충북 괴산군에서 널리 재배되는 찰옥수수 품종이다. 충남대 최봉호 교수가 개발해 '대학'이라는 이름이 붙은 것. 꽤 오래전에 충청도를 지나다 길가에서 파는 '대학옥수수'를 봤다. 당시에 '대학옥수수'라는 말이 참 신선하게 들렸고, 길가 몇 군데가 모두 종이박스를 북 찢어 '대학옥수수'라고 삐뚤빼뚤 '간판'을 달고 판 게 재미있기도 했다.

쌀, 밀과 함께 세계 3대 곡물인 옥수수는 중앙아메리카에서 많이 자란다. 북쪽으로는 캐나다, 남쪽으로는 아르헨티나까지 전파돼 종류와 품종이 다양하게 분화돼 있고, 오늘날에는 전 세계적으로 재배된다. 우리나라에는 16세기 조선시대 때 명나라를 통해 들어온 걸로 추정된다. 그 이름도 중국음의 위수수[玉蜀黍(옥촉서)]에서 유래해 한자의 우리식 발음인 옥수수가 됐다.

옥수수를 부르는 이름은 참으로 다양하다. 지방에 따라 옥시기, 옥숙구, 옥수이, 옥쉬이, 강냉이, 강내이, 강내미 등으로도 불린다. 쌀이나 보리를 재배하지 못하는 산간지대에서 식량 대용으로 재배했고, 남부 평야지대에서는 극히 일부가 간식으로 재배됐다. 생산량이 많은 강원도에서는 옥수수를 재료로 한 음식도 많다. 강냉이밥, 강냉이수제비, 강냉이범벅. 옥수수로 만든 올챙이묵도 인기 좋은 음식이다.

이모작도 가능한 옥수수 농사

교동옥수수는 10년 전쯤 한 농가에서 본격적으로 농사짓기 시작하면서 퍼졌다고 한다. 그전에 옥수수는 누구나 밭에 심어 먹던 작물이었다. 옥수수 인기가 좋아지면서, 식구들이 먹을 정도로 농사짓던 집들이 옥수수를 많이 심기 시작하면서 교동옥수수가 자리 잡기 시작했다. 게다가 옥수수는 이모작을 할 수 있어서 환영받았다. 옥수수를 일찍 심어서 수확하고, 그 자리에 콩이나 들깨를 심어 또 수확을 할 수 있어 경제적이었다.

처음에는 옥수수가 한꺼번에 나왔다 들어갔다. 농가마다 옥수수 심는 시기가 비슷했고, 자연적으로 수확하는 시기도 비슷했다. 그러다 보니 유통되는 시기가 짧았다. 점차 교동옥수수를 찾는 사람이 많아지면서 심는 시기를 다르게 했다. 당연히 수확하는 시기도 달라졌고, 유통되는 시기도 길어졌다.

교동옥수수 교동옥수수는 이모작을 할 수 있어서 환영받았다. 옥수수를 일찍 심어서 수확하고, 그 자리에 콩이나 들깨를 심어 또 수확할 수 있어 경제적이었다. 6월 말이나 7월 초가 수확한다.

7월 18일인 현재, 교동옥수수는 3분의2 정도를 수확했다고 한다.

교동섬을 빠져나오는 길, 옥수수밭이 유난히 눈에 많이 띄었다.

44

보문사
해수관음의 성지, 소원이 이루어지는 곳

볕 따사로운 봄날, 석모도 보문사로 향했다. 석모도를 가려면 길이 1.54km인 석모대교를 건너야 한다. 2017년 6월에 개통된 석모대교는 내가면 황청리와 삼산면 석모리를 잇는 연륙교다. 개통식에는 강화군민이 많이 나와 축하하고 대교를 걸어서 건너는 행사에 참여했다. 필자도 그 자리에 끼어 '석모대교를 언제 걸어서 건너겠느냐'면서 참여했는데, 그때 석모도 주민이 특히 좋아한 게 생각난다.

석모대교가 생기기 전에는 내가면 외포리에서 배를 타야만 석모도를 갈 수 있었다. 15분 정도 배를 타는 가까운 거리인 데다 배도 자주 다녔다. 하지만 주말이나 휴가철에는 사람이 너무 많아 기다리는 시간이 길었다.

석모도는 행정구역으로 강화군 삼산면이다. 삼산면이라는 지명은 석모도에 해명산, 상봉산, 상주산이 있어 생겼고, 보문사는 상봉산과 해명산 사이에 있다.

보문사는 해수관음 성지로 잘 알려져 있다. 우리나라에서 해수관음 성지는 강화 보문사, 남해 보리암, 양양 낙산사가 꼽힌다. 관음성지는 '관세음보살님이 상주하는 성스러운 곳' 이라는 뜻으로 이곳에서 기도를 빌면 기도가 잘 이루어진다고 한다. 그래서 취업이나 입시철이 되면 이곳을 찾는 사람이 많다.

보문은 '넓은 문'이라는 뜻

3월 하순, 오후 두 시께 보문사 입구에는 사람이 넘쳐났다. 일요일이고 한낮 온도가 20도가 돼 나들이하기에 좋아서 더 많은 것 같았다. 매표소에는 '우리 사찰은 문화재관람료를 유지합니다'라고 쓰여 있었다. '문화재관람료 감면은 '국가지정문화재'(65개소)에 한정되며, 우리 사찰의 성보는 '시도지정문화재'(5개소: 강화 보문사, 부여 고란사, 남해 보리암, 무주 백련사, 영주 회방사)입니다.'라고 설명이 덧붙여 있었다. 사찰 관람료가 모두 없어진 줄 알았는데 '시도지정문화재'는 유지된다는 걸 처음 알았다.

일주문에는 '낙가산보문사(洛迦山普門寺)'라고 쓰여 있다. 보문사가 있는 산을 낙가산이라 부르는데, 이는 관음보살이 머문다는 보타락가산의 줄임말이다. 보문사는 가람이 바다가 보이는 산중턱에 자리 잡고 있어 마애관음보살상이 바다를 바라본다. 보문(普門)은 '넓은 문'이라는 뜻이다.

일주문을 지나고 절 입구부터 경사진 언덕길을 300m쯤 걸어 올라가야 절 마당에 다다른다. 걷기 힘든 노약자나 장애인을 위해서 차량 운행도 하고 있었다. 표를 받는 분이 노인분들에게 친절히 안내하고 있었다.

길 양쪽으로 잘 자란 소나무를 끼고 언덕길을 오르면 길 끝에 400년 된 은행나무가 나오고, 그 나무를 지나자마자 너른 절집 마당이 나온다. 절집 마당에는 예불 소리가 스피커에서 울려퍼졌다. 극락보전으로 기도하러 들어가고 나오는 사람이 많았다.

극락보전은 정면 5칸 측면 3칸으로 큰 건물이다. 불단 상단에 아미타불상과 좌우 협시로 대세지보살과 관음보살상이 있고, 중단에 신중탱화, 하단에 지장보살이 봉안돼 있었다. 상단 뒤편으로는 모두 3,000분의 옥불상이 봉안돼 법당의 장엄함이 더욱 더 느껴졌다.

보문사 창건설화 중에서는 선덕여왕 4년인 635년에 희정대사가 창건했다는 내용이 가장 신뢰를 얻는다. 희정대사가 금강산에서 수행하다가 강화 삼산면 매음리의 산에 와서 절을 창건하고 관음보살의 성스러운 행적을 본떠 산 이름을 낙가산이라 짓고 절 이름을 보문사라 하였다.

낙가산 보문사1 보문사는 해수관음 성지로 잘 알려져 있다. 관음성지는 '관세음보살님이 상주하는 성스러운 곳'이라는 뜻으로, 이곳에서 기도하면 기도가 잘 이루어진다고 한다. 취업이나 입시철이 되면 보문사를 찾는 발걸음이 더 많아진다.

일주문에는 '낙가산보문사(洛迦山普門寺)'라고 쓰여 있다. 보문사가 있는 산을 낙가산이라 부르는데, 이는 관음보살이 머문다는 보타락가산의 줄임말이다. 보문사는 가람이 바다가 보이는 산 중턱에 자리 잡고 있어 마애관음보살상이 바다를 바라본다. 보문(普門)은 '넓은 문'이라는 뜻이다.

'소원이 이루어지는 길'

이제 눈썹바위에 있는 마애관음보살상으로 가보자. 극락보전과 관음전 사이로 마애관음보살상으로 오르는 길이 있다. 계단 입구에는 '소원이 이루어지는 길'이라고 쓰여 있었다. 그 문구를 보면서 어떤 소원을 빌까를 생각했다. 여기부터 지그재그로 놓인 돌계단을 1km쯤 올라가야 한다. 눈썹바위까지 가는 길이 경사가 급하다 보니 지그재그로 놓인 계단을 놓았다. 힘들면 계단이 꺾일 때마다 잠깐 쉬면서 숨을 고르면 덜 힘들다. 사실 그렇게 올랐어도 필자는 힘들어서 자주 숨을 내쉬어야 했다. 오를수록 다리가 무겁고 뻐근했다. 계단 양쪽으로는 등이 달렸고, 등에는 소원하는 구절이 적혀 있었다. 주로 사업 번창과 가족의 건강을 비는 내용이 많았다.

참, 이 계단에는 계단 수를 의미있게 배치했다고 한다. 처음 12계단을 오르면 좌우에 석등이 하나씩 있고, 다시 108계단을 오르면 '관음성전계단불사공덕비'가 있고, 또 108계단을 오르면 한 쌍의 석등이 있고, 또 118계단을 오르면 반야용선이 있고, 48계단을 더 오르면 마침내 마애관음좌상이 있는 곳이 나온다. 계단 수는 모두 418개라고 한다.

드디어 마애관음좌상에 도착. 마애관음좌상은 1928년에 배선주 주지스님이 있을 때 새겼다고 한다. 관음좌상은 약간 비스듬히 나와 있는 바위에 새겨졌는데, 위쪽 바위가 지붕처럼 돌출돼 있어 비바람으로부터 관음부처님을 가려주고 있다.

관음좌상은 네모진 얼굴에 커다란 보관을 쓰고 두 손을 모아 정성스레 정병을 받든 채 연화대좌 위에 앉아 있다. 얼굴에 비해 조금 크게 느껴지는 코, 입, 귀는 투박하지만 그래서 서민적이다. 이곳에서 정성스럽게 기도를 올리면 다 이루어진다고 해, 불자들의 발걸음이 끊이지 않는다.

불자들은 방석에 앉아 기도하거나 108배를 했다. 또 휴일이어서인지 전국에 있는 사찰 몇 군데에서 단체로 온 것 같았다. 불자들은 영험있는 기도처인 이곳을 많이 찾는다.

바다와 갯벌이 햇살에 반짝이고

마애관음보살은 불자들이 기도하고 절하는 모습과 서해를 지그시 바라보고 있었다. 그 눈길을 따라 필자도 몸을 돌려 뒤돌아섰다. 아, 물 들어오는 바다와 갯벌이 햇살이 반짝이고 있었다. 멀리 서쪽바다와 섬들이 한눈에 보였다. 해 질 무렵에는 더 멋진 풍광을 만날 수 있으리라. 필자의 지인은 이 풍광이 너무 멋져서 문득 불심이 생겼다고도 했다.

보문사에는 둘러볼 건물이 많다. 관음신앙의 성지요 유명

낙가산 보문사2 관음좌상은 네모진 얼굴에 커다란 보관을 쓰고 두 손 모아 정성스레 정병을 받든 채 연화대좌에 앉아 있다. 얼굴에 비해 조금 크게 느껴지는 코, 입, 귀는 투박하지만 그래서 서민적이다. 불자들은 영험한 이곳을 많이 찾는다.

한 나한도량답게 관음과 나한신앙에 관한 유적과 유물이 많다. 절 위쪽 눈썹바위 아래 새겨진 마애관음좌상과 나한의 신통력이 어린 나한 석실이 있다.

와불전은 절 마당을 들어서면서 왼쪽에 있으며, 열반 당시 석가모니의 모습이다. 오른쪽으로 길게 누워 오른쪽 손으로 얼굴을 받치는 모습이 일반적이다. 보문사 와불상은 길이 10m이고, 와불상을 받치는 열반대는 13m나 되며 구름무늬가 새겨져 있다.

와불전 옆으로 삼층 사리탑이 있고, 이 탑에는 모두 서른세 분의 관음보살상이 표현돼 있고, 각각의 관음보살상 머리

위에는 용머리가 배치돼 있다.

석실에 봉안된 23분의 나한상은 눈썹바위의 마애관음보살 좌상과 더불어 보문사의 대표적 문화재이다. 보문사가 관음 신앙의 성지이자 나한신앙의 대표적 도량이 된 것은 이 석실에 있는 나한상 때문이라고도 한다. 이 석실은 우리나라에서 보기 드문 석굴사원이다.

삼성각은 나한전 석실 뒤쪽에 있고, 그 옆에는 용왕전이 자리한다. 용왕단은 마애불로 오르는 길 도중에 있다. 용왕단 에서는 각자 소원을 담은 소원지를 싸서 유리병에 100일 동안 보관하고, 100일이 지나면 소원지를 꺼내 스님이 축원하고 태운다고 한다.

또 보문사에는 오래된 나무가 많다. 석실과 범종각 사이에 600년이 된 향나무가 자란다. 이 향나무는 한국전쟁 때 고사 한 것 같았다가 3년 뒤에 다시 살아났다고 한다. 느티나무는 향나무 옆 천인대 올라가는 계단 입구에 두 그루가 나란히 있 다. 300살가량 됐다고 한다. 또 절집 마당에도 600년 된 은행 나무가 자라고 있었다. 보문사의 과거를 오랫동안 지켜본 나 무, 현재와 미래도 함께할 나무들이다.

45

강화천문과학관
별을 보면서 하늘의 이야기를 들어요!

어느 날 무심히 밤하늘을 올려다봤는데 별이 총총하다. 순식간에 기분이 더 좋아질 것이다. 그러면서 영화 〈인터스텔라〉가 생각나고, 윤동주의 '별 헤는 밤'과 '서시', 알퐁스 도데의 '별'이 생각날 수도 있다. '저 별들은 어디에 있을까?' 문득 궁금해진다. 이처럼 별은 여러 장르에서 수없이 만난다. 수많은 별이 있는 저 하늘에는, 저 우주에는 얼마나 많은 이야기가 있을까.

강화에 그 미지의 세계에 대한 호기심과 궁금증을 파헤치고 더 극대화시킬 수 있는 곳이 생겼다. 태양과 별을 보고 하늘의 이야기를 들을 수 있는 곳. 강화천문과학관이다.

필자는 영화 〈인터스텔라〉 덕분에 우주가 더 궁금해졌다. 이 영화는 2014년에 개봉됐으니 벌써 10년이나 흘렀다. 크리스토퍼 놀란 감독이 과학적인 검증을 거쳐 영상으로 훌륭하게 만든 이 영화는 개봉 당시 교육열이 높은 학부모들로부터 지대한 관심을 받았다.

강화천문과학관은 옛 강후초등학교를 리모델링해 문을 열었다. 강후초등학교는 일제강점기인 1945년 6월에 문을 열고, 2000년에 학생 수가 적어 문을 닫았다. 그 뒤로 심은미술관으로 사용되다가, 2021년에 강화군이 강화천문과학관으로 리모델링하기 시작했다. 2021년 문화재생사업의 일환으로 인천시교육청으로부터 폐교 시설을 사들여 천문과학관으로 만들 계획을 본격화한 것. 워낙 오래된 건물이라 구조안전진단 평가에 따라 노후화 시설 일부를 철거하고 건물 리모델링과 신축공사를 진행했다. 그리고 5월에 문을 열었다.

빛 공해가 비교적 적은 강화

"고모, 하늘이 새카만 도화지 같아요." 이십여 년 전, 필자의 조카가 여섯 살일 때 인천 구월동 한복판에서 말했다. 빛이 너무 많아서 하늘이 새카맣게 보인 것. 그 말을 듣고 도시 한복판에 빛이 얼마나 많은지 실감했다. 도시에서는 별 보기가 하늘의 별따기다.

이처럼 요즘은 한밤중에도 대낮같이 밝은 곳이 너무 많다. 지구 생태계가 얘기되면서 밤이 낮 같은 경우는 거의 없었다. 오래 지속되는 자연적인 현상은 극지방에서 나타나는 백야와 극야 정도다.

도시와 달리, 강화는 빛 공해가 비교적 적다. 도시 불빛이 아주 적어서 장비를 이용하지 않아도 별을 볼 수 있다. 그래서 별을 사랑하는 사람들이 주말이면 각종 망원경을 들고 강화로 모여들곤 한다.

빛 공해는 천체관측에 방해가 된다. 인공 빛이 하늘에 퍼져 별빛을 가리기 때문이다. 빛 공해는 도시에서 은하수 관측과 별 등 천체 관측은 대부분 육안으로 하기 어렵다. 때문에 성운이나 은하를 관측하려면 대도시에서 적어도 수십㎞ 떨어진 곳으로 이동해 관측한다.

강화군은 강화의 지역적 환경을 이용해 자라나는 세대에게 천문 우주 과학 교육을 활성화하고, 야간 관광 활성화를 꾀하기 위해 사업비 100억을 투자해 천문과학관을 세웠다. 강화천문과학관은 오전 10시에 문을 열고 밤 10시에 닫는다. 예약은 필수.

강화천문과학관1 강화천문과학관은 옛 강후초등학교를 리모델링해 문을 열었다. 강화군은 빛 공해가 적은 지리적 환경을 이용해 자라나는 세대에게 천문 우주 과학 교육을 활성화하고, 야간 관광 활성화를 꾀하기 위해 사업비 100억을 들여 천문과학관을 만들었다. 수도권에 살면서 별을 보고 싶어하는 사람에게는 더없이 좋은 소식이다.

슬라이딩 돔이 열리면서 별을 관측하고

강화천문과학관은 고성능 망원경을 갖춘 천체관측실과 가상의 우주를 탐험할 수 있는 투영관, 교육실, 체험존으로 구성돼 있다. 야외 정원과 카페도 잘 돼 있다. 옥상에 있는 천체관측실은 주관측실과 보조관측실로 이루어져 있다. 주관측실은 RC25인치(500㎜) 반사 굴절 망원경이 설치돼 있고, 보조관측실은 네 개의 망원경이 있다. 슬라이딩 돔이 열리고 이 망원경으로 낮에는 태양을, 밤에는 별을 관측할 수 있다.

천체투영관(플라네타륨)은 인기가 좋다. 의자에 앉아 버튼을 누르면 누운 자세가 되고, 반구형 천장에 펼쳐진 우주 풍경을 볼 수 있다. 지름 8미터 반구형 천장에 우주 풍경이 아름답게 펼쳐진다. 천체투영관은 천체의 모습을 마치 지상에서 보는 것처럼 반구형의 스크린에 보여주는 '천체투영기'이다. 과학관 별지기 선생님이 별자리를 보면서 하늘의 이야기도 들려준다.

상설 전시실은 체험존, 실감존, 천문관 전시실로 돼 있다. 체험존(Experience Room)은 별자리와 관련된 자료와 정보, 영상을 보면서 우리나라 천문의 역사와 정보를 알 수 있다. 실감존(Immersive Digital Gallery)은 이머시브 프로젝션맵핑 기술을 이용해 관람객에게 가상 세계의 깊은 몰입감을 준다. 이머시브(immersive)는 '몰두하다'는 뜻으로, 최근 예술계 트렌드로 잡은 몰입형 전시 유형이다. 벽면에 전시된 그림을 보는 것만으로 그치지 않고 미디어와 소리, 입체적인 형태 등 관람객에게 다양한 감각들이 서로 작용하며 마치 우주 속에 있는 것처럼 느껴지게 한다. 이곳은 마치 우주 공간 한복판에 있는 것처럼 환상적이다. 천문관 전시실(Astronomy Room)은 열두 개 별자리가 표시돼 있다. 국제천문연맹이 공인한 현대 별자리 목록 88개 중, 황도 12궁으로 나눴을 경우 해당하는 별자리다.

강화천문과학관(관측실) 주관측실은 RC25인치(500㎜) 반사 굴절 망원경이 설치돼 있고, 보조관측실은 네 개의 망원경이 있다. 슬라이딩 돔이 열리고 이 망원경으로 낮에는 태양을, 밤에는 별을 관측할 수 있다.

교육실에서도 다양한 교육 활동이 이루어질 것이다. 천문학을 전공한 별지기 선생님과 우주와 별자리를 이야기하는 즐거움도 클 것 같다. 강화천문과학관 측은 계절에 알맞춤한 여러 프로그램을 만들어 진행할 예정이다.

　전국적으로 별을 관측할 수 있는 곳은 많다. 물론 수도권에도 국공립천문대가 많지만 강화에 생기는 것은 또 다른 의미가 있다. 강화는 '지붕 없는 박물관'이란 말에 걸맞게 볼거리, 이야깃거리가 참으로 많다. 고려 때는 몽골의 침입을 피해 39년 동안 수도 역할을 했고, 근현대에 들어서는 신미양요, 병자호란 등의 수난을 최전방에서 겪었다. 이제 '강화천문과학관'은 우주를 관측하는 명소로 자리매김할 것이다.

참고 자료

이경수, 『강화도史』, 역사공간, 2016

박찬숙·강복희, 『강화도의 나무와 풀』, 작가정신, 2018

이민희, 『강화 고전문학사의 세계』, 인천대학교 인천학연구원, 2012

함민복 외, 『강화도 지오그래피』, 작가정신, 2018

김용선, 『생활인 이규보』, 일조각, 2013

김용선, 『먼 고려사 가까운 이야기』, 일조각, 2013

이광식, 『강화돈대순례』, 들메나무, 2022

이상엽, 『강화돈대』, 교유서가, 2022

인천문화재단 인천문화유산센터, 『강화돈대』, 2020

배성수, 『조선 숙종초 강화도 돈대 축조에 관한 연구』, 인하대 석사논문, 2002

국립문화재연구소, 『강화 월곶진지』, 국립문화재연구소, 2010

이경수 외, 『강화 이야기 아카이빙』, 안양대학교 강화역사문화연구소, 2017

이경수, 『강화도, 근대를 품다』, 민속원, 2020

이기봉, 『천년의 길』, 소수, 2016

이경수, 『숙종, 강화를 품다』, 역사공간, 2014

김창일, 『강화의 포구』, 국립민속박물관, 2018

이경수, 『철종의 눈물을 씻다』, 디자인센터산, 2023

강화문화원, 『강화의 능묘』, 2020

강화문화원, 『강화금석문집』, 강화문화원, 2022

이종렬 사진, 『전등사』, 전등사, 2021

고재형 저, 김형우·강신엽 역, 『심도기행』, 2008

강화 연표

1237년

강화 외성 쌓음

선사시대

하점면 장정리에서 쌍날찍개 수습.
내가면 오상리 등지에서 신석기시대
유물 수습.
하점면 부근리 등지에 고인돌 축조 및
청동기시대 유물 출토

1250년

강화 중성 쌓음

1241년

백운거사 이규보 죽음.
『동국이상국집』 발간

1270년

고려 정부,
개경으로 환도

1232년

고려 정부,
강화로 수도 옮김.
강화군으로 승격하고
강도(江都)라 부름

1612년
석주 권필 선생 죽음

1866년
프랑스군이 강화부를
점령하고 서적과
문화재를 약탈해 도주함

1398년
대장경 목판을
선원사에서
용산강으로 옮김

1782년
고려궁지에
외규장각 건물 완성됨

1679년
강화 돈대 48개 축조

1849년
원범이 왕(철종)이 되어
한양으로 떠남

1456년
진강 중장 길상의
세 목장을 합침

1871년
미국 아시아함대가
초지진과 광성보에
침입함

1896년
강화군공립소학교
(현 강화초등학교) 설립

1926년
송암 박두성 선생
훈맹정음 반포

1900년
성공회 강화성당 준공

1876년
연무당에서
강화도조약 체결

1906년
화남 고재형 선생이
강화 길을 걷다

1898년
영재 이건창 선생 죽음

1962년
갑곶리 탱자나무
천연기념물 제78호로 지정

사기리 탱자나무
천연기념물 제79호로 지정

1932년
직물산업 활성화로
전화 개통

1975년
역사학자 박병선 선생의
노력으로 의궤의 존재가
알려짐

1934년
직물산업 활성화로
전기 개통

1970년
강화교 개통

1931년
금풍양조장 건립

1982년

볼음도 은행나무
천연기념물 제304호로
지정

2002년

초지대교 개통.
금풍양조장
인천시등록문화재로 등재

1997년

강화대교 개통

1995년

강화군이
인천직할시로 편입

2009년

참성단 소사나무
천연기념물 제502호로
지정

2000년

강화 고인돌군
유네스코 세계문화유산으로
등재

2015년

강화작은영화관 개관

2011년

강화나들길 완성

2018년

소창체험관 개관

2024년

강화천문과학관 개관

2014년

교동대교 개통

2019년

태풍 링링으로
연미정 느티나무 한 그루
쓰러짐

2017년

큰나무캠프힐
강화에 터전 마련함.
석모대교 개통

대한민국 도슨트 15

강화

1판 1쇄 인쇄 2024년 5월 21일
1판 1쇄 발행 2024년 5월 31일

지은이 김시언
펴낸이 김영곤
펴낸곳 ㈜북이십일

TF팀 이사 신승철
TF팀 이종배
출판마케팅영업본부장 한충희
마케팅1팀 남정한 한경화 김신우 강효원
출판영업팀 최명열 김다운 권채영 김도연
제작팀 이영민 권경민
진행·디자인 다함미디어 | 함성주 유예지

출판등록 2000년 5월 6일 제406-2003-061호
주소 (10881) 경기도 파주시 회동길 201(문발동)
대표전화 031-955-2100 팩스 031-955-2151 이메일 book21@book21.co.kr

(주)북이십일 경계를 허무는 콘텐츠 리더

대한민국 도슨트 채널에서 도서 정보와 다양한 영상자료, 이벤트를 만나보세요!
포스트 post.naver.com/travelstudy21
인스타그램 www.instagram.com/k_docent